Superstars

Du même auteur
aux Éditions J'ai lu

They used to call me Tricky Kid
I live the life they wish they did
and now they call me superstar.
Everybody wants to be naked,
naked and famous.

TRICKY

Lots of pretty, pretty ones,
they wanna get you high,
but all the pretty, pretty ones,
they leave you low, and blow your mind.
We're all stars now in the Dope Show.

Marilyn MANSON

Prologue

Des ombres sur les murs

Il y a un an, une nuit de janvier, je me suis pris une grande baffe dans la gueule par un videur du Rex. Je me suis retrouvée sur le trottoir, en robe et sans manteau avec du sang plein les mains. L'Entracte, cette boîte pour filles un peu plus loin sur le boulevard, était le dernier endroit au monde où j'aurais voulu me rabattre. Mais j'étais suffisamment défoncée pour en faire abstraction, suffisamment, donc, pour dissuader n'importe quelle éventuelle connasse de s'approcher.

Juste avant, je sortais des toilettes du Rex où je venais de m'envoyer de l'héro pour la première fois depuis longtemps, aussi je flottais déjà agréablement en longeant le couloir vers la salle. Je regardais par terre en marchant, un élastique entre les dents pour rassembler mes cheveux, quand je suis tombée nez à nez avec Alex. Les bras croisés, elle discutait avec la fille à cause de laquelle je l'avais quittée le matin même. La fille portait un de mes tee-shirts sous sa veste en jean, un vieux tee-shirt bleu ciel des *Dents de la mer* avec écrit JAWS en rouge, Jaws étant aussi le nom de deejay d'Alex. Du haut de son mètre cinquante-neuf, Alex m'a dévisagée avec amusement, pas encore convaincue par la réalité de la séparation, habituée à ce que je finisse toujours par pardonner ses coucheries. Sauf que cette fois, l'excuse c'était pas : « Je voulais juste voir si tu serais jalouse » ou « Tu m'avais pris la tête alors j'avais besoin de ça », mais : « J'ai juste envie d'une aventure, quoi, on se retrouve dans quinze jours ». J'étais donc là, avec Alex en travers de mon chemin à faire la maligne, et je me rappelle avoir dit que ça commençait très mal si elle n'avait pas l'intention de me laisser au moins un endroit où aller sans risquer de les croiser. Ensuite tout est allé très vite malgré le brouillard de la dope. J'ai vu un verre dans une main qui passait, je m'en suis emparée et je l'ai fracassé sur le crâne d'Alex. À l'époque, elle avait les cheveux en l'air sur le dessus, des sortes de petites dreads blondes dont les pics ne tenaient jamais bien longtemps. Le sang qui a commencé à s'y mélanger les faisait finalement mieux tenir que n'importe quel gel dont elle s'enduisait toujours sans succès. C'est tout ce que j'ai trouvé à lui faire remarquer, tandis que je l'aidais à retrouver un semblant d'équilibre. L'autre fille s'est alors mise à hurler dans ses mains. Elle était d'ailleurs la seule à en faire toute une histoire, il y avait bien trop de monde pour que quiconque ait pu remarquer ce qui venait de se passer. Alex, elle, s'était contentée de se tâter délicatement à la recherche de bouts de verre, puis en me souriant d'un air bien taré, elle avait attrapé mes mains pour les forcer à s'aplatir sur ses cheveux visqueux de sang. Ce n'est pas tant de me faire reconduire par un videur qui m'avait énervée, ça m'avait même plutôt fait rire, ce type en forme de cintre que je dépassais d'une bonne tête avec mes talons et qui ne savait pas par où me tenir, de peur de me briser un os. C'est ce qu'il a susurré à mon oreille qui m'a agacée. Il a dit : « Ça me fait bander les filles qui cognent. » Alors j'ai empoigné ses couilles pour les broyer à cent quatre-vingts degrés. D'où la baffe.

J'avais savouré d'avance de m'enfoncer dans l'épais brouillard de fumigènes du sous-sol du Rex, à la recherche d'un petit coin tranquille où profiter de la musique. Ma boîte préférée, quand même, merde. Au lieu de ça je me suis retrouvée à *L'Entracte*, cette autre boîte que la fréquentation quasi nulle des soirs de semaine ne parvenait jamais à réchauffer. À mesure que mes yeux s'habituaient à la pénombre, j'ai constaté que les tables où trônaient des verres et des paquets de cigarettes étaient toutes concentrées autour de la mienne. Les quelques mochetés qui se trémoussaient sur la piste finiraient tôt ou tard par m'encercler en regagnant leurs places. Mais j'étais trop raide pour me relever.

Je ne pensais pas vraiment à Alex, petite teigne stupéfiante que je n'avais pas été capable de quitter plus tôt au cours de ces trois longues années de rapports de force. Je ne songeais pas non plus à toutes mes affaires emballées à la va-vite et entreposées dans son garage, ni à l'endroit où j'allais atterrir cette nuit, ni aux courants d'air qui me traversaient, affalée là dans ma robe à bretelles. J'en avais même oublié que c'était la toute première fois que je reportais une robe depuis que j'avais rencontré Alex, et que j'étais allée l'acheter dans la journée, avec les chaussures, dans la ferme intention de ramasser un mec. Je ne m'intéressais qu'à une seule chose cette nuit-là : le piquage de nez. Moments ultimes, quand le poids de la tête entraîne en avant et que les paupières chutent brusquement dans une spirale de rêves – flashs courts mais fulgurants de beauté, comme seule la dope sait en procurer.

Ces rêves se font plus magnifiques encore les premières fois qu'on y retouche après une longue période d'abstinence, et ceux de ce soir-là étaient des plus exquis. Je me rappelle avoir survolé une immense étendue de terre sèche et craquelée où évoluait une file infinie de fourmis, jusqu'à ce que se dresse dans le couchant un imposant monolithe de métal noir, semblable à celui de *2001*, qui, de près, s'avéra être un bâton géant de glace au Coca duquel partaient des dizaines de tuyaux qui remplissaient des canettes. À un autre moment, j'étais dans une clairière verdoyante qui sentait le melon, devenue minuscule aux pieds d'arbres immenses. De grosses gouttes de rosée ovales et pleines perlaient des feuilles des fleurs. Elles se déformaient au long de leur lente glissade, restant suspendues dans des formes des plus abstraites, avant de s'écraser mollement sur le tapis de mousse qui les laissait scintiller un instant avant de les absorber. Agenouillée au bord d'un étang, une libellule se coiffait. Son corps était tissé des plus belles teintes de l'arc-en-ciel, ses ailes transparentes se reflétaient dans les eaux claires et calmes de l'étang. En m'entendant approcher, elle a levé un regard étonné et a demandé pourquoi je n'étais pas avec les autres à préparer sa fête d'anniversaire. C'est là que j'ai senti quelqu'un s'asseoir à côté de moi.

Je me suis redressée tant bien que mal, prête à balancer une horreur, mais le visage m'était familier. Pourtant je ne connaissais aucune fille d'une vingtaine d'années, et encore moins une qui ressemble à *ça*. Elle était si maigre que les os de ses épaules qui pointaient sous son pull écartaient légèrement les mailles de la laine, laissant entrevoir la couleur du tee-shirt en dessous. À travers les épaisses mèches noires qui lui tombaient pourtant dans la figure, on pouvait aussi voir à quel point chaque arête de son visage saillait sous sa peau livide. C'est quand elle a sorti un vieux Zippo que je l'ai remise : c'était Alice, la petite sœur de Nikki, le garçon avec lequel j'étais avant Alex et à qui j'avais offert ce briquet. Je me suis demandée si elle était en phase terminale ou quoi, puis j'ai remarqué la fille typée genre espagnol qui se tenait devant nous. Malgré le fin duvet noir de son crâne rasé, elle n'avait rien d'une habituée de l'endroit. Presque aussi grande que moi – une vraie rareté dans ce milieu où elles faisaient toutes la taille d'un tabouret –, elle était surtout extrêmement féminine, sa peau mate maquillée à la perfection et ses formes moulées dans une robe noire. Si elle daignait se tenir à proximité de ma personne, c'était sûrement parce que je portais aussi une robe, son mépris pour l'endroit se lisait dans son port de tête fier et hautain. Alice l'a présentée comme sa colocataire, Pallas, mais le regard de la Pallas en question était si froid que je n'ai pas tendu la main. J'ai dit que je n'avais plus de maison, Alice a répondu quelque chose à propos d'un déménagement imminent, puis elles se sont éloignées vers le bar et j'ai de nouveau sombré. Cette fois j'étais dans un aquarium où d'obèses poissons japonais me scrutaient, perplexes, tandis que j'essayais d'en enfourcher un en guise de monture. Plus loin, des rochers étincelants de mille pierres précieuses se dressaient en forme de seringues, et de ces roches flamboyantes coulaient des cascades de poudre d'or. Ces cascades se jetaient dans des lagunes qui serpentaient au gré de la végétation, jusqu'à un lac lisse et plat, qui au loin se confondait avec l'horizon. Le cœur battant d'avoir découvert la réserve de dope de la planète, je m'apprêtais à plonger la tête la première, quand quelque chose a touché mon genou... C'était Pallas qui essayait de me faire revenir là. Avec la musique, je n'entendais rien de ce qu'elle disait mais je me suis efforcée de paraître attentive. Tout en parlant, elle ne quittait pas des yeux mes doigts toujours tachés du sang séché d'Alex, et je me rappelle avoir pensé que si elle n'était pas à proprement parler parfaite, en certaines occasions elle devait être époustouflante. À quelques mètres, une fille sur une banquette gerbait entre ses pieds. Il n'y a rien de plus flippant que de voir une fille moche gerber tout ce qu'elle sait.

Ensuite il y a eu le froid, les phares des rares voitures et la buée qui s'échappait de la bouche de

Pallas marmonnant : « Pas de dîners tous les soirs, pas de copains qui débarquent de l'étranger pour un mois. » La frêle épaule d'Alice me guidait vers la station. Dans le taxi Pallas a continué : « Pas de fêtes, pas d'afters. » Alice me faisait signe de ne pas trop faire attention. « Pas de drogue », poursuivait Pallas, tandis que j'avais le nez au vent de la vitre baissée pour atténuer un début de nausée. Je voyais mon manteau qui à la fin de la nuit pendrait tout seul sur un portant du vestiaire du Rex, et je me demandais si le lendemain je parviendrais à le récupérer, mais surtout, si le reste de la dope s'y trouverait toujours. Je songeais aussi à la nouvelle copine d'Alex qui portait mes tee-shirts.

En pénétrant dans l'appartement, ça m'a fait bizarre de me retrouver là, avec une fille de vingt ans et quelques qui n'était rien de moins que la petite sœur du seul mec que j'avais vraiment aimé, et la Pallas qui me détestait déjà. Celle-ci a ouvert une porte sur une pièce qui m'a semblé immense, vide à l'exception d'un canapé de cuir noir et d'une énorme télé. Alice a sorti d'un placard une masse grisâtre, une couette avec une grosse tâche de peinture noire que j'ai reconnue pour avoir dormi dedans pendant sept ans chez son frère. J'ai retiré mes talons qui faisaient trop de bruit sur le parquet, me tenant au dossier du canapé pour ne pas laisser voir à quel point j'étais raide. Alice m'a serrée pour me dire bonne nuit, Pallas a ajouté : « Pas de musique à fond non plus » et je me suis retrouvée seule. Je me suis assise en me demandant si Alice se souvenait que c'était ça que je faisais : de la musique.

Par les persiennes des volets passait une lueur jaunâtre, faible mais tenace, qui reproduisait sur les murs blancs et nus de régulières traînées horizontales un peu floues. Ça provenait d'une de ces grosses cloches de fonte noirâtres, comme on en trouve encore un peu partout dans Paris, fixées à même les façades, et dont la lumière blafarde s'insinue sournoisement par les volets de bois usés des vieux immeubles. Un des volets était retenu par un bout de ficelle, et sous l'effet d'un vent léger, certaines des ombres tremblotaient. Aucun bruit ne me parvenait des chambres. Le chauffage n'était pas mis et la pièce était aussi figée que si elle avait été pleine de meubles informes recouverts de draps blancs. Je ne pouvais détacher mes yeux des ombres qui tressaillaient sur les murs. Sans savoir pourquoi, je m'attendais à les voir bouger pour de bon. À les voir subitement former une phrase du genre « barre-toi vite d'ici pendant qu'il en est encore temps ». Il y avait un tas d'autres endroits où j'aurais pu aller dormir, mais la perspective de ressortir dans le froid, à la recherche d'un taxi dans un quartier où je n'avais aucun repère, ne me disait franchement rien. J'ai donc scruté les ombres un moment, et comme elles ne se décidaient pas à se transformer, je me suis laissé aspirer par le profond canapé.

Chapitre I

Le canapé du salon

1

Un peu plus d'un an plus tard, j'étais toujours affalée dans ce canapé, qui continuait de constituer l'unique mobilier du salon avec la grosse télé et le magnétoscope à même le parquet.

Cette pièce avait été ma chambre pendant deux mois, jusqu'à ce qu'Alice déménage et que je décide de m'installer dans la sienne. Maintenant c'était redevenu un salon qui ne servait à presque rien d'autre qu'à des expos organisées par Alice, moyennant une participation au loyer. On ne pouvait pas se pencher sur la déco du salon : on était si fauchées que dès qu'on avait un peu de fric, on se prenait la tête pour savoir qui garderait quoi, qui rembourserait qui, et du coup on n'achetait jamais rien. Le résultat était que cette pièce ne vivait pas. On y entrait dix fois par jour puisqu'elle contenait les placards – un pan de mur entier d'étagères qui débordaient de chaque côté d'une penderie bourrée à craquer d'affaires de Pallas, pour laquelle j'étais obligée de me battre chaque fois que j'avais besoin de suspendre quelque chose –, mais c'était à peu près tout. La table à tréteaux rangée dans le bas du placard avec une demi-douzaine de chaises pliantes n'en sortaient que pour des dîners occasionnels, quant à la télé et au magnétoscope, laissés là en dépôt par une amie de Pallas, on n'en avait pas l'utilité, on avait tout ce qu'il nous fallait dans nos chambres. Cette pièce ne s'animait que les jours de vernissages d'Alice. Un mois sur deux, elle organisait une expo pour quelqu'un qui n'avait pas, comme elle, la chance d'être déjà dans une galerie, et on voyait alors débarquer une quarantaine de visages plus ou moins familiers. C'était chiant d'empêcher les gens d'aller dans les autres pièces, mais dans l'ensemble ça permettait des rencontres intéressantes.

L'appartement était vaste mais mal foutu. Il aurait fallu un vrai couloir, des chambres plus espacées. Celle de Pallas se trouvait à droite dans l'entrée, puis venaient deux portes de face, celle de droite donnant sur le salon et celle de gauche sur ma chambre, et plus à gauche il y avait la salle de bains, les toilettes puis la cuisine. La chambre de Pallas était lumineuse avec un parquet impeccable, mais elle était minuscule. La mienne était immense, plus grande encore que le salon, mais on s'y serait cru dans un bureau d'informatique avec son plafond tapissé d'affreuses dalles de polystyrène blanches et sa moquette gris clair qui râpait sous le pied. Elle avait également une vue imprenable sur les locaux de l'ANPE. Ces détails expliquaient que Pallas n'ait pas choisi cette pièce, mais moi je m'en accommodais. Je n'étais pas une maniaque du parquet, je ne passais pas mon temps les yeux au plafond – ces dalles m'isolaient d'ailleurs plutôt bien du voisin du dessus – et j'aimais de toute façon vivre les volets fermés.

Les pièces communes avaient elles aussi leur lot de bizarreries. La salle de bains était spacieuse, carrelée de blanc avec toutes sortes d'accessoires en métal (tous achetés le même jour par Pallas dans un de ses moments de folie dépensière), mais la baignoire était ridiculement petite et les étagères du placard trop rapprochées pour accueillir la moindre bouteille dans sa hauteur. Les toilettes, profondes et pourtant accueillantes, aux murs entièrement recouverts de flyers par Alice, avaient une chasse d'eau qui coulait tout le temps. Quant à la cuisine, de la forme d'un couloir, elle nous foutait régulièrement le cafard. Toutes les prises se barraient, l'évier fuyait toute l'année et la hotte n'aspirait rien. L'espace était surtout obstrué par un imposant canapé déjà là à l'arrivée des filles et indétrônable, faute de lui faire tourner le coin avant le couloir, même s'il avait bien dû entrer par quelque part. En vinyle rouge et pompé sur celui de Dalí en forme de bouche, il ravissait les gens qui passaient, mais nous, à force de nous exploser les orteils dedans, on a fini par le détester.

Cet appartement était aussi très mal isolé, mais pire était le bruit. Collée à la cage d'escalier, Pallas entendait les gens monter et descendre de jour comme de nuit, et moi j'avais la circulation de la rue du Chemin-Vert empruntée à toute heure pour rejoindre Voltaire, Bastille ou République. La seule chose qui nous satisfaisait à peu près, c'était la façon dont on avait arrangé nos chambres. Celle de Pallas, entièrement écrue des murs au couvre-lit, ne contenait qu'un grand lit de fer forgé avec une chaise assortie en guise de table de nuit, et tout le reste, de la chaîne au magnétoscope, était superposé dans un renfoncement dissimulé par un rideau, écru lui aussi. Ce rideau cachait également tout le matériel de dessin de Pallas, inutilisé depuis qu'elle était sortie d'Esmod, ainsi que ses récents achats (appareil de photo numérique, imprimante) qui ne servaient pas tellement plus. Seul détail qui humanisait la pièce, sur le mur de gauche quoique presque toujours caché par la porte ouverte : un grand poster de Bowie période *Heroes*, sur lequel se chevauchaient des bribes du travail de Pallas, ainsi que d'innombrables polaroids de nous toutes, l'ensemble constituant un impressionnant collage que les gens ne se lassaient jamais de détailler.

Ma chambre, elle, était telle que je l'avais rêvée pendant toutes ces années où je n'avais pas eu un espace rien qu'à moi. À gauche en entrant se trouvait le matelas avec la télé et le magnétoscope – les plumes de la couette se tassaient avec le temps et la housse bleu marine qui la recouvrait était toute passée, la seule que je possédais et lavais sans arrêt – et en face devant les fenêtres était installé mon *home-studio*. De la forme d'un « L » inversé, il commençait avec la petite table de l'ordinateur face au mur de gauche, puis, bloquant la fenêtre de gauche, la première table à tréteaux supportait les machines – grosse table de mixage, compresseur, sampler, DAT, SPX, Groove Box, un quatre-pistes et un graveur de CD. Mon synthé Juno se trouvait devant à portée de main, et la seconde table qui s'arrêtait juste avant l'autre fenêtre soutenait les deux platines, la chaîne et les enceintes. Sous les deux tables s'entassait un foutoir de jacks, de disquettes, de DAT et de cassettes parmi des piles de magazines d'informatique et de manuels, ainsi que certains emballages d'origine des machines, soigneusement pliés et glissés derrière, et l'ensemble, avec sa centaine de câbles et ses relais de prises multiples, était tout simplement identique à l'antre de la chaudière que De Niro doit réparer dans *Brazil* ! Dans la continuité de la seconde table s'alignaient mes cinq cents vinyles à même la moquette, avec autant de CD en piles verticales, et pour finir, dans le coin droit de la pièce, s'entassaient huit cartons. Ouverts mais jamais déballés, ils renfermaient des vidéos, une collection de *Keyboards Magazine*, quelques livres et divers objets que je triais régulièrement pour essayer de réduire le nombre des cartons. Même si j'étais maintenant là depuis un an, je ne parvenais toujours pas à m'étaler. À force d'avoir souvent eu à déménager, j'étais définitivement obsédée par le besoin de sentir que tout ce que je possédais pouvait se remballer en vitesse. Les seuls « bibelots » apparents étaient un gros cendrier de verre turquoise, sur une des enceintes, dans lequel je balançais mes pièces jaunes, et un alien gonflable argenté, avec une grosse tête à un seul œil, rapporté d'un voyage à New York avec Alex. Plié dans la position assise, il était installé à une extrémité des vinyles, semblant veiller dessus. C'était une chambre axée sur les deux uniques positions qui faisaient alors mon quotidien : assise (pour travailler) ou allongée (pour regarder des films, m'envoyer en l'air ou dormir).

2

Quand j'ai débarqué, Alice et Pallas n'habitaient ensemble que depuis un mois. Pallas avait pris ce trois-pièces avec sa copine du moment, et manque de bol, la fille l'avait quittée la veille d'emménager. Pallas avait alors rencontré Alice à un vernissage, et celle-ci, en attente d'un logement à la Cité des Arts, s'était installée là pour patienter. Alice et Pallas ne se connaissaient donc que depuis peu mais leur complicité avait été immédiate. Cette complicité était basée sur leurs obsessions communes pour la mode, la célébrité et le fric. Y participer consistait à claquer tout son RMI chez Colette, et à se ruer régulièrement hors des toilettes en hurlant d'enthousiasme ou d'incrédulité à la lecture d'articles dans *Voici*. Consumée par son anorexie, Alice n'avait plus rien de l'attachante gamine que j'avais souvent croisée chez son frère. À vingt-deux ans, elle n'était plus qu'arrogance, caprices, colères et crises de larmes, mais plus pénibles encore étaient les attitudes de princesse de Pallas. Elle sortait d'une histoire de quatre ans avec une fille qui avait toujours tout fait à sa place, et si elle avait un jour été capable de se débrouiller seule, à vingt-six ans, l'histoire avec cette fille avait détruit ce qu'il avait pu y avoir en elle de dégourdi.

Non contente d'avoir la phobie du ménage, il n'était pas non plus question qu'elle desserve un dîner qu'elle avait pourtant organisé, ou tout simplement qu'elle range la table sortie du placard pour l'occasion. Tout le monde, aussi bien Alice et moi que les invités, était prévenu qu'elle cuisinait et rien d'autre. Chacun trouvait équitable de plonger dans l'eau de vaisselle en échange, mais personne n'était dupe de son égoïsme. La bonne poire venue gracieusement jeter un œil à sa télé en panne ne pouvait espérer qu'elle reste là à lui tenir compagnie. Quand on mangeait du poulet, c'était le blanc ou rien. Quand on partait en voiture, elle ne montait que si elle pouvait s'installer devant, et quand elle décidait qu'elle voulait rentrer, il fallait la raccompagner sur-le-champ, que ça arrange le conducteur ou pas. La moindre démarche chiante (allocs, mairie, EDF) l'anéantissait, et elle avait toujours mal quelque part. Elle errait alors d'une pièce à l'autre en se tenant l'endroit douloureux à deux mains, traînant les pieds dans ses mules Versace tel un vieillard las et résigné. Mais à sa décharge, Pallas était régulièrement atteinte de migraines, elle souffrait de lumbagos chroniques et elle était surtout victime d'allergies à tout ce à quoi il est possible d'être allergique (poussière, acariens, pollen, poils d'animaux, plumes d'oreillers). Quand on la connaissait aussi peu que moi au début, cet aspect-là de sa personnalité était de loin le plus charmant.

Les premiers temps je m'étais donc tenue à l'écart. Après sept ans de vie commune avec Nikki, une année de ballottage à droite à gauche puis trois autres chez Alex avec ses quatre colocataires, j'aspirais plus que tout à l'intimité d'une porte fermée. Ce n'était possible qu'en fin de soirée, quand les filles n'avaient plus rien à faire dans les placards du salon, mais c'était déjà ça de pris. Avec Alice j'étais attentionnée, de Pallas je ne m'approchais pas. Dans leurs têtes, ça ne faisait aucun doute que je reprendrais la chambre d'Alice quand son atelier se libérerait, mais pour moi, il n'était pas question de me retrouver seule avec Pallas. Elle avait exigé que je paie un tiers de loyer, pour une pièce qui restait un salon commun, et ça achevait de me la rendre insupportable. Intérieurement, j'étais dégoûtée qu'elle ne me laisse pas rapporter mes affaires de chez Alex. Renoncer à l'espace du salon pour y organiser ses dîners nuirait à son équilibre mental ! Si je restais, au lieu de chercher un studio qui ne m'aurait pas coûté tellement plus cher, c'était par manque de fiches de paye et d'argent d'avance pour un dépôt de garantie. Je ne me souciais donc pas du futur départ d'Alice, d'ici là je serais ailleurs.

Ce moment est arrivé dès le second mois, avant que j'aie eu le temps de mettre quoi que ce soit de côté, si bien que je me suis retrouvée sur le balcon avec Pallas, à agiter la main vers Alice qui s'éloignait dans le camion de déménagement, me demandant dans quelle merde je venais de me fourrer. Mais bizarrement, Pallas s'est aussitôt métamorphosée. Un simple coup de fil et un de ses prétendants a débarqué avec une camionnette pour m'emmener chercher mes affaires, puis pendant que je commençais à rentrer les cartons dans la pièce vide, Pallas m'a fait couler un bain, me criant qu'elle avait un matelas chez une amie que je pourrais récupérer et qu'elle me prêterait de quoi acheter tout ce qui me manquait. C'était comme si elle avait toujours attendu ce moment, comme si elle savait que le rapprochement ne pourrait se faire qu'au départ d'Alice. Celle-ci, sans en être la cause, servait de déclencheur aux côtés pénibles de Pallas, et elle avait compris que pour m'atteindre elle devrait arrêter son cirque.

Son élan était d'autant plus grand qu'on avait un tas de goûts en commun (Marilyn Manson, Kevin Spacey dans *Usual Suspects*, les pommes dauphines). Je les avais moi aussi remarqués, je m'étais juste refusé la possibilité de les partager, pas du tout prête à prendre ce qui venait avec. Amusée, je me suis donc laissé servir toute la soirée, m'attendant à retrouver le lendemain la Pallas d'avant, mais le charme a continué avec le petit déjeuner sur un plateau, puis le déjeuner tandis que j'installais les machines, et je ne sais pas si ça a été son soudain intérêt pour mon travail, mais quand le soir elle s'est mise à bâiller, je l'ai retenue pour qu'on discute encore un peu, et encore, jusqu'aux premières lueurs du matin. Et à compter de ce moment-là on est devenues inséparables.

Cette nouvelle amitié a fait naître en moi le besoin d'aider Pallas. Au début, j'ai évidemment tenté de lui faire prendre conscience que plus elle tarderait à régler ses phobies, plus elles risquaient de prendre de l'ampleur, mais sa détresse était alors telle que je finissais chaque fois par en faire trois fois plus pour me faire pardonner. Je prenais donc désormais tout en charge, de sa vaisselle à ses lessives en passant par le rangement de sa chambre. Être attachée à Pallas signifiait se sentir concernée par un problème plus douloureux encore, qui était son absence totale d'idée quant à ce qu'elle voulait faire. Le don qu'elle avait pour le dessin pourrissait dans un coin pendant qu'elle s'essayait à toutes sortes d'autres choses sans jamais persévérer dans aucune. Expo d'autoportraits au Polaroid pour une petite galerie conceptuelle, performance dans une boîte ou voix sur un morceau de trip-hop qu'on avait longtemps entendu dans des sets de deejays – chaque tentative était chaque fois un succès sans pour autant être suivie d'une seconde. Parfois, la multiplicité des dons est un handicap... Pour changer, il aurait fallu qu'elle se retrouve catapultée dans un pays dont elle n'aurait pas parlé la langue et où elle n'aurait plus eu ni amis ni Carte Bleue – la survie pure et simple. De temps à autre, je lui faisais remarquer que les gens qu'elle enviait, comme Puff Daddy ou Lauryn Hill, déjà multimillionnaires au même âge qu'elle, en avaient chié pour parvenir au sommet. Elle rétorquait alors qu'elle ne visait pas le sommet, tout au plus un riche mari qui ne verrait pas d'objections à ce qu'elle se tape des filles de temps en temps. Ce qu'elle voulait, c'était mener une vie de star, et à bien des égards c'était déjà plus ou moins le cas. Des muffins Marks & Spencer aux petites bouteilles de jus d'oranges du Bon Marché, en passant par le dernier Vernis Chanel ou le taxi loué à la journée, elle ne se refusait jamais rien. Quand la banque envoyait un recommandé, elle appelait papa-maman (retraités de Nîmes qui n'avaient vraiment pas de quoi aider mais qui finissaient toujours par éponger, à la fois consternés et déchirés par les mésaventures de leur fille unique) et pour montrer sa solidarité, elle dénichait des petits plans à droite à gauche. Réunions de consommateurs ou tests pour des hôpitaux – l'aberration alors qu'avant d'avaler la moindre aspirine elle parcourait toujours avec angoisse la liste des effets « non souhaitables et gênants » de la notice –, mais telle était Pallas. Elle débarquait euphorique avec un truc à tester, pendant tout le mois elle se plaignait de nausées, retrouvant aussitôt ses imbuvables travers de princesse, et pourtant on ne pouvait s'empêcher d'être fier qu'au moins elle essaie.

Par les gens qui ne la connaissaient pas intimement, elle était perçue de deux façons aussi désastreuses l'une que l'autre. Les filles qu'elle exaspérait par ses côtés hautains ne voyaient en elle qu'une « conne prétentieuse », et celles qu'elle fascinait par son inaccessibilité ne se hasardaient pas à la draguer, de peur de se prendre la veste de leur vie. Pareil pour les mecs avec lesquels elle avait parfois des aventures. Sa sexualité était d'ailleurs plutôt compliquée : si elle était amoureuse, elle ne parvenait pas à se laisser aller à des rapports physiques poussés, et si ça commençait par le sexe, elle ne pouvait plus tomber amoureuse. Et c'est comme ça qu'on s'est retrouvées à coucher ensemble.

C'est arrivé par hasard, un soir où on parlait de ce qu'on aimait dans le sexe. Et comme c'était vraiment bien, on s'est mises à le faire tout le temps. Mais ce qui aurait dû rester récréatif a viré au cauchemar quand on a fait la connerie de s'embrasser en boîte devant Alex. Celle-ci se foutait des aventures que je pouvais avoir, mais elle a pété les plombs en prenant ça pour le début d'une vraie histoire. Elle s'est alors mise à débarquer à la maison à tout bout de champ pour me tripoter devant Pallas, histoire de montrer qui commandait. C'était drôle de la découvrir jalouse, ça changeait des quelques fois où, après la séparation, elle m'avait convaincue de recoucher avec elle, me laissant ensuite chaque fois malade de manque quand le lendemain elle repartait sans préciser si on était en train de retourner ensemble ou quoi. Mais ça a complètement humilié Pallas qui, pour le coup, s'est mise à vouloir une vraie histoire, si bien que j'ai dû finir par les envoyer chier toutes les deux. Alex est repartie ravie, mais Pallas était persuadée que sans l'intervention d'Alex, on aurait pu être ensemble. Pour elle peut-être était-ce possible, mais moi, même si je l'adorais littéralement en tant qu'amie, il n'y avait pas matière à m'accrocher. Les gens qui ne font rien de leur vie, ou pas assez, c'était pas pour moi. On a donc tout arrêté, et Pallas a traversé une jolie petite phase de rejet, se montrant odieuse et sarcastique, puis, à force de patience et de tendresse, je suis parvenue à la réapprivoiser. Et comme on n'avait jamais vraiment dit qu'on ne recoucherait plus jamais ensemble, la séduction demeurait, nous liant plus encore.

3

Un peu plus d'un an plus tard donc, par une soirée de mai particulièrement moite, j'étais affalée dans le canapé du salon où il m'arrivait d'atterrir quand j'avais travaillé trop longtemps. Lorsque des heures durant les basses avaient tapé et que les graphiques analogiques avaient dansé sur l'écran, finissant par ne plus former devant mes yeux exorbités qu'un paquet de striures saccadées et hirsutes, tel le tracé d'un détecteur de mensonges qui s'emballe, je venais m'installer là. Enfoncée dans la profondeur du cuir qui pouvait m'accueillir dans toute ma longueur, c'était comme si j'étais alors reliée à une sorte de machine à vider le cerveau : j'éprouvais une douce sensation de calme qui permettait ensuite de passer en revue les résultats de la journée de travail, puis d'accueillir avec enthousiasme, impatience même, la perspective de remettre ça dès le réveil du lendemain.

Cette fois, j'étais là pour tempérer des palpitations dues à un peu trop de coke. Allongée sur le dos, je regardais de côté vers la grosse télé éteinte dont les bords luisaient dans la pénombre, et je me marrais, songeant que si un délégué des allocs était venu vérifier comment vivaient les deux RMIstes que nous étions, il se serait étranglé. Télés, magnétoscopes et chaînes dans toutes les pièces, tonnes de fringues, de disques, magazines tous les mois – en fait c'était que de la débrouille. Trucs tombés du camion, copines attachées de presse qui nous invitaient aux soldes ou copains vendeurs qui faisaient profiter de leurs réductions. Même pour le câble on avait magouillé, demandant à Nikki de nous relier au branchement du voisin du dessus. Malgré nos rentrées respectives, Pallas et moi avions vraiment du mal. Nos allocations-logement assuraient nos parts de loyer, nos RMI allégeaient les dix premiers jours du mois, et pour la suite, on jonglait comme on pouvait. Pallas empruntait à sa Carte Bleue et moi j'empruntais à Pallas. On vivait en permanence dans l'attente d'un paiement ou d'une avance, lesquels partaient ensuite immanquablement en remboursements de dettes.

Un tas de choses avaient changé en un an. La plus positive était d'avoir renoué avec Nikki qu'Alice avait remis sur mon chemin. Contrairement à ce que j'avais toujours été tentée de croire au point d'hésiter à le rappeler pendant toutes ces années, le fait que je sois passée à la techno, alors que lui continuait de faire le guitariste de rock, ne changeait rien à l'estime qu'on avait l'un pour l'autre. Et le pire, c'était l'anorexie d'Alice qui s'alternait maintenant de féroces crises de boulimie. Alice faisait de la photo conceptuelle – des photos de pieds – et le succès a été immédiat. Passer de jeune élève des beaux-arts à jeune espoir de l'art contemporain aurait dû la calmer, mais bizarrement ça n'a fait qu'agrandir le gouffre à combler. Rédactionnels de montres Swatch, paires de rollers en action ou bobs Kangol photographiés sur des têtes de clubbers en train de pisser dans des chiottes de boîtes – elle a commencé à accepter toutes sortes de propositions dérivées. Une partie d'elle se vautrait allégrement dans cette branchitude, où l'accueil de la presse féminine dépassait l'indécence, mais l'autre en était malade. Cette autre partie se gavait, allait se faire vomir puis recommençait, encore et encore, jusqu'à l'épuisement. Jusqu'à la fois suivante. Sauf qu'elle avait beau ne rien garder dans le ventre, elle grossissait quand même, ce qui achevait de la rendre folle.

Je me suis levée pour aller me servir du Coca dans la cuisine. Au retour, mes yeux se sont arrêtés sur la tablette de l'entrée où on déposait le courrier et nos clés. Une pochette de photos s'y trouvait, avec un Post-It de la main d'Alice demandant qu'on se dépêche de cocher celles qu'on voulait donner à retirer. C'était des photos de nous trois à une fête quelques semaines plus tôt. Généralement, c'est en revoyant de vieilles photos qu'on constate le changement, comme quand on retombe sur la première saison d'une série où les fringues et les coupes de cheveux font hurler. Mais là, c'est de nous voir telles qu'on était maintenant qui m'en a fait prendre conscience.

Alice avait en ce moment les cheveux aux épaules, comme Bjork, avec la frange au ras des sourcils, mais aucune coupe ne parvenait jamais à estomper complètement cette impression de gonfler due à sa boulimie. Au mieux de sa forme, ses bonnes joues roses et ses yeux bleu électrique légèrement globuleux lui donnaient un air de gamine joviale, mais dans ses phases les plus douloureuses, comme au moment de ces photos, son visage se métamorphosait cruellement. Ses yeux se vidaient de toute expression pour ne plus former que deux billes fixes et aveugles, tandis que sa bouche, si enjouée, se transformait en une sorte d'orifice mou et déformé qui restait entrouvert, comme hébété après la chute accidentelle d'une large perfusion. Pallas non plus n'était pas vraiment à son avantage. Son crâne rasé avait repoussé jusqu'à un long carré noir qu'elle portait avec une frange épaisse et gonflée, un genre de Betty Page version sévère. Lorsque son front était dégagé, qu'elle ne se maquillait pas et qu'elle ne s'habillait pas de manière trop sophistiquée, elle faisait jeune et fraîche. Mais lorsqu'elle sortait son rouge à lèvres trop rouge et qu'elle gonflait sa frange qui accentuait l'épaisseur de ses traits espagnols, elle faisait dix ans de plus. Quant à moi, mes cheveux maintenant tout courts et tout ébouriffés changeaient mon regard. C'était comme si en les coupant, j'avais aussi coupé mon regard... J'étais *ailleurs*. Tant que je travaillais je me sentais présente, *impliquée*, mais le reste du temps, dès que je mettais le nez dehors, c'était comme si je me protégeais, de peur que tout parte en couilles...

Je suis retournée dans le canapé du salon. Ouais, beaucoup de choses avaient changé en un an. Alice claquait de plus en plus de fric en fringues, mais Pallas, à mon contact, faisait maintenant de réels efforts pour limiter son découvert. À part une robe habillée de temps à autre pour renouveler sa garde-robe du soir, elle se contentait de mélanges de trouvailles H & M (tout le monde, d'ailleurs, se mettait à aller chez H & M depuis leurs campagnes avec Johnny Depp ou Helena Christensen, alors qu'avant, personne n'aurait voulu être vu en train de porter des trucs aussi peu chers). Quant à moi, le changement enclenché par Alex s'était fait en douceur mais maintenant il était flagrant. Finies mes années de fringues *seventies* du temps de Nikki, aujourd'hui j'étais toujours en tee-shirt, en jean et en tennis. Au début, j'avais commencé par résister avec des tee-shirts « rock », mais maintenant je ne portais plus que ceux qu'Alex m'avait offerts en masse. Logos de labels (Ninja Tune, F-Com, Giant Step, Warp, Output...) ou slogans de pubs détournés – on faisait une sorte de concours avec Alex. C'était à celle qui dénicherait en premier un nouveau modèle ou qui fabriquerait le plus classe. On faisait ça sur ordinateur avant de les transférer sur des tee-shirts tout cons achetés en gros : qu'elle se pointe avec la tête de Cindy Crawford sur laquelle elle imprimait *supermodels suck*, et je répliquais par *suck me* en travers de la face d'Evangelista. Mais si Alex trouvait que mes jeans continuaient de faire « trop rock », il n'était pas question pour moi de passer aux baggies comme la plupart de notre entourage. Ces trucs trois tailles trop grands sont peut-être sexy sur des formes, mais quand on est grande et maigre, ça ressemble à rien. Pas question non plus de me faire acheter des pompes de skater genre Northwave qui font des pieds de canard. Des tennis d'accord, mais pas n'importe lesquelles, toujours des Adidas en cuir d'avant 1980.

Je ne savais pas si ce changement était dû à un réel ras-le-bol, ou si j'avais simplement voulu échapper à une sensation d'exclusion de l'univers d'Alex, mais j'étais sûre d'une chose : mes aspirations musicales avaient basculé par engouement et non par frustration. Jusqu'à Alex je jouais de la basse. Je ne jouais qu'avec Nikki, sur ses disques ou en tournée avec lui, et quand on s'était séparés je n'avais pas retrouvé de groupe. Je tournais en rond, consciente que ce que j'aimais jouer n'avait aucun avenir parce que trop dans le passé. Puis il y a eu un premier mix d'Alex dans un bar, puis une première rave, et tout est parti de là.

4

J'ai baissé les yeux pour regarder l'heure sur le magnétoscope. Il n'était pas loin d'une heure du matin. J'avais réussi. J'étais parvenue à ne pas *penser*.

Mais maintenant, on était déjà plus ou moins le lendemain et il fallait regarder la chose en face. Alors je me suis relevée pour passer dans ma chambre où j'ai ramassé l'enveloppe restée sur la moquette. Je la revoyais au courrier de l'après-midi, avec écrit Virgin dans le coin en haut à gauche. En remontant, je l'avais décachetée si précipitamment que j'avais déchiré le premier feuillet. Ce papier à en-tête qui disait : « Veuillez trouver ci-joint votre contrat en deux exemplaires ». Cette saloperie de contrat que je n'espérais même plus depuis déjà six mois qu'il en était question. Trois pages avec toutes sortes de clauses, et au milieu de la deuxième, le montant de l'avance en toutes lettres... Puis retour à la première qui demandait que j'envoie un RIB pour le virement.

Après je sais plus, je crois que je pleurais.

J'ai d'abord appelé Nikki, mais en l'entendant j'ai aussitôt raccroché. Même s'il allait être super-content pour moi, ce contrat était cent fois mieux que celui qu'il venait de signer et il fallait d'abord que je trouve comment le lui annoncer. Après, j'ai essayé d'appeler Pallas qui faisait des courses avec Alice, mais chaque fois j'avais la messagerie et je raccrochais. Après, j'étais devant la boîte aux lettres sur l'avenue, en train de coller un timbre sur l'enveloppe avec le RIB et le contrat signé. Après, j'étais allongée à plat ventre dans ma chambre, joue contre la moquette, bras en croix, téléphone et répondeur débranchés, de peur qu'ils appellent pour dire qu'ils s'étaient gourés dans la somme. Je suis restée comme ça tout le reste de l'après-midi, sans bouger, à écouter les battements de mon cœur, et dès que je fermais les yeux, je voyais des portes s'ouvrir sur des arrière-boutiques poussiéreuses où dormaient de somptueuses TB303 et TR909, des vieux synthés Prophet 5, des Mini Moogs... Après, j'étais dans la maison d'Alex dans le 19e et je marchais de long en large dans sa chambre, brandissant le double du contrat sous son nez, essayant de la convaincre de me prêter cinq cents balles pour passer chez son dealer de coke deux rues derrière. Et pour finir, direction Notre-Dame.

Là, au pied de cette masse immense qui m'avait toujours tant impressionnée. Là, à me dire que mon heure venait enfin de sonner, qu'il m'était enfin donné d'apporter moi aussi une pierre à l'édifice... J'allais devenir autre chose qu'une ex-bassiste de rock français qu'on avait laissée enregistrer quelques balbutiements électroniques sur des compiles merdiques. Là, au milieu des touristes qui me rendaient mon sourire mais qui s'écartaient tout de même, pas rassurés par mes bras grands ouverts et mon regard inondé de larmes de joie... cent mille francs. CENT MILLE, BON SANG ! VOUS VOUS RENDEZ COMPTE ?

Ensuite je suis revenue à la maison en courant, de Notre-Dame à la rue du Chemin-Vert, j'ai couru tout du long, comme Denis Lavant dans je ne sais plus quel film de Carax, je volais littéralement, fendant l'air tiède de cette fin de mai. Dans l'entrée j'ai trouvé un mot de Pallas qui était repassée se changer et qui demandait pourquoi je l'avais autant appelée sans laisser un seul message. Elle indiquait l'adresse d'un vernissage où elle allait avec Alice, puis celle d'un restaurant où elles se rendraient ensuite, avant de passer au Pulp où Alex devait mixer. J'ai encore essayé de l'appeler plein de fois, mais ça continuait d'être la messagerie et ce n'était pas comme ça que je voulais le lui annoncer. J'aurais pu la rejoindre à n'importe quel moment de la soirée, mais malgré l'évidente urgence de lui annoncer la nouvelle, je n'avais plus envie de voir une foule de gens. J'avais envie de rester ici à taper dans la coke jusqu'à ce que je n'en puisse plus. Alors je me suis retrouvée sur la moquette de ma chambre, cette fois sur le dos, et de nouveau j'écoutais les battements de mon cœur. Sauf que cette fois, je me suis dit qu'il allait peut-être lâcher, me lâcher, ironiquement, si près du but. Et peut-être que j'aurais aimé que ça arrive. Pour rester sur la victoire. Ne pas avoir à me mesurer au résultat qui allait devoir suivre. Parce que tout d'un coup, j'avais une putain de trouille. Mais j'ai pensé à Nikki, et à Alex, et à d'autres encore, qui auraient tout donné pour avoir un contrat pareil, et je me suis dit que j'avais pas le droit. Ouais, aussi crétin que ça puisse paraître, je me suis dit ce genre de chose. Alors j'ai rangé ce qui restait de coke et je me suis forcée à aller m'allonger dans le canapé du salon, ce foutu canapé et ses ondes bienfaitrices.

Maintenant il était une heure du matin et j'étais debout au milieu de ma chambre, l'enveloppe à la main, de nouveau dans tous mes états. Cent mille francs... c'était pas croyable. Mon téléphone s'est mis à sonner. À cette heure, ça ne pouvait être que Pallas qui venait de rallumer son portable, mais j'ai pris mon temps pour décrocher. Ça tournait si vite dans ma tête, mes gestes avaient intérêt à être le plus lents possible pour éviter la surchauffe...

« Qu'est-ce qui se passe ? » elle a aussitôt demandé d'une voix blanche.

Je pouvais percevoir les bruits de circulation autour d'elle. Elle avait dû sortir dans la rue pour appeler.

« Devine.

— Non... c'est pas vrai... le contrat ?

— Ouais...

— Ô mon Dieu ! C'est génial ! Combien ? *Combien ?* »

J'aurais voulu qu'elle soit devant moi pour faire dix avec mes mains, puis les rouvrir et les refermer dix fois.

« Dix fois ce que je te dois », j'ai répondu doucement.

J'imaginais ses yeux s'agrandir en même temps qu'elle devait porter une main à sa bouche pour étouffer un cri.

« Ô mon Dieu, elle n'arrêtait pas de répéter, ô mon Dieu, c'est pas vrai, c'est pas possible ! »

Et si c'était possible, je songeais tandis que je l'entendais retourner à l'intérieur du Pulp où la musique pulsait, criant à qui voulait l'entendre : « Louise a eu une avance de cent mille ! Louise a eu une avance de cent mille ! »

Chapitre II

X-Tazy Roomalator ™
Rave On Experience

1

Quand le taxi s'est enfin engagé dans le haut de l'avenue de la Grande-Armée, je ne tenais plus en place. Je me dressais comme je pouvais pour sortir le haut de mon corps par la vitre baissée, tentant d'apercevoir la place de la Porte-Maillot dans le bas. À côté de moi sur la banquette, Alice et Pallas faisaient la gueule.

« SUPER MÉGA TEUF ! » je n'arrêtais pas de leur répéter pour essayer de les dérider.

Alice était agacée à cause des embouteillages, et Pallas était crispée de savoir que j'avais un ecsta dans la poche. Elle détestait que je prenne des trucs, convaincue que dans ces moments-là, j'étais alors trop barrée pour... je sais pas, continuer d'être son amie ? Elle était aussi probablement saoulée par l'inscription sur mon nouveau tee-shirt, et le fait que l'argent qu'elle m'avait prêté le matin était censé partir dans du ravitaillement. Il était orange vif, étriqué juste ce qu'il fallait avec écrit « substance » en blanc. D'accord, cinq cents balles pour un bout de coton, c'était un peu excessif, mais une occasion pareille ça valait bien ce genre de folie. J'ai sorti de la poche de mon jean le flyer que j'ai déplié, et pour la énième fois j'ai relu la prétentieuse affirmation :

« Vendredi 2 juin »
« Détroit – Londres – Berlin – Bruxelles – Paris »
« Le meilleur de l'underground »

Tout le monde ne parlait plus que de ça depuis deux mois que ce flyer circulait. Pas d'adresse évidemment, sinon les flics auraient campé là-bas depuis deux mois, mais pas non plus de nom d'organisation ni d'indication de la puissance du son, ce qui était parfaitement inhabituel. Et plus mystérieux encore, pas de liste de deejays. Même à force de croiser un tel ou un tel qui avait été booké, personne ne parvenait à dresser une liste complète du *line-up*, personne n'avait la moindre idée de qui il y aurait chez les étrangers. Ce genre de secret laissait présager soit une rave sauvage bien classe comme aux débuts, soit une mégamerde commerciale avec stands de tee-shirts *smiley* et tout le tremblement. Mais tout le monde était décidé à aller jeter un œil, au cas où.

On a commencé à distinguer la porte Maillot et ça avait l'air d'être le gros bordel, les voitures étaient arrêtées n'importe où, les gens se baladaient entre. On était encore à quelques centaines de mètres et déjà pare-chocs contre pare-chocs. J'ai suggéré qu'on termine à pied, mais les filles n'ont pas voulu en entendre parler. Elles faisaient surtout la gueule de ne pas savoir où on allait atterrir, alors que c'est justement le fait de ne pas savoir à l'avance qui rend encore plus excitant ce qui se prépare. La première rave avec Alex... Véritable jeu de piste, à suivre d'autres voitures en fonction de la dégaine des gens dedans, à s'arrêter à chaque croisement de nationale pour déchiffrer des indications gribouillées en pattes de mouches sur les panneaux de signalisation, puis une fois à proximité, à faire silence dans la nuit noire afin d'essayer de percevoir d'éventuelles basses ou scruter le ciel à la recherche d'éventuels lasers. On avait débarqué dans un gigantesque entrepôt où il ne manquait que les douches pour faire camp de concentration. De l'eau coulait de partout, surtout à proximité des sources d'électricité, et la tôle des murs était si rouillée que je m'étais bien gardée de m'en approcher de peur de choper le tétanos ! Mais quand Alex avait commencé à mixer, tout était devenu clair. Évident. Et ça avait été pareil à chaque rave suivante, à chaque soirée... Aux abords de la place on n'arrivait plus à progresser, on est enfin descendues. On avait les fesses collées d'avoir transpiré sur le cuir de la banquette. Des jours comme ça, les enfoirés qui vendaient les canettes de Coca à dix balles et les petites bouteilles d'eau à quinze se faisaient des couilles en or pendant que toute la ville, voire tout le pays était comme hébété.

J'ai mis ma main en visière pour essayer de repérer la nouvelle voiture d'Alex, un coupé Ford Puma gris métallisé. Les gens sortaient par grappes des bouches de métro, d'autres en voiture venaient grossir l'embouteillage. Tout le monde s'interpellait, se faisait des signes. Ça sentait comme sur une aire de repos d'autoroute avec les pneus qui chauffaient déjà dans la chaleur. Partout des cartes étaient dépliées sur les capots, et partout la techno pulsait. Mais le plus incroyable, c'était que les flics déployés pour tenter de rétablir la circulation ne semblaient même pas s'intéresser à la raison de tout ce bordel. C'était pourtant les mêmes qui faisaient des descentes aux quatre coins de la France, entrant en force en bousculant allégrement ceux qui demandaient à négocier, aboyant des « ta gueule ou je t'en colle une », bousillant au passage des dizaines de milliers de francs de matos, comme ça, sans raison. À moins que les trucs aient lieu dans des conditions de sécurité qui craignaient vraiment, qu'est-ce que ça pouvait bien leur foutre qu'on mette la musique à fond quand il n'y avait pas un seul voisin à la ronde ? Ça vous chiait une pendule pour un demi-ecsta au fond d'une poche alors que ça avait une haleine de Pastis dès sept heures du matin. Pourquoi ils faisaient ce boulot d'ailleurs, s'ils le détestaient à ce point ? Pour la montée d'adrénaline chaque fois qu'ils serraient un pauvre con qui avait la malchance de ne pas avoir la peau assez claire ? Et ils étaient là, à gesticuler pour faire avancer ou reculer les voitures, ridicules dans leurs petits blousons à soufflets dessinés par je sais plus qui. De parfaites petites cibles à dégommer au plomb pour les voir se mettre à danser en se tenant le cul. Ça leur apprendrait à terroriser les gens. Il n'y a rien de plus flippant que de se faire embrouiller par un flic, parce qu'alors après, vers qui on se tourne ? Moi j'avais plus peur des flics que de n'importe quel psychopathe que je pourrais croiser la nuit au coin d'une rue. Le pouvoir de ces mecs-là est carrément obscène. C'était pour ça, entre autres, qu'on avait tous envie de percer dans notre boulot. Les gens connus, ils ne pouvaient pas se permettre de les obliger à rester sur le bas-côté pendant une demi-heure pour les écouter débiter leurs petites menaces et leurs vannes salaces. Pauvres mecs.

On a fini par repérer les autres, tous regroupés autour d'Alex qu'on remarquait pourtant toujours en premier malgré son mètre cinquante-neuf. Alex moulée dans un tee-shirt promo du *Dope show* de Marilyn Manson (putain la pute...), magnifique avec ses courts cheveux blond foncé plaqués en arrière qui accentuaient la pureté de son visage anguleux. Elle était avec Inès, sa petite amie de dix-sept ans sur laquelle Pallas s'est aussitôt précipitée pour la serrer. Tout le milieu l'enviait à Alex, mais moi je lui disais à peine bonjour tellement je la trouvais détestable. Sorte de clone de Nathalie Imbruglia, avec le même court carré brun déstructuré aux longues mèches qui lui tombaient dans les yeux, elle était certes assez mignonne mais elle avait cet air méprisant des gamines issues de familles tout juste aisées mais qui se croient supérieures parce qu'elles habitent Versailles. Toujours affublée de pantalons quinze tailles trop grands qu'elle portait bas avec des petits tee-shirts au ras de son nombril percé (comme si elle était la seule), elle se tenait toujours exagérément droite avec ses mains sur ses reins, ce qui avait pour effet de propulser ses seins et son menton en avant, tandis que le reste de son corps – épaules, coudes et cul – partait en arrière, la faisant ressembler à une sorte d'oiseau grotesque. Avec les plus âgées, comme moi, elle n'avait plus aucune consistance, se montrant maladivement timide au point de ne pouvoir vous regarder qu'à travers ces mèches qui lui mangeaient la figure, ce qui achevait de me la rendre insupportable. Il y avait aussi Eva, une des colocataires d'Alex, originaire de Montpellier comme elle et qui était sa meilleure amie d'enfance, donc la seule qu'Alex ne se hasardait jamais à traiter comme un larbin. Petite brune de vingt-six ans légèrement enrobée avec de doux yeux vert d'eau, elle était différente des autres, et pas seulement parce qu'elle était hétéro à la base ou qu'elle était la seule de nous toutes à avoir un boulot « normal » de vendeuse. Même si c'était celle qui sortait le plus, qui prenait le plus d'ecstas et qui n'était jamais sérieuse quand elle ouvrait la bouche, à raconter des blagues sur les blondes à longueur de temps et à se trimbaler avec des tonnes de gadgets pour gamins à l'effigie de Miss Kitty, elle avait un côté maman pour nous toutes. Peut-être parce qu'elle cuisinait toujours par plâtrées quand on sortait de boîte, mais surtout parce que, débarquée tardivement à Paris, elle n'avait aucun passé dans le milieu, donc aucune ex en commun avec personne, aucun conflit. Gayle aussi était là, sa petite amie de Londres qui venait une semaine par mois, une adorable face de bébé encadrée de courtes boucles brunes, presque à sucer son pouce quand elle avait sommeil, toujours égarée sur un nuage d'acid. Il y avait aussi Julia, du même âge qu'Eva et également colocataire d'Alex, qui était vestiaire du Pulp mais surtout danseuse et jongleuse hors pair, immense et imposante avec sa masse de dreads rouges qu'elle secouait constamment comme un chanteur de hard. Le genre robuste et saine façon ado du Midwest élevée au maïs, mais fêtarde increvable défoncée en permanence au pétard. Le petit Cyril aussi se trouvait là, déjà torse nu en train de s'asperger d'eau. Petit frère d'Alex, il n'était pas tellement plus grand mais très physique, brun au crâne rasé avec un torse sec et noueux qu'il sculptait sans relâche, ne ratant jamais une occasion d'exhiber ses barres abdominales. Et, pour finir, la brune aussi rasée, bronzée et un peu forte, qui se tenait légèrement voûtée dans une chemise noire moulante ouverte sur un Wonderbra prêt à exploser, ça devait être Jessie. Une deejay de Nîmes, comme Pallas, qui venait s'installer à Paris pour faire de la musique avec Alex et dont tout le monde m'avait souvent parlé sans que j'aie encore eu l'occasion de la rencontrer. À l'image des centaines d'autres qui arpentaient cette place – excepté Pallas et Alice venues en robes, et moi qui défendais mes jeans normalement serrés et mes Adidas –, toute cette petite bande portait des petits tee-shirts moulants G-Star, E-Pure, Lady Soul ou Tim Bargeot, des pantalons larges Carhartt, Dickies, Homecore, Goodvibes ou Kanabeach, et des grosses baskets Northwave, Globe, Oakley, New Balance, Nike, Reebok ou Fila. Mais quelque part, ça leur allait tellement bien que je n'aurais pas pu les imaginer autrement.

« On est combien ? a crié Alex sans quitter des yeux l'inscription sur mon tee-shirt. Moi je prends Eva, Gayle, Inès et mon frère, les autres vous montez avec Fred. »

Quelle pute. J'étais censée monter dans sa foutue bagnole pour une fois. Tout ça parce que mon tee-shirt, elle aurait voulu le trouver avant moi. Rien compris celle-là, le sien était encore mieux. Derrière elle, sa Puma rutilait dans le soleil. Par une portière restée ouverte, je pouvais voir le tableau de bord entièrement chromé, le lecteur de CD encastré et le tapis de sol tout propre sur lequel le Puma bondissait fièrement. Quand on était ensemble, on rêvait gravement de voitures de ce genre. On se disait toujours qu'un jour, on irait s'installer à San Francisco et on aurait une maison tout en baies vitrées comme celle de Sharon dans *Basic*, à Stinson Beach, avec les deux Lotus Elan garées devant. Et maintenant qu'elle avait pu s'en offrir une un peu semblable à crédit, je n'avais toujours pas fait un tour dedans depuis déjà un mois qu'elle l'avait. Je lui en voulais pour ça, et pour bien d'autres choses. Après tout, j'avais son nom tatoué sur mon ventre, et elle le mien sur le sien (moi j'avais Alex et elle Lou, chacune au même endroit, entre le nombril et le début des poils, en grosses et belles lettres gothiques rouge sang ombrées de noir). Ouais, en fait il était rare que je la voie sans qu'à un moment ou à un autre je me mette à lui en vouloir furieusement. Je lui en voulais de m'avoir poussée à la quitter, je lui en voulais de ne pas du tout tromper la petite Inès alors qu'avec moi ça y allait, mais plus que tout, je lui en voulais de continuer de venir régulièrement me glisser qu'un de ces jours, de toute façon, on se retrouverait. Que j'en aie envie ou pas n'était pas la question, je détestais juste qu'elle décide à ma place.

J'étais sur le point de lui dire qu'elle plaisantait de ne pas me prendre dans sa voiture, mais Jessie m'a tirée par le bras : « Trop classe ton tee-shirt, elle a fait d'une belle voix de gorge qui contrastait drôlement avec sa large carrure (ce qui a exaspéré Alex qui a attrapé Inès pour lui rouler une grosse pelle). Moi c'est Jessie, viens m'aider à charger mes disques. » Alice m'a arrêtée pour me demander qui était Fred. J'ai désigné un mec rasé de Radio FG, avec un tee-shirt noir qui disait en blanc *Home Fucking Kills*

Prostitution, puis j'ai regardé autour de moi pour voir si je repérais Guillaume qui avait dit qu'il nous rejoindrait ici. Guillaume était un jeune skater qu'on croisait un peu partout où on allait, qui me collait depuis un moment et que quinze jours plus tôt j'avais enfin laissé m'approcher. Sa plastique trop parfaite, sortie tout droit d'une pub pour caleçons Calvin Klein, ravissait toutes celles qui auraient voulu être des mecs, tandis que les quelques autres que le sexe hétéro n'effrayait pas ne voyaient pas bien pourquoi j'avais choisi un mec aussi jeune, donc pas vraiment un mec. Mais moi je savais à quoi m'en tenir... Et puis le schéma me convenait : j'avais proposé qu'on n'échange pas nos numéros et qu'on se contente de rentrer ensemble quand on se croiserait. Il était possible qu'il n'ait accepté que pour mieux m'accrocher plus tard, mais je verrais ça le moment venu.

On allait à Éperon, à une soixantaine de kilomètres de Rambouillet. La hardhouse tapait, faisant vibrer les vitres à moitié baissées, et chaque fois que la phrase du refrain revenait, Jessie et Julia hurlaient en chœur *I-DON'T-NEED-THIS-SHIT !* Jessie était décidément un vrai paradoxe, à la fois rustre d'apparence et terriblement féminine avec ses seins qui jaillissaient de sa chemise. À la fois nounours avec ses yeux gris pâle et ses tâches de rousseur sous son bronzage, et un putain de paquet d'énergie que j'avais hâte de voir mixer. Assise devant, Pallas restait tournée vers nous mais ne regardait personne en particulier. Elle était dégoûtée de ne pas être dans la même voiture que la petite Inès. Les rares fois où elle se retrouvait entre Alice, la petite et moi, elle ne savait plus où donner de la tête. La petite était la meilleure amie pour danser et critiquer, Alice était celle des mondanités et des dépenses, et moi celle du cocon de la maison. Là c'était évidemment la petite qui avait la préférence, ce qui agaçait Alice qui faisait déjà la gueule de se trouver dans une Clio vert pâle au lieu de la Puma d'Alex beaucoup plus frime. À d'autres moments je pouvais moi aussi être jalouse des préférences de Pallas, mais là je ne pensais qu'à la rave. Au refus de Fred de regarder sur la carte où on allait, j'avais compris qu'il le savait déjà, que FG devait être partenaire ou même organisateur de ce truc. Je le fixais donc dans son rétro, essayant, à force de grimaces, de lui faire me transmettre mentalement des infos sur ce qui nous attendait, mais en vain. Il se contentait de sourire, et moi je faisais la moue, songeant qu'ils allaient avoir intérêt à ce que ça assure, parce que sinon, à faire tant de mystères, ils allaient vraiment passer pour des cons.

2

De l'extérieur, l'installation faisait penser à celle de la rave annuelle des Transmusicales de Rennes. Deux petits chapiteaux reliés à un plus grand par des tunnels transparents semblables à celui qui isolait la maison dans *E.T.*

« Pas très original », j'ai glissé à Fred alors qu'on se dirigeait vers le grand.

Il se contentait de sourire. On a remonté la longue queue qui menait à l'entrée, il a dit quelque chose aux videurs et on est toutes passées. La vaste salle déjà à moitié pleine était plongée dans le crépitement des stroboscopes, la techno tapait dur. Dans le fond, sur la scène très en hauteur, on distinguait à peine le deejay, minuscule dans un faisceau bleuté. De chaque côté de cette scène un grand écran reproduisait des spirales de couleur. Jusque-là rien d'inhabituel. C'est alors qu'on a levé les yeux sur un grand panneau d'affichage comme on en voit dans les aéroports :

SCÈNE HOUSE

23 h 00 - 0 h 30	:	Markus Nikolaï (All)
0 h 30 - 2 h 00	:	DJ Jaws (F)
2 h 00 - 3 h 30	:	Freaks (UK)
3 h 30 - 5 h 00	:	Herbert (UK)
5 h 00 - 6 h 30	:	Trash 2000 (F)

SCÈNE TECHNO

23 h 00 - 0 h 30	:	The Hacker (F)
0 h 30 - 2 h 00	:	Jessie (F)
2 h 00 - 3 h 30	:	DJ Hell (All)
3 h 30 - 5 h 00	:	Kevin Saunderson (USA)
5 h 00 - 6 h 30	:	Laurent Garnier (F)

SCÈNE EXPÉRIMENTALE

0 h 00 - 1 h 30	:	Torgull (F)
1 h 30 - 2 h 30	:	Micropoint (F – live)
2 h 30 - 4 h 00	:	Manu Le Malin (F)
4 h 00 - 5 h 30	:	Liza'n'Eliaz (B)
5 h 30 - 6 h 30	:	Atari Teenage Riot (All)

Visuels : V-Form, Alien's Mother, 4 Spaces.

« PUTAIN, a rugi Jessie, je mixe avec Kevin Saunderson ! Je mixe avec Kevin Saunderson ! Putain je le crois pas !

— Merde, a fait Julia, y a trop de trucs bien en même temps.

— Putain vous êtes les deux seules filles avec Alex », j'ai ajouté.

Fred m'a interrogée d'un regard amusé et je n'ai rien trouvé à dire. C'était pas une méga-rave commerciale avec stands de merchandising et posters de remerciements aux sponsors. Près de l'entrée se trouvait forcément une affichette FG, mais sinon, il n'y avait rien d'autre qu'une première longue table à tréteaux avec des bombonnes d'eau que quatre types servaient dans des gobelets, et une seconde avec trois autres types assis sous un panneau de Médecins du Monde qui offrait de tester vos ecstas. L'essentiel en somme. Rien qu'une grande salle nue avec un super-son. Et le regard de Fred qui semblait dire : faut faire un peu confiance des fois.

Alice et Pallas ont demandé à Fred de les conduire aux autres, tandis que moi j'ai emboîté le pas à Jessie et Julia sur le côté de la salle. Jessie et moi portions les *flight-cases* et Julia les sacs de disques en plus du sien. Par intermittence, les flashs des stroboscopes dévoilaient des cheveux déjà collés sur des fronts, des torses déjà ruisselants et je ne m'expliquais pas qu'il y ait tant de monde alors qu'on avait été dans les premiers à partir. Arrivées aux barrières, on a tout posé par terre le temps que Jessie trouve son pass. Derrière, la scène était à plus de trois mètres de hauteur, avec un grand espace entre les barrières et le public. Le type de la sécurité gardait les bras croisés, semblant savourer d'avance la perspective de nous refouler. Il était demeuré ou quoi, il voyait pas les disques ? Jessie a fini par brandir son pass d'un geste triomphant et a fait signe qu'on était avec elle. Le type a fait non de la tête. « QUOI ? » a crié Jessie par-dessus la musique. Julia s'est alors accroupie à son tour pour fouiller dans son sac, en a sorti son pass qu'elle m'a tendu et, se redressant de toute sa taille, elle a mis ses mains en porte-voix pour crier dans la face du mec : « VOUS ÊTES OBLIGÉ DE ME LAISSER PASSER, JE FAIS PARTIE DU SHOW ! » Le type a tranquillement demandé son nom, a parlé dans son talkie-walkie puis a relâché le bouton pour attendre la réponse. Il me fixait d'un air vraiment glacial pendant que je m'accrochais le pass autour du cou. Peut-être c'était le « substance » de mon teeshirt qui l'agaçait ce pauvre con. La réponse est venue, et à contrecœur il a ouvert une brèche. Jessie et moi sommes parties sur la gauche pour contourner la scène. On a grimpé tant bien que mal un étroit escalier de ferraille avec les sacs en bandoulière et les *flight-cases* qu'on hissait à deux mains. On a déposé le tout derrière The Hacker qui a fait signe que ça chauffait déjà gravement. Jessie a regardé sa montre à la lueur de son briquet, elle m'a crié qu'il lui restait une demi-heure, on a dégringolé l'escalier et on a tracé vers les loges.

Une demi-douzaine de filles se maquillaient devant une longue table surplombée de miroirs aux multiples petites ampoules. Julia était tellement myope qu'elle devait s'approcher à dix centimètres pour suivre son trait d'eye-liner. Elle a eu une moue affligée en désignant du menton les autres. Crinières sauvages, maquillages félins et tuniques métalliques, quelque chose entre *Mad Max* et *La Guerre du feu*.

« Pu-tain-je-le-crois-pas, a articulé Jessie, je mixe avec Kevin Saunderson. »

Elle s'est éloignée de quelques pas, a plongé sa main dans la poche de son jean puis nous a fait signe d'approcher. J'ai refusé le comprimé qu'elle me tendait, j'avais déjà ce qu'il me fallait. Elle a fait signe de le prendre quand même. J'ai regardé autour de nous avant d'examiner le dessin sur l'ecsta, c'était une Main, mes préférés, autant commencer par celui-ci. Je l'ai porté discrètement à ma bouche, les filles ont fait de même et on est revenues vers la loge.

Par réflexe je suis remontée avec Jessie, mais une fois derrière les platines, je me suis sentie de trop. Non qu'il faille une raison pour se tenir là, mais j'avais perdu l'habitude depuis Alex. Jessie a retourné un couvercle de *flight-case* en me faisant signe que je pouvais m'asseoir dessus, puis elle a commencé à trier ses disques. Les mêmes gestes qu'Alex... les mêmes gestes que tous les deejays du monde : les deux mains qui parcourent rapidement les tas, sortant certains disques pour les replacer plus avant ou plus après, laissant d'autres pochettes à moitié dressées pour les retrouver plus vite. Avec Alex, je restais toujours dans la cabine, ou sur la scène selon comment c'était foutu, et mes yeux ne quittaient pas ses mains. Cent pour cent connectée sur ce qu'elle jouait, mon regard servait à confirmer la perfection d'un enchaînement ou parfois le décalage d'une vitesse. Dès qu'elle retirait un disque je le réceptionnais et le rangeais, et sur la fin, j'étais parvenue à deviner ce qu'elle jouerait ensuite, tenant le vinyle prêt, la laissant chaque fois complètement bluffée. Je voulais lui devenir indispensable et ça avait été le cas, mais pas de la manière dont je l'espérais... Ça commençait à me chatouiller derrière la nuque, ma bouche devenait sèche. Jessie démêlait le fil de son casque, me criant que ça allait être mortel. J'ai fait signe que je descendais.

Je me suis fondue dans la foule qui s'était considérablement épaissie. Des faisceaux de bleu balayaient les visages baignés de sueur. Une forte odeur d'herbe flottait. J'ai taillé dans la masse pour me retrouver bien en face de Jessie qui avait mis son casque et calait son premier disque. Le flux sonore s'est estompé peu à peu, jusqu'à n'être plus qu'un vague bourdonnement. Une rumeur de mécontentement s'est élevée. Un son acid a commencé à monter. Mes pieds bougeaient déjà tout seuls. Le son s'est étiré tranquillement dans le silence, tournoyant çà et là, puis une basse a commencé à se profiler. Lente, aquatique, je la sentais me prendre le bas du ventre. Autour de moi ça remuait vaguement. J'ai rentré le pass sous mon teeshirt. L'éclat de rire fracassant d'Aphex Twin a explosé, puis un autre, et brusquement c'est parti, prenant tout le monde par surprise, un gros emballement de percussions et un seul cri est monté de la foule qui venait de comprendre que ça allait tuer. Les stroboscopes sont revenus, accélérant les mouvements qui m'entouraient, modifiant instantanément la perception que j'avais de la distance qui me séparait des autres. Mes pieds marquaient le rythme, ma tête suivait le son. Les boucles se superposaient, s'enroulaient, tissant des structures de toutes formes, pistes infinies que mon cerveau voulait toutes emprunter les unes après les autres. Par moments je me calquais sur les graves, à d'autres sur les aigus. Les inversions me faisaient rebondir, me plier, remonter. Sur les écrans géants, les spirales se déformaient en suivant le tourbillon du son. Je considérais mes mains qui ondulaient, se fermaient puis se rouvraient. Mes bras étaient devenus comme des extensions du reste de mon corps, ils s'élevaient, redescendaient puis remontaient, s'envolant dans les nappes, et mes yeux fascinés n'en perdaient pas une miette. Autour de moi, tout était devenu plus net, plus éclatant. Le scintillement des piercings aux arcades, aux narines, aux oreilles, les gouttes de sueur sur les fronts, les gouttes d'eau perlant des mentons en train de boire, jusqu'à la profondeur des regards dans lesquels je plongeais sans retenue. Tous extatiques de se trouver là, dans ce lieu inconnu et investi pour une nuit. Tous transportés par la magie de cette totalité créée par la musique, les lumières et la foule.

Quand j'ai constaté qu'il fallait que je boive, je ne savais plus s'il s'était écoulé des heures ou seulement des minutes. Le stand d'eau à l'entrée était trop loin. J'ai ressorti mon pass pour le type de la sécurité qui ne se déridait toujours pas, j'ai grimpé l'escalier et j'ai repéré Julia à côté de Jessie. Elle émiettait de l'herbe dans sa paume. J'ai sorti mon briquet pour éclairer ce qu'elle faisait et en trois gestes elle a roulé, léché et puis collé. Elle a allumé le pétard, me l'a tendu et est partie chercher de l'eau. Je suis restée à tirer dessus, hochant la tête en regardant Jessie de dos. Elle était vachement physique. Sa tête et tout le haut de son corps martelaient violemment. Elle était super-brusque avec ses disques, les sortant sans se soucier des pochettes qui volaient, les collant sans ménagement sur les platines. Un coup d'épaule pour faire remonter le casque à son oreille, elle testait la vitesse, elle calait et elle envoyait. Julia est revenue avec la bouteille. Jessie s'est tournée vers elle : « PRENDS ÇA », elle a crié. Un break a amené de furieuses percussions jungle et Julia a littéralement jailli du sol, me faisant aussitôt m'écarter pour ne pas prendre un coup. Elle bondissait d'avant en arrière, ses dreads volant dans tous les sens tandis qu'elle se pliait et se désarticulait sur les rythmes dédoublés qui éclataient tous azimuts. Jessie s'est tournée vers moi : « TU CONNAIS LE DERNIER DJ RUSH ? » J'ai fait signe que non tandis que je buvais. Les percussions qui atteignaient leur paroxysme ont cessé net, et Jessie s'est mise à hurler avec le reste de la salle en même temps que le tempo techno revenait en force avec les sons stridents. Tous les sons ont ensuite de nouveau disparu pour ne laisser place qu'à une basse avec une voix de mec, une voix de blanc, froide et ironique, qui chuchotait *I wanna... I wanna fuck you all night*. Mon corps tout entier m'a poussée vers l'escalier que j'ai dévalé pour retrouver la foule en même temps que la rythmique revenait exploser. Tous les bras étaient levés. Quiconque dit que cette musique est froide et déshumanisée devrait subir un examen mental. La basse ne cessait de creuser, locomotive aveugle et sourde qui grimpait à la verticale sous la voix qui inlassablement répétait qu'elle avait envie de vous baiser toute la nuit. J'ai pensé à l'autre salle où Alex devait elle aussi littéralement tuer, et à la troisième où les live devaient aussi assurer gravement. J'aurais voulu pouvoir être partout à la fois...

On m'a saisi l'épaule, c'était Jessie qui criait qu'elle allait voir de l'autre côté, avec un peu de chance Alex serait encore en train de mixer. J'avais même pas réalisé que c'était passé au tour de DJ Hell. Le tunnel de plastique était désert et frais, la techno a faibli à mesure que la hardhouse s'est précisée, moins rapide, plus onctueuse. La salle était plus petite, la chaleur faisait reculer. Ici les faisceaux étaient multiples, balayant la foule qui devenait tour à tour orange, jaune, rouge puis verte, et c'était bien toujours Alex qui mixait, minuscule elle aussi sur la scène dans le fond. Jessie a fait signe que tout le monde devait se trouver sur le devant. Ça faisait drôle de voir Alex sur une si grande scène. Je l'avais déjà vue mixer dans des fêtes encore plus grosses, mais c'était la toute première fois que je la découvrais de si loin, depuis le cœur du public. On progressait lentement, se faufilant entre les gens, prenant soin de ne pas interrompre leurs mouvements. Mes yeux glissaient sur un tas de têtes blondes rasées, mais aucun visage n'était celui de Guillaume, mon skater. Les autres étaient bien tous devant. Fred était déchaîné et ça faisait plaisir de le voir comme ça, ailleurs que dans les bureaux de FG où on ne faisait que l'apercevoir entre deux portes, toujours à la bourre et frustré par le manque de liberté ou de moyens. Le petit Cyril faisait des moulinets si rapides avec ses bras qu'ils en devenaient flous. Gayle poussait sur d'invisibles bâtons de ski. Eva dansait à petit pas en poussant des « wou wou » à l'attention d'Alex vers laquelle elle pointait les index. Alice gardait les bras le long du corps, la tête rejetée. Et Pallas et Inès sautillaient d'un pied sur l'autre, face à face. Ça faisait aussi bizarre de voir Inès dans le public. Moi je ne dansais jamais sur les sets d'Alex, je veillais sur elle. C'était comme ça que je l'avais perdue, et c'était comme ça qu'Inès la gardait. Un truc de distance – l'attitude qui faisait courir Alex... J'ai allumé une cigarette et je suis restée immobile à la considérer, deux mètres plus haut, plus près du bord que ne l'étaient les platines dans l'autre salle.

Elle était tellement à l'aise maintenant. Toujours plus ou moins statique, toujours aussi délicate dans ce geste d'inlassablement « rembobiner » le disque pour le caler au bon endroit, mais elle n'avait plus le visage crispé par l'inquiétude. Juste crispé par la dope. Elle, ça s'est toujours vu de manière flagrante quand elle en prenait. Ses yeux marron, couleur dans laquelle il est habituellement difficile de mesurer la taille des pupilles, s'éclaircissaient jusqu'à devenir d'un doré larmoyant. Ses paupières qui tombaient naturellement avaient alors tendance à gonfler, lui faisant un regard de lézard abruti, et sa peau déjà très blanche virait au grisâtre, ses traits s'en trouvant subitement creusés de partout comme la tête triangulaire de l'alien gonflable dans ma chambre ! Et puis l'haleine bien sûr, l'haleine de réglisse des Stop-Tout. Ces charmants petits bonbons qu'on trouve dans ces échoppes bordées d'innombrables bacs de sucreries, dans lesquels on se sert à l'aide d'une minipelle en inox pour remplir un petit sac transparent qu'on donne ensuite à peser – imaginez ces petits bonbons pour les gamins appelés innocemment Stop-Tout et que tous les junkies de la capitale suçotent à longueur de journée pour enrayer la gerbe ! Et elle était là à faire la maligne avec son tee-shirt du *Dope show*, manquait plus que son nom qui clignoterait en énorme derrière comme dans le clip. Mais il fallait le reconnaître : être défoncée ne l'empêchait jamais de mixer à la perfection, c'était après que ça lui tombait dessus, quand sa concentration cessait.

Alors que mes pieds s'étaient remis à bouger sans que je m'en rende vraiment compte, mes yeux se sont attardés sur un des écrans. De magnifiques larsens analogiques explosaient par-dessus des images de mangas, alternées de scènes de films de Hongkong où fusillades et cascades ultra-musclées étaient inversées en négatif couleur. Dès que les vidéastes se creusaient un peu la tête, ça devenait tout de suite sublime... Mes yeux sont revenus se poser sur Alex qui faisait signe à Eva que le morceau suivant allait la laisser sur place. Je me demandais comment elle prenait mon histoire de contrat. Si nos rapports étaient moins compliqués, aujourd'hui ce serait avec elle que je ferais ce disque. On formait une bonne équipe quand on était ensemble, les trucs que je bidouillais dans l'ombre de ses sets donnaient des live plutôt originaux...

« C'est quoi cette tête ? » m'a crié Eva.

J'ai haussé les épaules.

« Eh ! elle a de nouveau crié. Pourquoi les cercueils des blondes sont triangulaires ? Parce qu'on les enterre les jambes écartées ! »

Elle, elle était trop bien carrément. J'aurais tout donné pour avoir une histoire avec elle. À part être vraiment sexy, elle avait surtout un truc qu'aucune autre n'avait. Un truc sain, heureux de vivre, et responsable. Un truc qui donnait envie de se blottir dans ses bras et de la laisser s'occuper de tout.

« MAIS PUTAIN C'EST QUOI CETTE TÊTE ? » elle a répété, hilare, en prenant mes mains pour me faire lever les bras.

Ouais, il était temps de passer au deuxième ecsta.

3

Plus tard, j'étais de retour dans la grande salle toujours balayée uniquement de bleu, de nouveau derrière les platines à boire de l'eau. Derrière DJ Hell qui tapait une techno tribale bourrée de percussions.

Sur la scène, la guerre du feu avait commencé, serpentins fluorescents qui tournoyaient et torches de feu. J'ai bu encore un peu puis je suis descendue rejoindre Jessie. Elle dansait légèrement voûtée, les mains dans les poches de devant de son jean, la clope coincée au coin de son sourire extasié. Moi je ne bougeais que les pieds pour me reposer un peu, mes mains jointes sur ma nuque, coudes écartés, consciente du regard de deux ou trois mecs sur mes seins moulés dans mon tee-shirt. Je me laissais porter, mes yeux grands ouverts verrouillés sur les trajectoires des bâtons flamboyants qui virevoltaient. Il me semblait percevoir très nettement le bruit des torches qui fendaient l'air malgré le vacarme assourdissant des percussions, et même le souffle des bouches qui crachaient des flammes. De toute cette lumière émergeait par instants le corps de Julia, déhanché jusque dans les épaules, les coudes, les mains, les doigts qu'elle dépliait et déliait. Elle aussi elle était bien. Mais elle aussi, elle était déjà avec quelqu'un. Des bras m'ont enserré la taille. J'ai eu le temps d'entrevoir les larges épaules de Guillaume torse nu, son regard toutes pupilles sous la couture de son bob, et sa bouche épaisse s'est calquée sur la mienne, humide, chaude. Ma langue a fouillé ses gencives, son goût de menthe. Ma peau était devenue infiniment sensible sous ses doigts qui effleuraient les pliures de mes bras. Il embrassait bien, pour un mec. Chaque fois que je me disais : j'ai envie d'un mec pour changer, tout me rappelait aussitôt à quel point c'était mieux avec une fille... J'ai rouvert les yeux en me demandant à quoi ressemblaient les toilettes par ici, puis j'ai repéré Jessie remontée sur la scène, en retrait de l'imposante carrure d'un Noir avec une casquette claire. Dans le public, des sifflements ont commencé à fuser. Guillaume est passé dans mon dos et a glissé l'amorce de ses doigts dans les poches de devant de mon jean, essayant d'agrandir l'espace pour rejoindre mon entrejambe. Je sentais la sueur de son torse coller à mon tee-shirt. En me tournant pour l'embrasser encore, j'ai vu Eva se frayer un chemin, suivie de Gayle, Inès, Pallas et Alice. Je me suis vaguement demandée où était Alex. Peut-être en train de se faire payer, ou restée à écouter le mix suivant. Tout le monde ou presque s'était arrêté de danser, tout le monde criait. Kevin Saunderson a mis son casque, tout le monde a hurlé de plus belle en applaudissant et il a eu un grand sourire. Et forcément – tous ces mecs de Detroit ou d'ailleurs étaient toujours bien mieux accueillis chez nous que dans leur propre pays. Derrière le foutoir de percussions qui commençait à faiblir, on entendait le premier morceau se profiler. Pure techno de Detroit, minimaliste mais veloutée, tout en finesse. Les gens qui n'y connaissent pas grand-chose croient que le boulot consiste à enchaîner deux disques sans que ça s'entende, mais c'est beaucoup plus compliqué que ça. Toute la magie du truc réside dans la capacité à maintenir une unité sonore qui emmène quelque part. Quand je me demandais ce qui m'avait poussée à me tourner vers cette musique-là, je me disais que c'était ce que ça me faisait dans la tête, mais aussi dans le ventre. Un truc sexuel. Guillaume s'est détaché pour retrouver l'usage de ses bras et j'ai fermé les yeux, emportée par le flux.

Derrière le film secret de mes paupières, l'essence du son est devenue comme un torrent de lave qui me coulait du cerveau, achevant de nettoyer le peu de résistance qui me restait. Une étendue de cristal s'est ouverte à moi, à perte de vue. Sous mes pieds qui ne touchaient plus le sol, je pouvais voir toute la vie, un monde de racines et de petites bêtes qui évoluaient calmement, sans crainte ni urgence. J'étais seule dans ce décor, mais je savais que si je rouvrais les yeux ils étaient tous là. Et ils ressentaient tous la même chose que moi. Chacun dans son propre délire, mais tous sur la même longueur d'onde. Tous conscients d'une même et unique chose : le rythme. Tous là pour se laisser emporter loin de tout ce qui ne tournait pas rond. Loin de tout ce qui foirait toujours avant même qu'on essaie. Loin du peu qu'on avait et qui ne ressemblait en rien à ce qu'on aurait voulu avoir. Tous là pour se lâcher sur cette musique qui répétait inlassablement ici et maintenant.

Chapitre III

Lendemain d'ecsta & God Ceinture

1

Quand j'ai ouvert les yeux, à plat ventre, le soleil inondait la chambre. Je n'ai d'abord pas compris par quel désagréable hasard mes volets pouvaient être ouverts. Puis petit à petit c'est revenu. Guillaume et moi nous éclipsant de la rave sans dire au revoir, en voiture avec un type tellement bourré qu'on avait dû le forcer à s'arrêter deux fois sur le bas-côté, histoire de le faire tourner en cercle pour le dessaouler. La marche depuis République où il nous avait laissés, nous arrêtant tous les trois mètres pour se rouler des pelles contre les rideaux de fer, puis repartant à chaque fois qu'une bagnole de flics ralentissait à notre hauteur. La platée de pâtes à la sauce tomate, devant un bout de documentaire sur TF1 qui montrait la chasse aux bécassines dans des marais, et pour finir, la partie de baise devant les volets ouverts. Guillaume voulait qu'en débarquant pour leur longue et insipide journée de boulot, les employés de l'ANPE d'en face se chopent les boules à la vue de deux jeunes et beaux glandeurs en train de s'envoyer furieusement en l'air, libres... Sauf qu'on était samedi, alors c'est le clochard du quartier qui a profité de mes fesses probablement rougies par le frottement sur la rambarde du balcon. J'ai fini par le remarquer alors que je rejetais la tête pour la laisser pendre le plus possible dans le vide : il était pile en dessous et battait la mesure avec de grands gestes lents !

J'ai enfoui ma tête sous l'oreiller, laissant juste un espace pour ma bouche qui a crié « GUILLAUME ? ». Il est apparu torse nu avec son bob, son Dickies beige pas boutonné avec le bord de son caleçon noir qui dépassait. Je me suis radoucie pour lui demander de fermer les volets, et je l'ai regardé s'exécuter avant de ressortir. Qu'est-ce qui avait bien pu m'arriver pour que j'en vienne à me taper un mec de ce genre ? Les autres, Nikki, tout ça, ils avaient un truc de rareté... alors que celui-là, il avait juste l'allure de n'importe quel mec de son âge. Probablement était-ce l'époque qui voulait ça, ça allait avec la musique qu'on écoutait... Il est réapparu avec un plateau qu'il a déposé avec précaution près de moi. Tasse de thé, verre de jus d'oranges, muffins grillés avec du Nutella. Je me suis assise. J'avais des courbatures partout, mes oreilles bourdonnaient. Il faisait aussi chaud que la veille, rien que de m'être redressée je sentais la sueur se former sous mes bras.

« Pallas est là ? j'ai demandé en prenant le jus d'oranges.

— Je crois pas. Faut que j'y aille, on doit essayer une nouvelle rampe à la Défense, paraît que ça assure grave. »

J'ai réprimé une envie d'éclater de rire, rentre pas trop tard chéri, les gosses te voient pas beaucoup ces temps-ci ! Cela dit c'était vraiment un bon, quatrième en rampe à je ne sais plus quelle compétition d'Extreme Games, et parfois, dans la rue, des gamins l'arrêtaient pour lui demander des conseils. Il a boutonné son pantalon et s'est penché pour m'embrasser, « mais j'ai quand même cinq minutes », il a murmuré, tirant doucement sur la couette pour dénuder mes jambes.

« Ouais ben non ! j'ai gloussé, je crois que ça va aller, là ! »

Impression qu'il était toujours dedans tellement on l'avait fait.

« Ah bon », il a rétorqué d'un air faussement indifférent.

Je l'ai regardé aller s'asseoir sur le siège de l'ordinateur et se pencher pour prendre ses chaussettes dans ses baskets. J'aimais les rondeurs de ses épaules, sa peau dorée par des heures de skate. J'aimais surtout ce pantalon dont la molle fermeture Éclair descendait facilement quand il était assis. J'ai tiré vers moi mon peignoir que j'ai enfilé en me levant et suis allée refermer la porte de ma chambre. Il avait les yeux trop verts et les lèvres trop charnues, on aurait vraiment dit un gosse. Mais la barre sous la toile du pantalon n'avait rien d'un gosse. Il suffisait que je palpe à peine pour la sentir durcir. Il a rabattu son bob sur ses yeux en se laissant aller en arrière sur le siège, les mains croisées sur sa nuque. « Que tu crois », j'ai murmuré en remplaçant ma main par la sienne. On dit souvent qu'une fille ne pourra jamais faire ça aussi bien qu'un autre mec, à moins de le leur faire exactement de la façon dont ils se le font, de la même main que celle qu'ils utilisent, avec le poignet incliné dans le même axe – enfin quelque chose comme ça. Moi j'ai toujours bien aimé regarder les mecs se le faire tout seuls, ce truc d'extase qu'ils ont devant leur propre main, ça leur donne un air de suffisance qui m'affole gravement. J'ai aussi toujours su que je n'en connaissais pas assez long sur la chose pour assurer dans la durée... Je me suis agenouillée pour le prendre dans la bouche quelques secondes, juste le temps de commencer à l'entendre laisser échapper des soupirs de plus en plus brefs, juste le temps de voir ses abdos se contracter à mesure qu'il s'étirait sur le siège. Puis je me suis redressée pour m'asseoir sur ses genoux.

Je tenais les pans du peignoir entrouvert pour qu'il puisse voir à quel point j'étais près, mais j'attendais pour m'enfoncer dessus, sachant que ça allait me brûler tellement j'étais irritée. J'attendais aussi que son regard admette de se montrer suppliant, et là j'y suis allée, doucement, jusqu'en bas, et ça brûlait sauvage, mais c'était le moment que je préférais avec lui. Quand ses yeux de gosse s'arrondissaient, qu'il mordait ses lèvres rouge sang et que ses mains ne savaient plus par où m'agripper pour me faire bouger plus vite. Sauf avec des mecs vraiment endurants et doués avec leurs mains, baiser avec eux ne me suffirait probablement jamais, mais ça faisait quand même du bien par où ça passait, et puis ça me reposait la tête des filles dont je tombais toujours trop amoureuse trop vite, pour le meilleur mais généralement surtout pour le pire.

2

Sur le palier, j'essayais de maintenir le peignoir fermé tout en agitant la main pour dire au revoir à Guillaume. J'ai vu le haut du bob tourner et disparaître, puis à mesure, la fusion hardcore qui grésillait dans son Walkman s'est estompée. Plus bas, une main attrapait régulièrement la rampe et j'ai vu apparaître Alex qui grimpait les marches quatre à quatre. Ses cheveux encore en arrière de la veille partaient en free style – petit ouragan digne d'un Muppet en tee-shirt noir au lettrage punk rose qui disait *Goldorak's Not Dead*, avec grosses Northwave et chouette pantalon de flic américain gris à bandes noires sur les côtés. Sauf que comme c'était souvent le cas le modèle n'existait évidemment pas dans sa taille et elle nageait gravement dedans.

« Tu t'es encore fait sauter par ton skater ! » elle a lâché en passant en trombe dans ma chambre.

Elle est allée droit sur mes piles de CD où elle a tout de suite trouvé celui qu'elle cherchait et elle l'a enfourné dans la chaîne. « T'es qu'une truie sauvage ! » elle a ajouté en revenant claquer la porte. Amusée, j'ai croisé les bras pour la regarder se débarrasser de ses baskets d'un coup de talon. Elle détestait me voir coucher avec d'autres gens, mais en même temps elle adorait ça. Ça lui faisait mal et elle adorait ça. Je me suis assise au bord du lit, rabattant les pans du peignoir sur mes cuisses, et j'ai prêté l'oreille aux bruitages qui montaient, des coups répétitifs assenés à quelque chose, ou à quelqu'un, l'intro du *Mister Self Destruct* de Nine Inch Nails, toujours le même qu'elle voulait écouter quand on le faisait.

« J'ai une heure, elle a précisé tandis qu'elle virait les jambes de son pantalon, dangereusement en équilibre sur un pied.

— Que tu crois, j'ai fait en tassant un oreiller dans mon dos. J'ai ma dose là. »

Elle a mordu dans une moitié de muffin.

« Que tu crois *toi* ! » elle s'est exclamée la bouche pleine en me grimpant dessus.

Assise sur moi, elle tenait mes poignets renversés au-dessus de ma tête, bougeant doucement dans la lourde et lancinante machinerie de la musique. « T'étais trop belle cette nuit, elle a lâché, t'as pas le droit », et elle m'a décoché une baffe. Le temps que je réalise, elle avait déjà enfoui son visage dans mon cou. Ses dents se sont plantées dans ma gorge, j'ai dû empoigner ses cheveux jusqu'à ce qu'elle lâche prise. Pendant un instant elle a détaillé mes épaules, mes seins, glissant jusqu'à son nom tatoué sur mon ventre, puis les os de ses hanches sont venus entamer l'intérieur de mes cuisses. Nos ventres adhéraient déjà dans la sueur. Ses lèvres cherchaient les miennes tout en les évitant. J'ai fait semblant d'avoir du mal à repasser au-dessus, me demandant où je trouvais chaque fois l'imagination pour prendre ça comme un vrai combat, alors qu'il aurait suffi que je relève un genou pour qu'elle vole tant elle était légère. Quand j'y suis parvenue, ses mains ont immédiatement appuyé sur mes épaules pour me faire descendre. Elle m'a de nouveau giflée, encore, et encore, jusqu'à ce que je m'exécute. J'ai ignoré le piercing de son nombril – c'est nul ces trucs, dès qu'on les tripote un peu ça s'infecte –, j'ai aussi ignoré les lettres rouges et noires de mon nom à moi sur sa peau et je me suis contentée de tourner autour de son clitoris. Ses ongles labouraient mon crâne tandis que les guitares saturaient de partout et que la voix de Trent Reznor dégénérait, vociférant dans les aigus. Quand je l'ai enfin effleurée, elle a laissé échapper un bref râle puis de nouveau plus rien. Notre grand truc, ça, ne rien laisser paraître, jusqu'à ce que l'autre devienne dingue, vraiment violente et que ça démarre enfin. J'ai fait mine de la vouloir à quatre pattes, elle s'est retournée, je me suis affaissée sur son dos et elle a compris trop tard que j'avais le gode. Qu'il était sous le matelas comme avant. Eh ouais, ce genre d'habitude, ça se perd pas. Je n'ai eu aucun mal à me l'attacher sans qu'elle bouge. Mes dents ont immobilisé sa colonne, le temps d'enduire le gode de gel, puis du bout du pouce j'ai commencé à jouer avec l'entrée de son anus. J'allais tranquillement attendre qu'il lui devienne intolérable de se sentir vide. Elle savait que pour y avoir droit elle devait le demander, elle devait oser le dire à haute voix. Elle a tourné la tête de côté et j'ai vu ses lèvres remuer, mais j'ai fait signe que je n'entendais rien et ç'a été mon tour de la gifler. Elle a dit que je devais le faire, que je devais l'enculer bordel. Alors j'y suis allée d'un coup, lui arrachant une brève plainte puis de nouveau plus rien. Je retenais ses mains pour l'empêcher de se toucher et j'y allais carrément. Elle devait avoir une prostate pour aimer ça à ce point, c'était pas possible autrement. Cet enfoiré de Reznor, lui, gueulait qu'il contrôlait tout. Elle a crié qu'elle me détestait pour m'entendre répondre que je l'aimais, mais il y avait bien longtemps que je ne lui disais plus jamais ce genre de conneries. Je nous ai déportées pour coller son front dans le mur. À chaque coup de mon bassin, son front venait buter dedans. J'ai fini par lâcher ses mains et elle s'est empressée de cracher dans ses doigts pour que ça glisse mieux. Elle a prévenu qu'elle allait jouir, son corps s'est tendu à se rompre, puis elle a aussitôt demandé que j'arrête mais j'ai continué de plus belle, ça lui apprendrait à débarquer comme ça n'importe quand. Elle s'est mise à tousser, à suffoquer, à essayer d'éviter de buter dans le mur. Sans sortir le gode, je me suis défait de la ceinture pour le tenir à la main. Ça le faisait bouger plus vite, aller plus profond encore, toute la force de mon bras s'y employait. Les larmes ont commencé à rouler sur ses joues, ses hoquets rythmant l'hystérie du disque derrière. Je suis parvenue à tourner son visage vers moi, et à cet instant précis, rien d'autre au monde ne m'importait que ce regard défait.

Le souffle court, on est restées côte à côte sur les draps trempés. C'était à celle qui craquerait en premier et irait chercher la bouteille de Coca près de la chaîne. J'ai tâtonné pour trouver la télécommande et j'ai baissé la musique au minimum. Je sentais la sueur dégouliner sous mes bras. La chaleur de ce début d'après-midi avait encore dû grimper. Les rares claquements de portières qui montaient de la rue par les fenêtres ouvertes étaient laborieux, fatigués. J'ai fini par rouler de côté pour me lever. Le Coca était tiède et éventé. J'en ai quand même bu une rasade et, ignorant le geste qu'Alex me faisait, j'ai rebouché la bouteille que j'ai laissée près de la chaîne. Le coup de coude qu'elle m'a décoché dans le ventre a manqué de me faire cracher ce que j'avais gardé dans la bouche. Il n'en restait pas des masses quand je l'ai fait passer dans la sienne. Elle a recraché sur le drap en se plaignant que c'était chaud, puis a rampé par-dessus moi pour attraper la télécommande de la chaîne – ça ne faisait que commencer.

Elle allait attaquer par ça direct, justement parce que chez moi c'était ce par quoi il fallait terminer. Assise sur mon dos, elle m'a appuyé le visage dans le drap humide de Coca et je l'aurais bien vue dans un film en train d'enfoncer le canon d'un flingue dans la nuque d'un type. Elle m'a tordu les bras, m'a attaché les poignets avec ce qui devait être une longue chaussette, puis j'ai senti la fraîcheur du gel qu'elle étalait sans ménagement. Le gode est rentré doucement, est ressorti entièrement, est rerentré, jusqu'au fond cette fois, me faisant serrer les dents en me demandant si je n'avais pas brusquement besoin d'aller aux toilettes. Elle a monté le volume de la musique et c'était parti. Un va-et-vient lent mais soutenu, qui me déchirait un peu plus chaque fois. J'étais consciente que je ne devais compter que sur les plis du drap sous moi pour m'aider à jouir. Le nez écrasé dans le matelas, j'avais des remontées d'ecsta. Je flottais complètement, je ne me sentais pas à la maison, dans mon lit. Mais je me sentais avec Alex, pas de doute là-dessus, Reznor était là pour me le rappeler en gueulant de nouveau qu'il contrôlait tout. Je savais bien que tout ça était loin d'être terminé. Elle avait peut-être tenu six mois sans tromper Inès, mais si elle commençait à revenir me voir elle n'était pas près de me foutre la paix. Il fallait que je rencontre quelqu'un... Chaque fois que mon bassin se déplaçait à la recherche d'un quelconque pli sur le drap, elle empoignait mes cheveux et tirait jusqu'à la limite de la souplesse de ma nuque. Est-ce qu'elle était aussi comme ça avec sa gamine de dix-sept ans ? Elle a collé sa bouche sur mon oreille et a dit qu'un de ces quatre, elle allait se pointer avec le matos et que je ne pourrais pas refuser. De la blanche bien pure qui ne demanderait qu'à se teinter d'un peu de sang. Elle a retiré le gode, m'a détaché les poignets pour me laisser me retourner puis s'est installée à l'envers. Mes mains ont cherché à tâtons un oreiller pour relever ma tête. Au début, j'avais eu du mal à m'habituer à sa taille, puis très vite c'était devenu une évidence, on s'encastrait parfaitement. Au point que quand on s'est quittées, les premiers temps c'était carrément désagréable de retrouver des corps de taille « normale ». C'était peut-être pour ça que ça avait duré si longtemps, parce qu'on s'encastrait trop bien. Elle m'appelait « salope » et je l'appelais « putain de ta race », en boîte on se tournait autour comme des panthères ou on s'engueulait violemment devant tout le monde, mais quand au retour le sommeil nous tombait dessus, on s'endormait collées... Je me suis contractée pour retarder le moment de jouir, le temps que chez elle ça se redéclenche. Il fallait qu'elle me lâche avec la dope. Elle savait que ça avait été l'enfer de la regarder se faire des lignes pendant trois ans, alors qu'avant de la rencontrer, moi j'avais été longuement dans la merde avec ça. Mais elle savait surtout que son premier fix, jamais je n'accepterais de le lui faire, même dans une autre vie. Les toxicos de longue date sont souvent confrontés à ce genre de conneries : « Faut que tu me le fasses parce que si c'est moi qui le fais, je risque de me rater. » Tu parles, pas faux mais pas honnête. C'est une grosse responsabilité de décider si la personne fait juste un caprice ou si elle est vraiment déterminée, auquel cas il vaut encore mieux s'en charger plutôt que de laisser le premier connard venu la charcuter ou trop charger. La perspective continuait de me faire froid dans le dos, mais je m'efforçais de me persuader que ce n'était désormais plus mon problème... J'ai empoigné ses fesses pour mieux les écarter, elle a laissé échapper un violent gémissement qui m'a fait m'agripper à sa taille, et j'ai fermé les yeux très fort pour ne pas crier que je l'aimais toujours.

Après c'était beaucoup moins drôle. Elle téléphonait en même temps qu'elle se rhabillait, elle notait des dates que lui dictait son agent, et moi je n'existais plus. Puis elle a appelé la petite Inès, apparemment en train de faire des courses avec Pallas, et pour couper court à une éventuelle culpabilité vis-à-vis de la petite, je suis passée dans la salle de bains effacer toutes traces qui pourraient foutre la merde avec Pallas.

3

L'après-midi de ce samedi s'est dissous en un début de soirée vaseux. Je gisais dans la montagne de ma couette à moitié sortie de la housse, torse nu dans un caleçon, écrasée par la chaleur qui ne diminuait pas. J'étais devant MTV sans le son, la télécommande à la main au cas où viendrait un morceau que j'aurais envie d'écouter, mais ça n'arrivait pas. Que des clips de new jack ou de rap à deux francs – des petits roquets pubères qui aboyaient en vous montrant du doigt, ou des masses toutes huilées qui se pavanaient entourées de bombes en minis ras la touffe (et après ils s'étonnaient que le plouc moyen n'y voit là que des « gangsters » ou des « gorilles lubriques »). J'avais aussi la télécommande de la chaîne, mais envie de rien en fait. En fond bourdonnait la voix vicelarde de Marilyn Manson, restée sur *repeat* chez Pallas, passée dans la cuisine pour préparer le dîner. Elle avait dormi chez Alex et on avait échappé au pire, elle avait failli débarquer ici avec la petite Inès.

Avachie là, je pensais aux autres qui allaient au Batofar plus tard. Je n'avais même pas l'énergie de remuer mes jambes pour essayer de détendre mes muscles qui tiraient derrière mes cuisses. Le manque de sommeil me faisait me sentir sale, floue, mais ça me maintenait surtout dans un désagréable état intermédiaire. Je dérivais à chaque seconde, sans pour autant parvenir à sombrer complètement. Mes paupières avaient beau s'alourdir d'elles-mêmes, mon cerveau restait traversé de toutes sortes d'images qui me faisaient constamment rouvrir les yeux. Des images si fugitives et si désordonnées que je ne parvenais à en garder aucune.

Lendemain d'ecsta, rien de méchant comparé à une bonne vieille descente de speed ou d'acid, et pourtant je ne parvenais pas à enrayer le processus de déprime. J'en arrivais à me dire que je n'avais peut-être tout simplement plus ma place dans une bande de gens aussi jeunes. Deux nuits blanches d'affilée, ça devenait trop. Sans aller non plus jusqu'à dire que la trentaine fait une vraie différence, c'était comme si les autres avaient encore plein de temps pour comater sans se poser de questions, alors que moi, maintenant, à trente et un ans, je sentais que chaque jour passé à rien foutre était un jour de perdu dans la construction de la suite. *La suite*, pensée extra-terrestre...

J'aurais dû être en train de travailler, ou au moins de réfléchir à ce que j'allais faire sur le disque. Ça faisait combien de temps que j'avais reçu le contrat, deux jours ? Je n'en revenais pas de ne pas être plus excitée que ça...

Je n'avais même pas le courage de me lever pour me resservir de Coca frais. J'écoutais Pallas s'affairer dans la cuisine et je ne parvenais pas à me réjouir qu'on soit sur le point de regarder l'Ally McBeal du mardi qu'elle avait enregistré. J'aurais voulu pouvoir lui demander qu'on remette ça à demain, mais je l'avais déjà tellement déçue en quittant la rave en douce. Depuis son retour, chaque fois que mon téléphone sonnait elle venait malicieusement écouter qui parlait sur mon répondeur, puis elle rétorquait à la machine que quelle que soit l'invitation, je ne risquais pas de décrocher parce que ce soir j'étais à elle.

Alex avait appelé trois fois pour me convaincre de venir au Batofar. La troisième fois, elle gueulait que je devais forcément être là parce que ça sonnait occupé juste avant. Pallas a poussé des « ho ho » mais je n'ai rien dit à propos de l'après-midi. En plus de sa propre jalousie, elle aurait détesté apprendre qu'Alex venait de tromper sa petite protégée. C'était le grand sujet de conversation de tout le monde depuis six mois, comme quoi Alex changeait vraiment au contact de cette gamine. Sauf qu'apparemment, le vent venait de tourner... Mais ça, je voulais pas y penser.

Eva aussi avait appelé, et la blague du jour c'était : « C'est une blonde qui va chez le médecin. Docteur, docteur, j'ai mal partout. J'ai mal là, et puis là, et puis là. Elle lui montre plein d'endroits comme ça, en appuyant chaque fois avec son doigt. Docteur, docteur, qu'est-ce que j'ai alors ? Et le docteur y fait : je pense que vous avez le doigt cassé » ! Ça a rendu Pallas euphorique, elle faisait des bonds dans la chambre en s'exclamant : « Voilà ! C'est ça qu'y faut que tu fasses ! Un disque avec des samples de blagues sur les blondes ! Au moins ça fera marrer les gens pendant qu'ils dansent ! » J'aurais voulu qu'Eva soit là, elle savait comment se montrer douce et calme avec quelqu'un en pleine descente d'ecsta. J'aurais voulu qu'elle soit là, ouais. Mais pas qu'on s'envoie en l'air, juste ses bras apaisants. Parce que je portais encore la vive brûlure, aussi bien devant que derrière, de trop de sexe en une seule journée, et au lieu de me sentir flattée de tant de sollicitation, ou d'être comblée par la diversité, je me sentais incertaine et disgracieuse comme une grosse baleine échouée sur un banc de sable.

Jessie aussi avait appelé, et je ne pensais pas qu'elle chercherait mon numéro si vite. Au premier message, elle venait d'arriver à Lyon où elle devait mixer et elle demandait si je connaissais des gens qui vendaient des ecstas là-bas. Au second, elle racontait qu'elle cherchait partout quelqu'un qui aurait Internet, la fille qui gardait son chien en son absence avait une Web Cam et elle voulait voir son chien. Puis elle avait encore rappelé pour dire que le chien était mortel et que j'allais l'adorer. Pallas a de nouveau poussé des « ho ho » mais je n'ai pas relevé.

À un moment, j'ai monté le son de la télé pour écouter la reprise que Puff Daddy faisait de Led Zeppelin. C'était loin d'être la première fois que je voyais ce clip mais ça m'a fait une drôle de sensation. Comme une sorte de tristesse qui m'a envahie en me souvenant qu'il y avait des années, j'avais essayé d'apprendre le riff de *Whole lotta love*... Peut-être était-ce juste d'avoir recouché avec Alex qui me faisait me sentir si glauque. J'ai tiré à moi un tee-shirt bordeaux de Talkin' Loud que Guillaume avait laissé dans le lit. Il ne portait pas de parfum, juste un déodorant Kenzo qui sentait longtemps après. Pallas est entrée avec un plateau et a levé les yeux au ciel en me voyant respirer le tee-shirt. Je l'ai balancé et me suis redressée tant bien que mal. Pallas est restée debout, attendant que j'arrange la couette. Je l'ai aplatie çà et là puis j'ai fait signe que j'avais la flemme d'en faire plus.

« C'est ton skater qui te met dans cet état ? » elle a lâché en déposant le plateau.

Je n'ai pas pris la peine de répondre que les ecstas ça crève, on serait parties dans un monologue anti-drogue un peu pénible pour l'heure. Je me suis servi un verre de Coca, je l'ai descendu jusqu'à la dernière goutte, puis j'ai doucement remué le verre pour faire s'entrechoquer les glaçons. Par endroits, une parfaite transparence laissait entrevoir un formidable amas de minuscules nervures givrées enchevêtrées. L'étendue de cristal à perte de vue que je faisais chaque fois apparaître sous ecsta... ce monde pur, plat et infini, où seuls résonnaient les battements de mon cœur. Ce poignant désir de silence était en totale contradiction avec la musique que je faisais... J'ai relevé les yeux sur Pallas et il m'a semblé qu'elle avait quelque chose de changé. La frange. Elle venait de la couper plus court. Maintenant elle ressemblait à Jacquouille des *Visiteurs*.

« Tiens Jacquouille », j'ai fait en lui cédant un oreiller.

Elle est restée figée, la cuiller de salade de tomates à mi-chemin de l'assiette.

« Si jamais tu m'appelles comme ça une seule fois devant quelqu'un... »

J'ai éclaté de rire en essayant de garder un regard compatissant. Elle avait raison : si qui que ce soit entendait ça, elle y aurait droit tout le temps !

« Je peux te poser une question ? » a demandé Pallas.

J'ai fait signe que oui en commençant à manger.

« Ce mec, t'es amoureuse de lui ou quoi ? »

J'ai attendu d'avoir avalé pour répondre que non, c'était agréable, rien de plus. Ce qui était la vérité. Mais voilà ce que je ne disais pas : je couchais avec lui pour me sentir différente. Pour pouvoir me dire que je n'étais pas comme la plupart des filles de ce milieu que je méprisais. Pour pouvoir me dire que si je le voulais vraiment, j'avais une porte de sortie... Pourquoi je n'arrivais pas à accepter de n'aller qu'avec des filles, je n'en savais rien, mais je fantasmais gravement à l'idée de pouvoir passer pour une hétéro. Alors je couchais avec lui et c'était cool, parce que ça me faisait me sentir bien de pouvoir plaire à un mec, mais à part ça il me laissait indifférente, comme les quelques autres qu'il y avait eu depuis Alex. J'aurais voulu en retrouver un qui me tienne de nouveau pour de bon, comme Nikki. C'était ça qui me minait en fait. Me rendre compte qu'il ne suffisait pas de souhaiter une chose pour qu'elle se produise réellement.

Chapitre IV

Vox AC30, miss Pallenberg & un certain Kurt Weill

1

Le lendemain matin, en me réveillant j'ai mis un disque que je n'avais pas écouté depuis des siècles. J'ai mis ça sans y penser, je n'en ai pris conscience qu'en m'asseyant sur le matelas pour lacer mes tennis. J'étais assise là à regarder mes doigts s'enrouler autour des lacets, fredonnant distraitement les paroles, quand tout d'un coup j'ai visualisé une paire de boots. Des boots noires à talons, qui marchaient très rapprochées des miennes dans la nuit, titubantes sur des pavés luisants de pluie. Des boots Annelio & Davide sur lesquelles le bas serré du pantalon de costume, gris foncé à fines rayures plus claires, tombait à la perfection. C'étaient les boots de Nikki, et j'étais en train d'écouter *Gimme shelter* des Stones, le tout premier morceau que j'avais entendu Nikki reprendre à la guitare. J'ai lentement relevé les yeux vers la platine où le disque tournait, j'ai senti l'envie de pleurer commencer à me brûler les narines, et là j'ai compris que quelque chose n'allait pas. Je n'ai pas répondu à Pallas qui allait et venait dans l'entrée et qui est sortie jusque sur le palier pour demander où je partais comme ça. J'ai dévalé l'escalier, comme prise par une soudaine envie de gerber qui menacerait d'exploser trop tôt. Je ne me suis immobilisée qu'une fois sur le trottoir, essoufflée. Pas lavée ni coiffée dans le soleil déjà aveuglant de ce dimanche matin, en tee-shirt et les poches vides, sans argent ni cigarettes ni même mes clés. Nikki pouvait très bien ne pas être chez lui. Je suis restée un instant à considérer la porte de l'immeuble d'en face, le revoyant sortir à ma rencontre... une autre rue, une autre époque... Puis j'ai fait un bref signe à Pallas qui m'appelait maintenant depuis la fenêtre, et j'ai commencé à descendre la rue.

Nikki habitait au-dessus du boulevard Rochechouart, trois bons quarts d'heure de marche depuis Parmentier. Une partie de ma tête voulait prendre le temps de réfléchir sérieusement avant d'arriver là-bas, et l'autre, prise de vertige, voulait juste tracer sans penser à rien. Mais tout ce que mes yeux enregistraient me ramenait à Nikki. Un couple montant en voiture avec leurs gosses me rappelait telle famille qui hallucinait toujours, le matin, de nous voir passer dans nos fringues moulantes et nos cheveux hirsutes tandis que nous on rentrait se coucher. Un type à vélo, avec une veste en daim vaguement pas mal, me rappelait les Puces où on retournait des amas de fringues pendant des heures, à la recherche de vestes à col comme ci ou de chemises à col comme ça. Et toutes les vitrines des magasins fermés me rappelaient quelque balade un lendemain de concert, dans n'importe quelle ville de province, n'importe quel dimanche...

J'ai fini par arrêter de regarder autour de moi, clignant des yeux pour chasser les larmes qui n'arrêtaient pas de se former, avalant ma salive pour essayer de dissiper la boule dans ma gorge. Il n'y avait pas un poil d'ombre sur ce trottoir, mais passer de l'autre côté était au-dessus de mes forces. À mesure que je prenais conscience de ce qui était en train de m'arriver, j'avais la sensation de me vider, comme quand on se relève trop vite après une prise de sang. Aussi je me contentais de garder mes mains dans les poches de derrière de mon jean, et je continuais d'avancer tête baissée, autant pour éviter le soleil que le regard des rares passants. À chaque nouveau carrefour, j'avais l'impression que le chemin restant à parcourir ne diminuait pas. La boule dans ma gorge non plus. Une vraie boule qui faisait mal. Une comme on en ressent rarement, tellement moins souvent que des larmes. Une boule si présente qu'à chaque banc que je voyais, j'avais envie de me laisser tomber dessus et de ne plus bouger. D'écarter mes jambes, de pencher ma tête en avant et de me mettre à tousser, encore, et encore, jusqu'à ce que je parvienne à expulser cette boule. Mais je continuais – ne pas craquer avant d'arriver là-bas, ne pas craquer ici, au milieu de nulle part, avec personne pour me ramasser.

Nikki et moi on s'est connus de la manière la plus cool qui soit. Un jour, alors que j'allais sur mes dix-neuf ans, j'étais allongée sur le matelas de ma chambre de bonne, somnolant dans le silence d'un après-midi d'été, quand de ce silence était montée de la musique. Mais pas n'importe laquelle : le *So you wanna be a rock'n'roll star* des Byrds, dont j'écoutais alors en boucle la reprise de Patti Smith enregistrée en rapprochant mon magnéto de la télé lors d'une rediffusion de concert, faute de la trouver sur disque. Je m'étais évidemment aussitôt levée pour regarder par la fenêtre. Dans la ruelle invariablement déserte, la façade de l'immeuble d'en face était à moins de cinq mètres et je pouvais voir d'où venait la musique, trois étages plus bas, mais une sorte de voilage m'empêchait de distinguer l'intérieur. J'avais patiemment attendu que le morceau se termine, puis j'avais mis ma version de Patti Smith et j'étais allée me cacher derrière le volet déplié. J'avais alors vu un brun aux cheveux longs passer sa tête sur le côté du voilage. Il avait regardé en dessous, au-dessus, puis vers moi. Il avait les cheveux dans les yeux, aux épaules sur une chemise pourpre. Je retenais ma respiration, me demandant s'il pouvait me deviner à travers les lattes du volet qui m'empêchaient de bien voir son visage. À la fin du morceau j'avais retiré la cassette, me demandant quoi mettre ensuite mais il m'avait prise de vitesse avec *I can't explain* par Bowie, l'album de reprises que seul un vrai fan pouvait acheter. Sans attendre que ça se termine j'avais répondu par l'original des Who, il avait repassé sa tête et là il avait l'air énervé ! Sans attendre lui non plus, il m'avait alors encore plus clouée sur place avec les Shadows of Knight, sur l'album Nuggets qu'encore moins de gens connaissaient. J'avais répondu par un autre morceau de cette même compilation, et cette fois il tenait son voilage d'une main, pointant son majeur de l'autre. À partir de là j'avais eu droit à un pur test. Il balançait une intro et j'avais chaque fois quelques secondes pour trouver par quoi répliquer en fonction de ce que je possédais. Quand il a envoyé *Alabama song* par les Doors, il avait une chance sur un milliard que je connaisse Kurt Weill et Bertolt Brecht. Mais je connaissais, je venais juste d'acheter *L'Opéra de Quat' Sous* après avoir lu une bio de Bowie qui en parlait. J'avais alors monté le son au maximum pour que la ruelle tout entière s'emplisse de cette vieille rengaine, sublime mélancolie à mi-chemin entre la valse et la polka, et là, il avait tout simplement arraché son voilage pour crier : « Montre-toi bordel ! Et faites que ça soit une fille ! »

Au lieu de me montrer j'étais descendue, en me voyant en bas il avait aussitôt quitté sa fenêtre, et quelques secondes plus tard il était devant moi. Il se tenait légèrement voûté, un peu plus petit que moi malgré les talons de ses boots. Il avait vingt-six ans et il était magnifique, comme un petit frère de Syd Barrett habillé en Keith Richards. Il s'est mis à tourner autour de moi en commentant avec fièvre tout ce que je portais. La chemise qui rappelait celle d'untel sur telle pochette, le pantalon, la boucle du ceinturon, les boots. Moi je me contentais de sourire, mais je n'en revenais pas non plus de tomber sur ce mec. Peu de temps après, j'étais accroupie dans une pièce bordélique de guitares et d'amplis, à parcourir ses disques à lui, et c'était son tour de sourire, tandis que je réalisais petit à petit qu'il était l'ancien chanteur et guitariste d'un groupe que je ne me remettais pas d'avoir raté. Et puis on s'est retrouvés sur son lit, à essayer de se déshabiller sans avoir à cesser de s'embrasser, et trois jours plus tard je larguais la chambre de bonne.

2

Quand je suis enfin arrivée là-bas je ne pleurais plus, j'étais juste lasse. Et dans la ruelle, devant l'interphone fixé à même la façade extérieure, j'ai hésité. Il était beaucoup trop tôt pour débarquer chez Nikki, il pouvait ne pas être seul, et puis je ne l'avais pas vu depuis près de deux mois. Ça ne posait pas vraiment de problème – on restait parfois un moment sans se donner de nouvelles, puis l'un ou l'autre rappelait et c'était comme si on s'était vus la veille –, mais cette fois c'était différent. Même si j'étais presque certaine que ce qui m'arrivait n'était pas uniquement passager, je n'étais pas du tout sûre d'avoir déjà les mots pour l'expliquer. J'aurais pu m'asseoir là un moment, me reposer un peu à l'ombre puis repartir, mais je savais aussi qu'il me suffirait de tourner le coin de la rue pour brûler d'envie de revenir sur mes pas. Alors j'ai fini par enfoncer le bouton. Au bout de quelques longues secondes, un « c'est qui ? » endormi a grésillé dans le silence de la ruelle. Je me suis raclé la gorge, puis du ton le plus sérieux du monde j'ai annoncé :

« Anita Pallenberg.

— Ah, il a fait, dans ce cas. »

La cage d'escalier était fraîche et sombre. Je me marrais en grimpant. Anita Pallenberg, longtemps compagne de Keith Richards, « la vraie classe, *elle*, au moins », rétorquait Nikki, quand, énervée pour une raison ou une autre, je lui balançais froidement qu'il ne serait jamais Keith Richards ! Sur le palier, la porte était entrouverte. Il n'y avait pas un bruit dans l'appartement où flottait l'habituelle odeur de tabac froid. J'ai doucement refermé derrière moi et j'ai longé l'étroit couloir, évitant soigneusement les coins du poster géant des Ramones qui n'en finissaient pas de se déchiqueter à chaque frôlement d'épaules. J'ai dépassé la petite salle de bains, sur la droite, où par l'entrebâillement j'ai deviné Nikki, penché sur le lavabo avec sa masse de cheveux bruns mi-longs, une serviette verte autour de la taille, puis j'ai pénétré dans le salon. Rien ou presque n'avait changé depuis la première fois que j'étais venue. Depuis treize ans. Ça m'a fait sourire, ça aurait tout aussi bien pu me faire éclater en sanglots.

Nikki avait toujours habité ce trois-pièces depuis qu'il avait quitté Rennes, vers 1985, à la dissolution de son deuxième groupe. Un oncle était mort dedans et il était censé l'occuper jusqu'à ce qu'il soit vendu, mais finalement la famille le lui avait laissé. Le salon partait sur la droite, au fond c'était la cuisine, en face venait la « pièce à musique », et derrière la chambre. Dans cette chambre d'où il m'a semblé entendre quelqu'un allumer une cigarette, il y avait tout juste la place pour un matelas avec un cendrier de chaque côté et une armoire derrière la porte. Je suis entrée dans la cuisine pour mettre en route le café de Nikki, une cuisine également minuscule avec l'évier qui débordait toujours de vaisselle sale, les deux plaques chauffantes, le petit réfrigérateur sur lequel était installée la machine à café, et, sur le côté, le plateau sur un tabouret avec les verres et les couverts qui ne tenaient pas dans l'unique placard sous l'évier. La salle de bains était à peine plus grande, quant au salon où je suis ressortie pour prendre une cigarette sur la table basse et voir Nikki passer dans l'autre pièce en faisant signe qu'il revenait, il était de taille correcte mais c'était plus la continuité du couloir qu'autre chose.

Nikki s'y attardait peu, à part pour répondre au téléphone. Quand des gens passaient, c'était rarement plus de deux personnes à la fois et ça se terminait invariablement dans la pièce à musique où il était toujours occupé à une chose ou une autre. Il y avait toutefois un vieux canapé de cuir marron foncé très confortable, et un tas de bordel sur une étagère à hauteur de la hanche qui s'étendait jusqu'à l'entrée de la cuisine. Le bas croulait tout du long sous des piles de vieux magazines de musique, ainsi que des kilos de partitions, le tout plus ou moins en lambeaux. L'étage intermédiaire n'accueillait que des livres, et en haut on trouvait de tout : télé *seventies* blanche en forme de champignon, magnétoscope préhistorique, cendriers cinquante remplis de monnaie et autre ferraille, étuis de lunettes de soleil et plusieurs *Lava Lamp*. Il y avait surtout là une imposante masse de courrier rarement décacheté, Nikki ne s'intéressant qu'aux chèques et aux contrats repérables aux en-têtes sur les enveloppes.

Il est réapparu vaguement coiffé, sa masse d'épais cheveux bruns aplatie en arrière à grands renforts de gel, un peu comme Nick Cave. Il boutonnait une chemise blanche froissée sur un Levi's noir en velours à petites côtes pas tellement plus frais. La fille sur ses talons avait deux têtes de plus que lui, à peine vingt ans, blonde avec de très longs cheveux raides et de grands yeux bleus de hibou rapprochés. Le genre mannequine débutante à « visage intéressant ». J'ai eu droit à un timide sourire puis elle s'est éclipsée vers la sortie sans un mot. J'ai interrogé

Nikki d'un regard amusé mais il n'a pas relevé, trop élégant pour faire la moindre remarque désobligeante sur une fille, même après son départ. Il s'est assis sur le canapé pour enfiler ses boots. J'ai écrasé ma cigarette dans un cendrier sur la table basse et j'ai pénétré dans la pièce à musique.

Celle-ci était spacieuse, entièrement dorée. Un secrétaire, un mur d'environ cinq mille vinyles dans des rayonnages de bois, un autre pris par des têtes de Fender Bassman empilées au nombre de six, une demi-douzaine d'autres amplis, un piano droit, et un dernier mur consacré aux guitares, soit une dizaine suspendues par la tête à un rack fixé au plafond et toutes *vintage*.

Je connaissais tellement par cœur le contenu de cette pièce, et Nikki m'avait tellement souvent traitée d'ignare quand je n'étais pas foutue de reconnaître un modèle, que j'en arrivais à pouvoir dire ce qui y était nouveau et ce qui y manquait. Son imposante Gretsch White Falcon et la petite Silver Jet n'étaient plus là. Son Epiphone Casino poncée à blanc comme Lennon non plus. En revanche il y avait de nouveau une grosse Gibson 335 rouge, et bien entendu sa Gold Top, une de ses préférées. Il n'y avait plus non plus la Dan Electro noire Jimmy Page, ni la Fender Mustang blanche et rouge, mais la Stratocaster Série L rouge demeurait, ainsi que la Tesco Del Rey pailletée, la Dan Armstrong en Plexiglas et la Burns Synchromatic *sunburst* (sorte de dégradé allant du noir à l'orange, que j'ai toujours appelé « coucher de soleil » même si ça faisait hurler Nikki). Il y avait aussi toujours une Rickenbacker 12 cordes chêne clair, une Fender Jazzmaster « coucher de soleil », une Jumbo acoustique, et évidemment la Gibson TV Junior crème, sa préférée, trouvée pour deux cents dollars à New York quand il avait dix-huit ans. Dans un coin était posée une Mosrite Ventures « coucher de soleil » à laquelle il manquait deux cordes, et peut-être y en avait-il encore d'autres dans quelques-uns des six *flight-cases* empilés contre le mur. L'ampli Vox AC30 noir était toujours là – celui qu'il trimbalait partout – ainsi que le Combo Marshall Plexi rouge, et le Kustom, rouge également, avec son drôle d'habillage telle une moumoute soufflée et pailletée. Une dizaine de pédales Electro-Harmonix prenaient la poussière avec quelques Fuzz, Wah-Wahs et autres Cry Baby, ainsi qu'un vieux quatre-pistes Revox et une masse de jacks. Et puis sa basse Precision « coucher de soleil » aussi était toujours là, à l'écart avec l'ampli basse Ampeg, et avec la mienne, une Mustang jaune qu'il n'avait jamais voulu me laisser revendre.

Mais ce qui a fait revenir la boule dans la gorge, c'était le miroir au-dessus du secrétaire entre les fenêtres. Ce miroir ovale en fausse dorure avec le petit éventail de photos tout autour. Photos de Nikki sur scène avec son premier groupe, avec son second, avec moi et d'autres musiciens pour ses deux albums solos, quelques photos d'amis, mais surtout, photos de Nikki et moi en toutes sortes d'occasions. Dont une, sapés comme des princes, lui en costume croisé de velours vert bouteille sur une chemise de satin jaune sombre, et moi en chemise de soie prune avec veste blanche à col Danton et Levi's blanc. Boots Annelio pour tous les deux bien entendu, et coupes à la Keith Richards. Et puis aussi une autre photo, prise bien avant, de moi en train d'essayer d'apprendre à jouer de la guitare, avant que je ne me rabatte sur la basse. Moi assise sur un ampli Marshall, dans cette pièce, en culotte et en tee-shirt noir des Stooges, une Höhner rouge sur les genoux, en train de faire sérieusement la gueule d'avoir été tirée du lit à huit heures du mat pour la leçon quotidienne, si tôt sous prétexte que j'avais beaucoup à apprendre...

Nikki a déposé une tasse de café fumant sur le secrétaire et une autre de thé, puis je l'ai senti se coller dans mon dos et passer ses bras autour de ma taille. J'ai jeté les miens autour de son cou en me retournant, et j'ai éclaté en sanglots.

3

« Attends, a soupiré Nikki en s'enfonçant un peu plus dans le canapé du salon, je comprends pas, recommence. »

Ses cheveux mal plaqués en arrière rebiquaient de partout sur le dessus et les boutons de sa chemise blanche étaient décalés de deux crans. J'avais envie de rire mais lui était si sérieux qu'il avait presque les sourcils qui se touchaient.

« Je sais pas comment te dire ça autrement, j'ai soupiré. J'écoutais *Gimme shelter* et tout d'un coup c'est devenu évident, c'est tout.

— Mais quoi qui est devenu évident ?

— Mais tout. Les guitares, les boots, tout quoi !

— Ouais bon d'accord, on le sait que c'est classe.

— Ben j'avais oublié à quel point.

— Et alors ?

— Et *alors* ? Ben maintenant je vais pas pouvoir faire semblant !

— Mais semblant de quoi ? s'est énervé Nikki. Je comprends pas ce que t'essaies de me dire. Tu veux reprendre la basse ? C'est ça ?

— Mais non. J'en sais rien ! j'ai ajouté avec agacement. J'ai juste plus envie de faire un disque de techno. »

Nikki s'est relevé mais j'ai eu le temps de voir la lueur d'ironie passer dans son regard. Il a ramassé sa tasse et est passé dans la cuisine se resservir de café.

c'était à l'écoute de ce titre-là que je m'étais lancée, même si au bout d'un an j'avais abandonné pour la basse. Dire que j'étais capable de jouer *Gimme shelter* après seulement une année de guitare serait une plaisanterie, mais à l'époque je parvenais à bidouiller dans les notes de la longue intro, et après j'arrivais à suivre avec les accords. Nikki avait une sacrée chance d'avoir toujours pu jouer ici : pas de premier étage – le rez-de-chaussée était un atelier haut comme un entrepôt qui bourdonnait du matin au soir – et le voisin du troisième était un vieux dandy qui se délectait autant des riffs de Nikki que de ses fringues quand il le croisait dans l'escalier. Mais Nikki était du genre à trouver normal de pouvoir brancher un ampli où qu'il se trouve. C'était tout ce qu'il faisait. Ça, et s'asseoir à un coin de table, n'importe où, pour griffonner des paroles de chansons. Le morceau se terminait et j'ai entendu Nikki crier. J'ai retiré le casque.

« Tu veux une sangle ? » il a demandé.

Ça m'a paru grotesque de demander à jouer debout, mais après tout, autant se faire la totale. J'ai hoché la tête en éteignant la chaîne et il s'est penché pour ramasser une sangle roulée qu'il m'a envoyée. Comme il n'en ramassait pas une seconde, j'ai souri en disant qu'il ne pouvait pas rester assis pendant que je me ridiculiserais toute seule. Il a soupiré en se penchant vers une autre sangle. La mienne était bigarrée façon python, un truc très frime, tandis que la sienne était noire, toute simple, de sorte que je me sentais encore plus con. Il a sorti de sa poche un médiator qu'il m'a tendu et en a pris un autre par terre. Le Vox et le Marshall ronronnaient imperceptiblement et Nikki attendait, mi-amusé, mi-compatissant. Mes mains tremblotaient, je lui ai fait signe de commencer.

Il y avait deux parties de guitares différentes sur l'intro. La première était la plus touffue mais la plus limpide, et puisque Nikki commençait, moi j'allais ensuite venir me greffer avec la partie suivante, moins fournie mais plus difficile à manœuvrer avec des *bends* et des *slides* de partout. Très vite, Nikki a dû se mettre à intercaler plusieurs choses à la fois pour rattraper toutes les notes que je ratais. J'étais étonnée qu'il ne se soit pas encore interrompu pour me faire reprendre depuis le début, jusqu'à ce que j'y arrive, comme quand il m'apprenait à jouer. J'étais obligée de garder mon pied droit avancé pour surélever la guitare avec mon genou et voir le manche. Je n'avais plus aucune souplesse dans les doigts. Mon petit doigt ne tenait pas. Ma main droite se trompait de cordes. La guitare pesait à mon épaule, la sangle me coupait la base du cou. Et puis je me sentais ridicule en tee-shirt et en tennis à côté de Nikki, parfait avec sa chemise qu'il avait fini par reboutonner correctement sur son Levi's noir et ses boots. Mais c'était bon putain, pas à plein volume mais tout de même plein les oreilles, avec la voix de Nikki qui commençait à fredonner des bribes de paroles çà et là pour me ramener dans le rythme. Lui jouait les yeux fermés, la tête légèrement en arrière, immobile avec juste son épaule gauche qui montait et descendait doucement, marquant un temps sur deux. Mais rien que le fait de lever les yeux sur lui me faisait perdre mes repères sur le manche. J'ai fini par m'asseoir sur la chaise pour avoir plus d'aisance, et Nikki souriait imperceptiblement, les yeux toujours clos, continuant de marquer le rythme de l'épaule. Petit à petit, je n'ai plus joué que quelques notes par-ci par-là, dégoûtée de ne pas pouvoir faire mieux. Ce que Nikki continuait tout seul était parfait, mais en même temps ça devenait légèrement monotone sans deuxième guitare ni basse ni batterie. Il a fini par enchaîner sur *Susie Q* et j'ai compris le message. J'ai éteint le Marshall pour brancher l'Ampeg et j'ai passé la sangle de la

Strato sur ma basse Mustang. Elle était plus ou moins accordée, je me suis calée sur le passage où Nikki en était, et là c'est tout de suite allé beaucoup mieux. La basse très en avant de *Susie Q* structurait le morceau tout en répondant à chaque phrasé de la guitare. Nikki a commencé à chanter par-dessus, *Oh say that you'll be true...* Une voix si claire, si juste, sans aucun accent. Je marquais maintenant le rythme du pied, des deux talons, comme Jagger quand il donnait l'impression de marcher sur place. Comme cette fois j'assurais sans fausse note, Nikki pouvait tranquillement se consacrer au long solo, et comme je n'avais plus besoin de regarder mon manche, je le regardais lui. Toujours presque immobile et les yeux clos. Tellement habité par ce qu'il jouait. Mais ce n'était pas comme s'il rendait visite à des vieux morceaux qu'il aimait – c'étaient les morceaux qui lui rendaient visite, qui venaient prendre possession de lui. Transformé, ouais. Déjà qu'en temps normal il avait une putain d'allure, mais dès qu'il jouait, un truc émanait de lui. Quelque chose de foutrement magique. Même son entrejambe caché par la guitare me paraissait plus sexy. Combien de fois je m'étais amusée à jouer à Pam & Jim en me laissant glisser à genoux pendant qu'il chantait à son piano ou debout. Mais ça ne rendait jamais comme Morrison dans le film, il ne se mettait pas à chanter d'une façon ahurissante, il s'arrêtait ou m'engueulait que c'était pas le moment ! Je me suis retrouvée à prendre son visage à deux mains pendant que le soudain silence s'emplissait du larsen de sa guitare contre laquelle ma basse butait. Il s'est laissé embrasser sans fermer les yeux, puis m'a dévisagée d'un air amusé quand j'ai reculé la tête. Je me suis défait de la basse que j'ai déposée contre l'ampli, j'ai fait de même avec sa guitare puis je me suis adossée au mur. Il m'a interrogée d'un regard perplexe, genre t'es sûre que c'est ça que tu veux ? J'ai tendu la main pour attraper le bas de sa chemise que j'ai doucement tiré à moi, son corps s'est rapproché, et cette façon que ses mains ont eu de venir s'emparer de mes hanches, c'était autre chose que mon skater.

4

Il attendait juste à l'entrée, semblant déjà remplir tout l'espace avant même d'y être. On allait monter, s'accrocher l'un à l'autre sur l'énorme vague qui allait nous soulever et ce serait insensé. Elle attendait juste là, comme lui. La largeur des épaules, la force calme du torse plat et la puissance que la profondeur allait accueillir dans toute son ampleur. La béance allait être comblée. Le fantasme, le désir, le manque – tout serait enfin comblé. Tout ce temps à ne pas me sentir comme une femme... à me sentir... *neutre* ? Hésitante de quatorze ans à dix-neuf, exclusivement hétéro avec lui, puis presque autant homo avec Alex – qu'est-ce que ça faisait de moi ? Ça n'existe pas les bisexuels. Il y a des filles hétéros qui vont parfois avec d'autres, des filles homos qui vont parfois avec des mecs, des pédés qui se laissent parfois approcher par des filles et des mecs hétéros qui peut-être, une fois dans leur vie, se laisseront approcher par un autre. Mais personne ne va indifféremment avec les deux sexes. Les gens ont toujours une préférence, et ceux qui disent le contraire, ils mentent. J'étais peut-être allée vers Alex faute de retrouver un autre Nikki, mais je n'étais pas en train de revenir vers Nikki faute de retrouver une autre Alex. Je revenais parce que c'était *ça*. Toutes ces dernières années n'étaient peut-être finalement rien d'autre qu'une immense peur des mecs. Une appréhension de ne pas être à la hauteur. De ne pas savoir gérer leur corps, leur mental, leur différence. Une peur déraisonnée, jusqu'à la quasi-paralysie. Peur de l'inconnu. Peur de la vie. Ce n'était finalement qu'une histoire de confiance. C'était pour ça que ça avait collé la première fois. Parce que j'avais eu confiance. La musique qu'on partageait était là pour faire diversion, pour alléger la tâche quand elle me submergeait. On s'était quittés parce qu'on était devenus trop proches, et maintenant c'était comme s'il s'était écoulé assez de temps pour qu'on puisse recommencer. Je le savais à la façon qu'il avait de sourire, penché au-dessus de moi avec ses cheveux qui lui tombaient dans les yeux. Moi aussi je souriais, j'aurais pu ne faire que ça, sourire et dire vas-y, je crois que là je suis de nouveau à toi ! Son foutu charme opérait de nouveau à fond. Il allait venir me fouiller, inspecter son territoire pour en prendre possession. C'était dingue ce truc de mecs, toujours persuadés que ce don que Dieu leur avait donné, ils étaient les seuls à l'avoir. Le voisin en avait peut-être aussi une, mais impossible qu'elle soit aussi formidable... Dans la vie de tous les jours c'était exaspérant, facile, risible, mais dans ces instants-là c'était magique. Cette assurance tout de même mêlée de sourde interrogation, c'était bouleversant. Tout fondait en moi. Dans mon ventre, dans mon cœur. J'ai fini par avancer légèrement le bassin et il est aussitôt entré, lentement, jusqu'au bout. Je retenais mon souffle, fascinée par la violence de ce que ça me faisait. Il s'est immobilisé et mes nerfs se sont relâchés par spasmes. Je pouvais tout sentir sans le préservatif. J'étais en fin de règles et on n'en avait jamais utilisé ensemble, mais de toute façon la question ne se serait pas posée. Il y a des choses qu'on ne fait pas à moitié. Je ne voulais pas sentir que la décharge, je voulais le grain de la peau. J'ai timidement introduit un doigt à l'intérieur. Toucher ce qui faisait l'union. Toujours complètement immobile, il s'est mis à bouger son muscle doucement.

J'ai contracté les miens. Je n'osais même plus respirer tant j'étais chavirée. Je pouvais tout sentir. Chaque millimètre de peau. La texture irriguée, devenue hypersensible. La chair vivante. L'instant parfait où tout prend sens. Et mes yeux se sont fermés pour s'allumer sur un autre monde.

5

La nuit était tombée, l'unique lumière venait de la pièce à musique où une lampe était restée allumée. Étendue nue contre Nikki, ma joue écrasée sur son torse, je regardais de côté vers l'armoire qui obstruait la fenêtre. Les battants entrouverts laissaient voir la manche d'une veste de velours bordeaux, une veste *Granny's* d'époque. Ça faisait du bien de revoir des fringues comme ça. J'allais avoir du mal à en retrouver pour moi-même... Tout d'un coup, je me suis rendu compte d'une chose qui m'a fait me dresser tant ça m'a frappé en pleine gueule. Je me suis retrouvée assise, la bouche ouverte comme un poisson qu'on vient d'arracher à son bocal. Nikki a levé un bras, ouvrant vaguement un œil avant de resombrer. Je me suis passé les mains sur le visage, puis j'ai allumé une cigarette et j'ai enfilé mon tee-shirt. Dans la pièce voisine j'ai ramassé un cendrier, je me suis assise sur le petit siège devant le piano, et dans l'épais silence des rayonnages de disques, des amplis éteints et des guitares qui pendaient immobiles de leur rack, j'ai laissé échapper un bref rire nerveux.

L'angoisse n'avait duré qu'une seconde, mais tout de même... Quelques heures plus tôt, quand je me disais que j'avais de la chance d'avoir retrouvé Nikki, je n'imaginais carrément pas à quel point... Maintenant je comprenais mieux pourquoi aucun des mecs avec lesquels j'avais pu aller après lui n'avait collé : mes goûts n'avaient pas évolué avec le temps, ils demeuraient identiques à ceux que je m'étais découverts dès l'âge de quinze ans.

En dehors de Bowie je n'avais jamais eu que trois idoles : Syd Barrett, premier chanteur et guitariste du Pink Floyd, Keith Richards, guitariste des Stones, et Johnny Thunders, guitariste des New York Dolls, des Heartbreakers puis de lui-même. Le premier était sur orbite depuis 1967, les neurones fondus par son mythique shampooing au Mandrax. Le deuxième était marié, et le troisième, quand je m'étais enfin retrouvée en face de lui, s'était avéré être une trop proche connaissance de Nikki avec lequel j'avais déjà commencé à sortir. Mais en dehors du fait qu'ils étaient tous géographiquement inaccessibles, et qu'ils m'auraient de toute façon trouvée trop jeune et trop insignifiante comparée aux filles qu'ils avaient l'habitude de fréquenter, eux étaient devenus trop vieux pour moi. J'aimais la tête qu'ils avaient sur les pochettes des disques que j'écoutais, pas celle que les vingt-cinq ou trente années écoulées depuis leur avaient façonnée. Nikki tenait des trois : du premier il avait l'apparence, du deuxième il avait l'attitude, et du troisième il avait l'âme, ainsi que tout un tas d'autres choses qui en avaient fait des inséparables jusqu'à l'overdose de ce dernier, en 1991. Mais avant de rencontrer Nikki, en 1987, ça avait été quatre longues années d'aventures sans lendemain, à ne toujours rencontrer que de pâles copies des originaux. Légendes *sixties*, icônes *seventies* ou rescapés du punk-rock – je n'aimais malheureusement que ça. J'aimais les guitaristes bruns aux cheveux longs, qui avaient lu Byron et Oscar Wilde, le genre qui flirte avec les gouffres comme on dit, habités, voire hantés, avec un net penchant pour l'imagerie junkie.

J'ai écrasé ma cigarette et pris mes genoux dans mes bras. Quatre années de nuits blanches au Gibus, à grands renforts de poignées de Dinintel et autres amphés, avant de passer aux moelleuses intraveineuses que tout le monde allait tranquillement s'administrer dans les chiottes, chacun prenant ensuite soin de planquer son matos dans la boîte pour ne pas l'avoir sur soi lors des régulières descentes des stups. Cette petite salle basse de plafond et taillée dans la pierre, avec le fier logo ovale du Gibus sur la scène à peine surélevée. Les groupes qui s'y succédaient sans discontinuer étaient toujours plus ou moins influencés par ceux dont on cherchait alors les albums dans les bacs des boutiques de collectors. J'avais quinze ans, et avec Monica (comme Monica Vitti mais de son vrai nom Cécile), ma meilleure amie, on finissait toujours par se faufiler dans la petite loge sur le côté. Monica faisait déjà très femme avec ses longs cheveux décolorés, ses talons de quinze centimètres et ses grosses lunettes noires à la Jackie O. Moi je me prenais pour Edie Sedgwick avec la même coupe courte aussi décolorée aux racines apparentes, le même make-up charbonneux et la même allure de gamine qui a emprunté les vêtements de maman, mélangeant petites robes légères et bric-à-brac d'accessoires kitsch. J'affectais la même voix traînante et maniérée de gamine blasée de la haute, alternant caprices indicibles et charme excessif, allant jusqu'à imiter sa grâce exagérée dans les gestes de mes mains. Avec Monica, donc, on finissait toujours par se faufiler dans la loge, elle en quête du chanteur et moi du guitariste. Ça se poursuivait parfois jusqu'à une chambre d'hôtel, ou un appartement qu'eux-mêmes ne connaissaient pas, à se blottir contre eux pendant qu'ils écoutaient leur hôte faire l'éloge du concert du soir. C'était alors des successions de nuits sans notion du temps et de réveils comateux en milieu d'après-midi, à regarder dans le fond de leurs yeux fiévreux, brûlants – tous fous des *sixties* ou des *seventies*, et évidemment des *fifties*, et tous déjà, alors, si désireux de remonter le temps... Monica fantasmait sur Nikki, qu'elle avait souvent vu en concert mais qui habitait encore Rennes, et finalement c'est moi qui m'étais retrouvée avec plus tard, alors qu'elle était partie suivre un New-Yorkais. On était restées en contact jusqu'à ce qu'ils se marient, puis je n'avais pas trouvé le fric pour le voyage, et un jour elle a tout simplement cessé de répondre à mes lettres.

J'ai reposé mes pieds par terre et passé mes mains sous mes fesses. Ouais, pas grand-chose d'important jusqu'à Nikki. À l'époque, j'étais déjà plus ou moins consciente d'avoir une légère préférence pour les filles, mais je mettais ça sur le manque de garçons à mon goût. Maintenant, je savais que c'était juste que les garçons ne me plaisaient pas *assez* pour que j'en tombe amoureuse plus facilement. Alors qu'avec les filles, peu importait ce qu'elles portaient ou écoutaient, un seul sourire et ça y était. Dans ce milieu-là, c'était rock'n'roll, deux filles qui s'embrassaient. Ça faisait penser à Anita Pallenberg et Marianne Faithfull que Keith Richards et Mick Jagger surprenaient régulièrement en train de se rouler des pelles, quand ils les délaissaient trop longtemps pour aller bosser en studio. Sauf que moi, je prenais ça très au sérieux, repartant toujours amère quand au bout de quelques heures je me faisais gentiment virer pour céder la place à leur mec qui rentrait. Il y en avait quand même eu quelques-unes avec lesquelles ça avait duré un peu, mais rien de sérieux comparé aux trois ans que je venais de passer avec Alex.

Je suis allée chercher une autre cigarette dans la chambre. Nikki s'était retourné sur le ventre, laissant maintenant échapper un léger ronflement. Je me suis adossée au mur, j'ai glissé pour m'asseoir sur mes talons, et je suis restée là, dans la pénombre, à fumer et à le regarder. Je n'avais pas décidé de me tourner vers les filles en le quittant. Je n'avais rien décidé du tout. J'avais atterri sur le canapé d'une copine, et c'était l'ennui mortel qui m'avait fait la suivre dans les boîtes de filles qu'elle fréquentait. Au début, je ne pouvais même pas imaginer de me laisser approcher tellement j'étais consternée par la banalité des physiques, et puis à force de me faire draguer sans relâche, de m'entendre dire que j'étais la plus classe qu'elles aient jamais vue, j'ai fini par y aller. Et à partir de là je me suis tapée tout ce qui passait, les pas mal comme les plus immondes, prenant un malin plaisir à les faire toutes tomber raides amoureuses, pour pouvoir ensuite leur balancer qu'elles ne s'étaient pas bien regardées. J'en avais eu des dizaines comme ça, qui s'engueulaient entre elles, qui fondaient en larmes en me voyant repartir de boîte avec une autre. En fait de la plus classe, j'étais dans la dope plus que jamais, je passais mon temps à appeler Nikki en larmes, je reviens, je reviens pas, je regrettais ma basse restée chez lui, je regrettais tous les endroits où je ne pouvais plus aller sans risquer de l'y croiser, et je passais mes nerfs sur ces filles qui avaient la malchance d'être quelconques et le culot de penser me plaire. Ça avait duré comme ça toute une année avant que je tombe sur Alex. Rien ne me prédisposait à bloquer sur une fille d'un mètre cinquante-neuf, si ce n'était la dose massive de perversité dans ses yeux. Rien ne me prédisposait non plus à avoir un pur flash en la voyant mixer pour la première fois. Mais en fait c'était logique : à sa façon elle était comme Nikki, habitée par ses platines comme lui par ses guitares. C'était aussi la toute première fois que j'avais enfin l'occasion de me retrouver *là où ça se passait.* En 1983, tout ce que j'aimais était déjà mort et enterré, alors que là, ces nouvelles fringues que j'ai commencé à porter, cette nouvelle musique que je me suis mise à écouter, je les retrouvais partout où on allait. Les rendez-vous pour les raves étaient comme les rassemblements mods des plages de Brighton. L'ambiance des rues du Marais était la même qu'à Carnaby. Que des silhouettes habillées pareil avec la même musique qui s'échappait de tous les bars. Sauf que très vite, j'ai commencé à entendre les gens dire que le mouvement était déjà en train de changer, qu'en commençant à sortir de l'underground, les raves étaient déjà en train de perdre leur force qui résidait justement dans le refus d'un schéma rock. Tout comme le punk-rock de 1976 n'était déjà plus que l'ombre de lui-même l'année suivante, la techno était déjà en train de devenir une vaste arnaque commerciale...

Retour à la case départ, donc... Pour où, quoi et comment, je n'en avais pas la moindre idée. J'allais être condamnée à errer dans un labyrinthe de fantômes et de riffs encore plus ensevelis qu'avant. Mais en ayant retrouvé Nikki, au moins échappais-je à une double errance. Celle du désert affectif. Parce que des rares qui restaient de la scène du début des années quatre-vingt, de ceux qui n'avaient pas succombé à des O.D. ou ne s'étaient pas collés une balle, qui aurait pu me captiver autant que Nikki ? Les exemplaires de presse de leurs premiers albums solos avaient atterri direct dans les bacs à soldes de Gibert. Quelques-uns avaient viré « expérimentation électronique », mais pour les autres, qui ne touchaient même plus de droits d'auteurs pour leurs anciens disques que personne ne prenait la peine de rééditer, il ne se passait strictement rien. Incapables d'évoluer, ou sans producteur pour leur donner la moindre chance, c'était la traversée du désert. Un quotidien de silence peuplé de sueurs froides aux réveils de cauchemars astraux dans lesquels ils pactisaient sec – la Méga Trouille de la page de papier journal en guise de couverture. Et une poignée de ces mecs avaient été tellement doués, et tellement beaux aussi, que c'en était à pleurer... Bien sûr, il y avait maintenant une ribambelle de jeunes guitaristes superdoués et superclasses de par le monde, mais celui qui avait écouté son premier disque des Stones à onze ans (en 1972), porté ses premières boots à treize, monté son premier groupe à seize et qui à trente-neuf continuait d'incarner le dernier vrai mythe *teenage* rock'n'roll, je l'avais devant moi.

Alors j'ai écrasé ma cigarette, j'ai grimpé sur le dos de Nikki, je l'ai retourné tant bien que mal, j'ai viré mon tee-shirt, et tandis qu'il ouvrait péniblement les yeux, assise à califourchon sur lui, j'ai entrepris de réveiller le *jouet* de mon nouvel ancien fiancé.

6

Vers une heure du matin, on s'est rhabillés pour sortir se trouver quelque chose à manger. Cette fois j'ai emprunté une chemise de Nikki. Une qu'il ne portait plus mais qui me rappelait un tas de souvenirs, vert tilleul en satin, assez moulante avec seulement quatre boutons et dont les trois premiers manquaient. Lui avait sa chemise blanche de la veille avec son Levi's noir en velours, une veste assortie cintrée juste comme il fallait et bien entendu ses boots.

On a tourné un moment dans le triangle Abesses-Blanche-Pigalle, bras dessus, bras dessous. Tout était évidemment fermé à cette heure à part quelques bars, et comme ça arrivait souvent, tous les endroits que Nikki pouvait avoir en mémoire, depuis quinze ans qu'il traînait dans ce coin, n'existaient plus, et ça ne lui revenait chaque fois qu'au dernier moment. On a fini par se rabattre sur un petit boui-boui marocain au niveau de la station Anvers. La salle était vide à l'exception d'un des patrons qui mangeait tout seul attablé près de l'entrée. On est allés dans le fond et j'ai laissé la banquette à Nikki qui avait l'air vanné. La table couverte de traces de sauce nous empêchait d'y poser nos coudes, ça puait l'huile chaude et les violents néons du plafond nous faisaient des têtes désespérantes, mais on était contents d'être là. Contents comme quand on faim depuis un bon moment et qu'on se retrouve enfin installés dans des effluves de nourriture, quelle qu'elle soit, à lorgner vers le serveur qui s'attaque à notre commande. Derrière Nikki qui avait fermé les yeux, bras croisés et tête rejetée contre le dossier, un miroir prenait tout le mur. Je pouvais voir la petite salle inversée avec la porte ouverte sur la rue, sur les bruits de la circulation, les passants encore nombreux malgré l'heure, les cars de touristes garés le long du terre-plein central, et les néons des sex-shops voisins qui se reflétaient dans les vitres et les parois de ces cars. Je pouvais aussi me voir moi, blafarde et pas épaisse dans cette chemise vert pâle trop échancrée sans les boutons. Ça me faisait bizarre de me voir dans cette chemise avec mes cheveux courts. Car je savais que si je me levais, je ne me découvrirais pas en pantalon taille basse et en boots, mais en jean 505 tout ce qu'il y avait de banal et en tennis. Et ce qui me troublait, c'était que rien, à part les cheveux, ne laissait deviner que je n'étais plus comme avant. Rien ne permettait de dire que quelque six années plus tôt, j'avais totalement changé de vie. Mon regard, ma façon de me tenir, d'allumer une cigarette puis de reposer le briquet – des gestes d'ailleurs de nouveau excessivement féminins –, tout ça était tel que ça l'aurait été si j'avais continué d'être avec Nikki. Si à l'époque on avait essayé de visualiser de quoi on aurait l'air plus tard, l'image aurait été celle-ci : deux vieux amants qui avaient fini par se ressembler avec le temps, ex-junkies de longue date plus ou moins en forme, restés fidèles au rock'n'roll et aux petits bouis-bouis graisseux de Pigalle. Nikki était trop pudique pour que je fasse remarquer ça à haute voix, et de toute façon il s'était endormi, alors je restais silencieuse, abandonnée à la contemplation de ses mains. Ses longs doigts fuselés, un peu tordus, exagérément blancs et à peine poilus, aux extrémités intérieures recouvertes de cals semblables à des petites plaques de cire de bougie durcie. Ses magnifiques mains de guitariste qu'il allait jusqu'à refuser de plonger dans l'eau trop longtemps, chaque fois qu'on s'était retrouvés à la mer, pour ne pas risquer de faire fondre ces cals. Je restais immobile et silencieuse, mais intérieurement, j'étais abasourdie que tout ait pu basculer à ce point en cinq minutes, le temps d'un morceau des Stones écouté distraitement au réveil...

Je me suis tournée vers le serveur qui ne versait toujours pas de louches de semoule et de légumes dans nos assiettes. J'ai tapoté mon poignet pour montrer que ça traînait et il a fait signe que ça n'allait plus tarder. J'ai allumé une autre cigarette. À presque quarante ans et malgré les rides qui marquaient désormais ses traits relâchés dans le sommeil, Nikki continuait de faire vraiment gamin. Et en même temps, maintenant il faisait homme. Probablement était-ce la tournure prise par sa vie professionnelle. Maintenant, tout semblait plus ou moins sur des rails, sans réelle possibilité de dégringolade financière ou sociale comme il l'avait longtemps redouté. En dehors de ses propres disques, il avait toujours quelque chose en cours. Avec certains il participait à des enregistrements d'albums et partait sur les tournées, pour d'autres il se contentait de livrer un morceau sans en assurer le suivi. Les ventes de ses disques à lui n'étaient pas spectaculaires – refuser de chanter en français constitue un sérieux handicap ici –, mais Nikki s'avérait surtout beaucoup plus efficace pour les autres que pour lui-même. Ses albums n'étaient finalement rien d'autre que des hommages à ce qu'il aimait. Voix à la Scott Walker ou Alice Cooper, plans de guitare à la Mike Ronson ou Jeff Beck, il se faisait plaisir. Tout ce qu'il sortait était toujours inspiré et techniquement irréprochable (il faisait tout lui-même excepté les parties de batterie), mais pas original. C'était en passant par le biais d'une autre voix, ou de la totalité d'un groupe, qu'il devenait créatif. C'était un drame, quelque part, mais il semblait s'en accommoder.

Une drôle de catégorie, les chanteurs-guitaristes... Ces mecs-là cherchaient toujours tous la même chose : la fille qu'ils pourraient coller au chant, qui aurait de quoi les entretenir ou qui aurait des connexions avec des maisons de disques, et dans tous les cas de figures elle était blonde. Mais de toute façon, celle qu'ils voulaient vraiment n'existait plus. Elle faisait partie d'une race qui s'est éteinte en même temps que Jagger s'est mis aux combinaisons d'aérobic. Une espèce baptisée groupies-devenues-muses comme Anita Pallenberg, Marianne Faithfull, Miss Pamela ou Cyrinda Fox – et elles n'ont pas fait de petites. Même maintenant, je ne serais pas capable de dire si Nikki échappait vraiment à la règle ou s'il se montrait simplement réaliste...

Le serveur est enfin venu déposer nos assiettes fumantes et Nikki a aussitôt rouvert les yeux, l'illumination enfantine perçant à travers la fatigue. La nourriture était un rituel plus que particulier chez lui. Il attendait d'être littéralement affamé pour s'en soucier, mais une fois qu'il y était, il n'y avait plus de place pour la parole tant qu'il n'avait pas enfourné la dernière bouchée. On a donc commencé à manger en silence, coupant nos merguez et plongeant nos fourchettes dans notre semoule arrosée de légumes qu'on faisait descendre avec du Coca bien frais, et une fois de plus, je me suis étonnée de mes gestes devenus plus lents, plus légers, plus gracieux... Par le passé, je m'étais mille fois demandée lequel de nous deux partirait le premier d'une O.D. Puis quand ensuite on a fini par décrocher pour de bon, moi à la Méthadone et lui avec du Subutex qu'il continuait d'ailleurs de prendre, je me demandais comment il allait vieillir. Mais en fait il ne bougeait pas d'un poil. Dans vingt ans, ou trente ou quarante selon le temps qu'il avait encore devant lui, il en serait toujours à se nourrir n'importe comment, à fumer près de trois paquets par jour, à porter les mêmes fringues et à faire la même musique.

J'étais heureuse de l'avoir retrouvé. Je ne savais pas ce que ça allait donner et je ne me posais pas la question, je me contentais de constater que c'était comme l'unique pièce manquante d'un puzzle qui venait de trouver sa place, ou de la retrouver, et un tas de choses allaient en être simplifiées. Mais en dehors de ça, je lui étais surtout infiniment reconnaissante de m'avoir ré-éveillée à moi-même. J'étais consciente de la transformation de mon corps, de la féminité que je dégageais brusquement, de façon naturelle d'ailleurs, comme si ça avait toujours été là – et ça, c'était la sensation la plus rafraîchissante que j'avais éprouvée depuis très longtemps.

7

Ça ne pouvait pas être Nikki. Je l'ai réalisé en me levant, en le découvrant déjà au travail dans la pièce à musique. Assis au piano, il était penché sur une partition qu'il tenait sur ses genoux et qu'il remplissait lentement à l'aide d'un crayon de papier au bout tout mâchonné. Je me suis adossée dans l'encadrement de la porte, en chemise et en culotte. Ça ne pouvait pas être lui parce que rien n'avait changé. En retournant ensemble, on ne ferait que reprendre les choses là où on les avait laissées... Il a fini par me remarquer et a souri, mais je n'ai pas trouvé quoi dire. J'avais des larmes dans les yeux, il les voyait, et à sa façon de s'efforcer de sourire quand même, j'ai compris que non seulement il savait, mais qu'il s'en était rendu compte bien avant moi. Je me suis approchée pour prendre une cigarette sur le piano. Il s'appliquait à coucher son écriture en pattes de mouche sur la partition. Je me suis penchée pour vider son cendrier dans un sac plastique qui servait de poubelle, j'ai déposé un baiser sur le sommet de sa tête et je suis retournée dans la chambre. La pièce était si sombre qu'on se serait cru en fin de journée. Dehors il faisait gris. Peut-être même froid. La chaleur des jours précédents, la rave, tout ça me paraissait si loin. J'ai pensé à Pallas qui devait être hystérique d'inquiétude de ne pas savoir où j'avais disparu. J'ai pensé à ma chambre avec mes machines, et au contrat qui traînait quelque part sur la moquette. L'attente me faisait me sentir comme en suspens. Une pesante appréhension. Mais l'attente de quoi ? De cette somme insensée qui allait bientôt atterrir sur mon compte ? Je n'y avais même pas pensé pendant ces dernières vingt-quatre heures... J'ai enfilé mon jean, puis j'ai rampé sur le lit pour ramasser les cendriers de chaque côté afin de les emporter à la cuisine.

Le gris du dehors donnait au salon exactement le même genre d'atmosphère que certains matins d'hiver, quand je m'extirpais seule du lit pour affronter le froid de l'appartement pas chauffé, le froid du carrelage de la douche puis celui du dehors. Des lundis matin sombres et pluvieux où j'épluchais les petites annonces du *Figaro* et de *France Soir*. Ces foutues annonces en dernière page, la seule qu'on peut parcourir quand on n'a pas son bac, où il est proposé de se faire un peu de fric avec juste une adresse de rendez-vous auquel se pointer le jour même. Distribution de prospectus aux sorties de métro. Je tenais deux heures, puis complètement déprimée par la transparence des autres avec lesquels je me retrouvais à faire ça, je finissais par coller la sacoche dans la première poubelle venue. En m'engouffrant dans le métro, j'étais alors hautement fière de l'intégrité de mon geste, mais à mesure que les stations défilaient, le sentiment cédait la place à l'humiliation de ne pas avoir tenu plus longtemps. C'était l'époque où, chaque soir, Nikki se pointait au Gibus ou ailleurs pour voir s'il n'y aurait pas quelqu'un avec qui monter sur scène. De retour à la maison, cette torture mentale avait évidemment eu pour conséquence d'absorber l'effet de la dope prise au réveil, et, sans que j'aie à demander, Nikki posait sa guitare pour aller chercher le matos. Pendant qu'il faisait chauffer la cuiller, je voyais son angoisse croître à l'idée de taper trop tôt dans la part réservée au soir, mais il ne disait rien, se contentant de venir ensuite me mettre ma basse dans les mains...

Aujourd'hui on était un lundi, un lundi gris et vide et je me sentais exactement comme si je devais me traîner jusqu'au kiosque. Je me sentais minable. Redébarquer comme ça dans la vie de Nikki, sans lui demander son avis, et pour rien... Je me suis rendu compte que je pleurais quand il a passé un bras autour de mes épaules.

« Je suis désolée, j'ai sangloté en enfouissant mon visage dans son cou. Tellement désolée.

— C'est rien, il a dit doucement.

— Je peux pas, j'ai hoqueté, tu comprends ?

— Je sais. »

Il a passé son autre bras pour me serrer et j'ai encore plus éclaté en sanglots. J'aurais pu sans mal reprendre la vie avec lui, il était exactement ce que je voulais retrouver. Mais je ne pouvais pas revenir dans une histoire qui ne serait rien d'autre que de la complicité, si parfaite soit elle. Je ne pouvais pas revenir avec lui en attendant de rencontrer quelqu'un d'autre. Et rien que de me sentir blottie contre lui, je pleurais de plus belle, dégoûtée que ça n'ait pas pu continuer d'être aussi simple...

Quand j'ai fini par appeler Pallas, elle était beaucoup moins inquiète que je ne l'aurais cru. Elle a dit qu'en entendant ce que j'avais écouté au réveil elle s'était douté d'où j'étais allée, elle ne pensait juste pas que je resterais dormir. Je percevais des bruits de circulation derrière elle. J'ai demandé où elle était, elle a répondu qu'elle faisait les magasins avec Alex et la petite Inès, et ça m'a fait bizarre de songer qu'en l'espace de quelques jours je venais de recoucher avec deux ex, et pour rien. Après un long silence, Pallas a fini par demander ce qui se passait. J'ai senti les larmes revenir, et comme je commençais à en avoir marre de me mettre à chialer toutes les cinq minutes, j'ai répondu que tout allait très bien et j'ai raccroché. J'ai hésité à interroger mon répondeur, puis je me suis dit que s'il y avait un message de Virgin annonçant qu'ils s'étaient plantés dans la somme, je l'entendrais bien assez tôt en rentrant. Pour l'instant je n'avais aucune envie de rentrer. Je voulais juste arrêter de penser un peu.

Plus tard, assise par terre dans la pièce à musique, j'écoutais des disques au casque pendant que Nikki, de nouveau au piano, jouait çà et là des notes qu'il reportait ensuite sur sa partition. De temps à autre, il se tournait et me souriait d'un air entendu, hochant la tête pour me donner raison sur les choix que je faisais. Malgré le casque il entendait ce que j'écoutais, du moins pouvait-il le percevoir chaque fois qu'emportée par un morceau je montais le son de plusieurs crans sans m'en rendre compte. On était là comme avant, et il m'est venu à l'esprit que si ma présence ne l'empêchait pas de se concentrer, c'était peut-être tout simplement qu'il ne la remarquait même pas. Autant habitué à moi que je l'étais à lui ? Finalement, peut-être avait-il été le premier à cesser d'être amoureux. Après tout, il n'avait pas cherché à me retenir quand j'étais partie... Le passé continuait de se déverser dans mes oreilles et j'essayais de comprendre ce que ça me faisait. Une violente excitation mêlée d'une intense frustration, car il n'allait pas y avoir assez d'heures dans la nuit, dans le mois, dans l'année, pour redécouvrir tous ces morceaux. Chez moi, je n'avais plus qu'une trentaine de ces disques-là. Tout au plus quelques best-of, quelques albums des Stones, de Patti Smith et de Bowie. Tout le reste n'était que des imports de techno, de house ou d'électro avec un large éventail de trucs synthétiques 1980. Comment j'avais fait, ces six dernières années, pour me contenter de tous ces disques « anonymes » ? Ces albums, et surtout ces maxis, aux pochettes quasiment toutes identiques – noires ou blanches – avec jamais rien d'écrit dessus ou presque, y compris sur les macarons. Des morceaux qui pouvaient continuer des heures durant, sans jamais raconter la moindre histoire, finalement.

Chapitre V

Le Dépôt, le Pulp, la Merde

1

C'est arrivé le mardi. Au Dépôt. La boîte pour mecs de la rue aux Ours qui depuis quelque temps ouvrait ses portes aux filles une fois par semaine.

Le plus dingue, c'était qu'au départ il n'était même pas question que j'y aille. Rentrée de chez Nikki la veille, où je n'avais déjà pas beaucoup dormi, je venais de passer la nuit entière ainsi que la journée à graver sur CD un tas de vinyles que je lui avais empruntés. Aussi quand vers huit heures du soir Pallas s'est plantée sur le seuil de ma chambre en demandant ce que j'attendais pour me préparer, je n'aspirais qu'à une chose : fermer enfin les yeux et faire le tour du cadran. En plus je n'avais aucun désir d'aller écouter de la techno, et encore moins de mettre le nez dehors avec la canicule revenue. Malheureusement, dans un brouillard très lointain mais qui ne remontait pas à plus d'une semaine, je me suis revue à la sortie du Dépôt avec Pallas, prise d'un fou rire alors que celle-ci confessait avoir craqué sur une barmaid, et ma voix étranglée avait indéniablement promis de revenir la semaine suivante pour donner mon avis sur la chose.

Le Dépôt est une boîte exiguë et humide, taillée dans la pierre. L'agencement de l'endroit a souvent changé depuis, mais à cette période-là, la déco se résumait à des lambeaux de tissu camouflage tendus sur les murs, et une faible lumière rouge qui accentuait l'intimité des nombreux recoins et renfoncements. En débouchant dans la salle, on tombait d'abord sur un large escalier qui descendait à la backroom, sous-sol paraît-il deux fois plus vaste que le rez-de-chaussée mais interdit aux filles. Comme si on en avait quelque chose à foutre d'aller regarder les mecs se faire astiquer, pomper ou fister (l'accès qui devait en être gardé en permanence rapportait cinq cents balles à quiconque avait l'énergie de rester debout cinq heures durant, et ironiquement c'était toujours des filles qui s'y collaient). À droite partait la piste de danse, avec un long bar de cuivre dans le fond, et tout de suite à gauche, un autre escalier grimpait en colimaçon jusqu'à une passerelle métallique qui surplombait une partie du rez-de-chaussée. Sur la gauche de cette passerelle se succédaient quelques banquettes, dans le fond se trouvait la cabine des deejays, ainsi qu'un autre escalier, plus étroit et plus raide, qui descendait directement au bar, et c'était aussi là qu'était installée la « backroom pour filles ». Soit une rangée de trois portes qui ouvraient sur des compartiments à peine plus grands que les cabines individuelles d'une piscine, mais où personnellement je n'ai jamais vu aucune fille se faufiler.

Les mercredis du Dépôt, baptisés *Ladies Room* par La Chocha, une Cubaine de San Francisco qui se battait pour transformer l'image du milieu des filles, n'avaient rien à voir avec les autres soirées. Pour commencer, la musique qu'on y entendait était exclusivement house et techno, et ça, les gouines de base elles pouvaient pas, paumées qu'elles étaient sans leurs tubes d'eurodance et leurs medleys de Mylène Farmer. La promiscuité avec les mecs, aussi, les stressait, mais en dehors de ça, la réputation *hard* de l'endroit, les autres soirs de la semaine, leur foutait tout simplement la trouille. Parmi la clientèle qui restait essentiellement composée de garçons, les filles qu'on y croisait étaient donc différentes. Plus ou moins les mêmes qu'on retrouvait partout où Alex et d'autres filles deejays mixaient : homos mais avant tout fans de techno, donc avec une bonne dégaine et une bonne attitude, à savoir qu'elles venaient exclusivement là pour danser.

Ouvrant dès neuf heures et fermant vers deux heures, l'endroit attirait aussi bien des gens venus prendre un verre avant de rentrer chez eux, que d'autres venus danser en attendant que d'autres boîtes ouvrent. Pour nous, passer voir Alex qui y était résidente, c'était comme de faire une halte au café du coin où on connaîtrait le patron. Le premier étage était devenu une sorte de QG : on déposait nos affaires dans la cabine, on squattait entièrement les banquettes où on allait jusqu'à s'étendre pour se reposer, on buvait à l'œil avec les tickets que La Chocha nous distribuait, et quand on voulait danser, on le faisait devant la cabine, là où le son était le plus fort avec les retours. N'importe qui se hasardait à monter était vite décontenancé par notre intimité et rebroussait aussitôt chemin. Ça limitait les possibilités de rencontres, du moins pour Pallas et moi qui étions les seules célibataires, mais les nouvelles venues étaient tellement rares, que descendre inspecter les alentours de la piste de danse équivalait à ne tomber que sur des silhouettes familières, comme l'air climatisé qui se recycle indéfiniment.

C'était donc là qu'on se trouvait ce mardi. Moi, Pallas, Eva, Gayle, Jessie, Alex, la petite Inès, le petit Cyril, Guillaume, et Julia passée avant d'aller bosser au Pulp. L'endroit était sur le point d'ouvrir et l'atmosphère avait un côté fin d'après-midi de vacances avec le jour qu'on voyait entrer par la porte ouverte au rez-de-chaussée. Alex ne mixait pas encore, une bande d'easy-listening passait pendant qu'elle triait ses disques dans la cabine (frimant comme une malade avec un tee-shirt qui disait *Last Night A DJ*

Fucked Your Wife), et on était là à siroter des Cocas glacés, savourant la fraîcheur du lieu comparée à la fournaise du dehors. On discutait en caressant tour à tour le fameux chien de Jessie, un bull-terrier blanc un peu peureux qu'elle avait tout simplement appelé Naze. Eva racontait l'aberration que c'était de bosser dans une boutique où il fallait rester debout sans parler aux autres vendeuses, Julia montrait le dessin d'un dragon qu'elle voulait se faire tatouer dans le dos, Cyril essayait le skate de Guillaume sur la passerelle, et un peu plus loin, Pallas était en pleine messe basse avec Inès, certainement à propos de sa barmaid. Moi j'attendais que cette foutue barmaid débarque pour rentrer enfin dormir. Je sentais le sommeil me tomber dessus, avachie là dans une tenue bricolée n'importe comment. J'avais la chemise de Nikki à laquelle il manquait les trois premiers boutons, plus bas j'étais drapée dans un long pan de je ne sais quelle matière écrue nouée en guise de jupe, et aux pieds, je portais des vieilles sandales blanches que quelqu'un avait oubliées chez nous. En fait j'avais traîné en culotte toute la journée, et quand j'avais compris que je ne pourrais pas échapper au Dépôt, une impulsion aussi joyeuse qu'irréfléchie m'avait fait relever le défi de Pallas qui me disait de venir à poil si je voulais, mais de me magner. En y songeant, ce n'était finalement rien d'autre qu'une maladroite tentative pour apparaître sous un jour plus féminin, et si j'en avais été consciente, j'aurais emprunté une robe de Pallas plutôt que de m'enrouler dans une chute de rideaux de sa chambre. J'avais aussi du vernis bordeaux sur les ongles de pied. C'était la première chose que j'avais faite en rentrant de chez Nikki, me demandant pourquoi j'avais cessé d'en porter à la minute où j'avais commencé à sortir avec des filles. Personne ne faisait la moindre réflexion, mais de temps en temps je sentais un regard intrigué glisser sur l'ensemble de ma tenue.

« Bon alors c'est une blonde qui va chez le coiffeur, a commencé Eva, et elle a un casque de Walkman sur la tête. Donc forcément, le coiffeur lui demande de l'enlever, mais la blonde elle répond que si elle fait ça, elle meurt. Le coiffeur essaie de lui expliquer que si elle l'enlève pas, il va pas pouvoir lui couper les cheveux, mais la blonde elle veut rien savoir, si j'enlève le casque je meurs. Au bout d'un moment, le coiffeur il en a marre, il arrache le casque de la blonde, elle tombe et elle meurt. Là, le coiffeur il est super-emmerdé quand même. Il comprend pas, quoi. Alors il ramasse le casque, il l'approche de son oreille pour écouter, et là il entend : respire, respire, respire ! »

Eva riait tellement qu'elle est tombée des genoux de Gayle. Après elle fouillait dans son sac à la recherche de sa lampe de poche – ça lui servait à trouver ses clopes quand il faisait trop sombre – et tout le monde lui a dit que pour bien faire, il lui en faudrait une deuxième pour trouver la première ! On se marrait tous, ouais, et je n'aurais jamais pu imaginer que quelques heures plus tard, une phrase anodine viendrait foutre une merde noire, au point que les choses ne seraient plus jamais comme avant.

Pallas m'a tirée plusieurs fois par le bras pour descendre faire le tour du rez-de-chaussée, mais sa barmaid n'était nulle part. J'avais besoin de dormir, je n'arrêtais pas de renouer ce qui me servait de jupe, de repousser Guillaume auquel je ne trouvais pas le courage de dire que je voulais arrêter – et Pallas insistait pour que je reste encore. J'ai fini par aller m'accouder à la rampe pour regarder la piste en dessous. En fait, ça n'était pas désagréable d'entendre de la techno. C'était même exactement le genre de chose dont on pouvait avoir envie dans un endroit comme ça. J'aurais juste préféré me trouver avec des potes de Nikki à discuter guitares et vestes *Granny's*. Même si je savais que ça ne mènerait à rien, j'avais envie d'aller le retrouver. Ou peut-être n'avais-je pas envie d'être dans un endroit cent pour cent homo. Je regardais les quelques filles qui dansaient en dessous sur la piste, me demandant combien avaient pris la peine d'essayer les mecs. Je regardais aussi les mecs. Certains étaient ouvertement hostiles à la présence de filles ici, arborant une moue hautaine comme les pédés savent parfois si bien le faire, mais pour le reste, leurs regards nous glissaient dessus comme si on avait été des poignées de portes. Aucun n'était assez masculin pour susciter chez moi la moindre attirance, mais j'étais quand même agacée qu'aucun ne me remarque alors que moi je me sentais si différente en dedans... Pallas est venue s'accouder à côté de moi. Elle, pour le coup, elle ne prenait pas du tout au sérieux ce qui m'arrivait et que je lui avais raconté en rentrant. Besoin d'un peu de temps pour s'y habituer, ou rien à foutre ?

La petite Inès nous a rejointes et s'est mise à vanner Pallas sur sa barmaid, à dire qu'elle devait être le genre à avoir un poster d'Amélie Mauresmo dans ses toilettes. Qu'elle devait être en train de se saouler quelque part pour oublier sa dernière défaite. Pas du tout amusée, Pallas nous a foudroyées du regard avant de s'éloigner. La petite Inès – petite par son âge mais pas par sa taille – est restée là sans parler, accoudée comme moi. C'était la toute première fois que je me retrouvais si près d'elle, et seule, mais bizarrement ça ne m'agaçait pas. De profil, sous les mèches brunes de sa raie au milieu qui lui tombaient dans les yeux, elle avait quelque chose de Leonardo Di Caprio. Le même nez un peu proéminent qui partait de très haut entre les yeux qu'elle avait enfoncés, sauf que les siens étaient sombres. Le même côté pas fini, aussi, avec les joues un peu pleines, mais surtout la même arrogance dans le menton recourbé. Une partie d'elle avait sa place dans ce milieu, à balader fièrement sa jolie petite gueule, mais l'autre partie semblait juste de passage. Une gamine qui commençait tout juste à sortir de chez elle, qui avait atterri là par hasard et qui jetait un œil, avant de se faire embarquer ailleurs. Sa féminité était sans équivoque aucune, des vrais gestes de fille comme seules les hétéros en ont, et son inconscient était peut-être en attente de passer dans l'autre monde où les mecs la feraient s'épanouir. En mieux ou en pire, c'était impossible à savoir. Elle a demandé si j'avais soif puis s'est éloignée. Pallas est revenue et je lui ai dit que pour une fois je trouvais Inès jolie. « Mieux vaut tard que jamais. » Puis elle s'est tue. J'allais partir, mais la petite Inès est revenue avec deux verres. Pallas a haussé les sourcils. Inès et moi on a chacune offert le nôtre, mais Pallas les a dédaignés. Elle a pris un air dégoûté en passant sa main dans mes cheveux, déclarant que j'avais besoin d'une sérieuse coupe puis elle s'est de nouveau éloignée. Inès s'est raccoudée en silence. Il me semblait qu'un jour, Alex m'avait dit retrouver en elle un tas de choses de moi. Je ne voyais pas bien quoi, sinon qu'au même âge je trimbalais le même air supérieur alors qu'en dedans je pétais de trouille au milieu de gens beaucoup plus vieux ! J'ai remarqué Guillaume qui attendait près de l'escalier, son skate à la main. Il était à une bonne dizaine de mètres et pourtant il m'a semblé que ses yeux brillaient intensément dans la pénombre. Comme si par le simple fait de me fixer il pouvait me transmettre une pensée qu'il n'avait même pas besoin de mimer avec ses lèvres : « Je cède la place puisqu'il le faut. » Cette phrase qui venait de se former dans mon esprit y a trouvé une sorte d'écho, sans que j'aie la moindre idée de ce dont il pouvait s'agir. C'est alors que j'ai vu Alex passer en trombe dans mon dos, Jessie aux platines faisait au revoir de la main, Eva et Gayle convergeaient vers l'escalier, Inès m'a demandé si je venais, et avant même que j'aie eu le temps de me poser la question, je me suis retrouvée en train de descendre à la hâte, retenant tant bien que mal ce qui me servait de jupe. Je suis entrée de plein fouet dans Pallas. Je lui ai dit qu'elle tombait bien, il fallait qu'elle se magne d'aller récupérer ses affaires dans la cabine parce qu'on bougeait au Pulp. Elle a répondu qu'elle ne venait pas. Elle est restée de marbre tandis que la petite Inès l'embrassait rapidement sur les deux joues. J'ai fait signe que j'arrivais, Inès s'est éloignée à reculons et Pallas a croisé les bras.

« Je croyais que tu voulais pas sortir ? elle a lâché, sarcastique, puis avant que je réagisse elle a ajouté : Si jamais il se passe quoi que ce soit... »

Je suis restée abasourdie. Ça va pas bien dans ta tête ? j'allais répondre, mais Eva est venue me prendre par le coude, et quand j'ai de nouveau tourné la tête vers Pallas, elle avait disparu. « Tu devrais te mettre en jupe plus souvent », a dit Eva comme on longeait le couloir vers la sortie, et occupée à me demander si c'était un compliment ou tout le contraire, je n'ai pas réalisé qu'on laissait Pallas toute seule.

Je n'avais pas envie d'aller au Pulp, je crois que j'avais juste saisi l'occasion de partir. Je devais probablement envisager de demander à ce qu'on m'arrête en chemin, j'ai juste oublié de le faire. Eva s'est glissée à l'arrière entre Gayle et Inès et j'ai grimpé devant. Les sièges étaient aussi bas que dans une voiture de sport. Le cuir sentait le neuf, le sol était nickel, pas encore jonché de saloperies comme dans l'ancienne voiture. Alex a mis le contact et la sono a rugi avec *Ma Benz* de NTM. Alex s'est penchée pour ouvrir la boîte à gants et en a sorti deux bobs. Un noir avec écrit en jaune *Iron Maiden* qu'elle s'est vissé sur la tête, et un autre blanc avec *Trust* en rouge qu'elle a lancé à Eva. Sur les trottoirs, tous les regards étaient sur nous tellement la musique était forte avec les vitres baissées. Tournée vers l'arrière et coiffée de son bob *Trust*, Eva hochait la tête comme les chiens en peluche sur les plages arrière des bagnoles de beaufs. Tout le monde rappait à gorge déployée en imitant la grosse voix d'ogre de Joey Starr, répétant seulement « dans ma Benz Benz Benz », le seul passage intelligible du morceau ! Je suivais ça d'un regard amusé, habituée à voir Alex parodier toutes sortes de choses avec Eva, et je me demandais si ces personnes que j'aimais accepteraient de me voir en dehors du milieu. Là encore, rien ne laissait présager que je ne remonterais plus jamais dans cette voiture avec elles.

2

Sur le point d'ouvrir, la salle était déserte hormis le personnel et il flottait cette indescriptible odeur d'ammoniaque mêlée de tabac froid, propre à toutes les boîtes de nuit qu'on vient de nettoyer sans avoir pu y renouveler l'air.

Le Pulp, anciennement appelé L'Entracte – et qui porte d'ailleurs toujours ce nom l'après-midi quand il tient lieu de dancing pour vieux –, a un décor de cabaret fané tant qu'il ne s'anime pas. Les murs sont d'abord tapissés de miroirs, puis à droite c'est le bar, tandis qu'à gauche, un muret à hauteur de tête abrite une sorte de salon surélevé auquel on accède par quelques marches. La piste s'ouvre droit devant avec la cabine au centre, et un peu partout sont agencés des groupes de tables basses, de petites banquettes et de poufs assortis aux lourdes tentures de simili velours rouge.

Du temps où j'étais avec Alex, je l'accompagnais toujours quand elle venait y mixer, mais maintenant, seule l'insistance des autres, pour une soirée particulière, pouvait me pousser à y mettre les pieds. Les deux filles qui tenaient cette boîte étaient deux des colocataires d'Alex et je les respectais, mais elles avaient beau être parvenues à en transformer considérablement l'image, l'endroit me foutait le cafard. Malgré tous les changements – large choix de bons deejays qui essayaient d'initier ce petit monde à autre chose que la variété française ou la disco, gogos qui dansaient seins nus et qui dansaient bien, et personnel sorti tout droit des pages d'un catalogue du Shop avec fringues *streetwear,* bonnes coupes et tatouages ou piercings –, malgré tous ces détails qui n'avaient rien à envier aux soirées new-yorkaises ou londoniennes et qui commençaient à attirer un noyau de filles sympas, les gouines de base continuaient de constituer une grosse partie de la clientèle. Leur refus d'imposer une politique de sélection à la porte était honorable – c'était avant tout un lieu *pour* les filles – mais ça, je pouvais plus.

Inès, Eva et Gayle avaient pris place sur une banquette près de la cabine où Alex commençait à déballer ses disques. Je suis passée aux toilettes. Le carrelage était encore tout sec, ce qui ne serait plus le cas d'ici peu de temps. Pourquoi les filles pissaient par terre, allez savoir. C'était pourtant pas dur de faire attention. Qu'est-ce que je foutais là ?

Quelqu'un qui inventerait un jeu des Sept Familles aurait toutes les chances de faire fortune... Dans la famille des camionneuses je voudrais la brute épaisse. Celles-ci ne se remettaient pas de ne pas être nées avec une bite mais elles faisaient comme si, certaines allant jusqu'à se renseigner ouvertement sur les possibilités de greffe. Elles vous aboyaient dessus comme des roquets dès que vous aviez le malheur de leur écraser l'orteil, et c'était leurs poings qu'on voyait voler dans les brusques bousculades qui faisaient rappliquer le videur black du dehors. Il y avait ensuite celles qui auraient adoré être des mecs mais qui se contentaient simplement d'être très masculines. Elles constituaient la moitié de la clientèle et ressemblaient juste à des mecs ploucs, le genre représentant en costard cheap qui venait prendre un verre avant de rentrer dans son meublé de célibataire. Elles vous allumaient vos clopes et vous proposaient de danser au moment des slows, ce moment complètement grotesque qui n'avait pas disparu et qui me mettait sérieusement mal à l'aise. Après venaient celles qui n'avaient pas de désir d'être des mecs mais qui apparaissaient quand même plutôt masculines, faute de mettre en valeur leur féminité, généralement par timidité, de peur que le résultat ne soit pas aussi convaincant que sur une hétéro. Elles constituaient l'autre moitié de la clientèle et il s'en trouvait parfois d'assez mignonnes, mais dans l'ensemble elles restaient très quelconques. Ensuite il y avait l'éternelle brochette de trentenaires, une dizaine de filles qui avaient bizarrement toutes le même air chevalin avec leurs cheveux longs jusqu'au milieu du dos et leur mètre quatre-vingts. Elles se croyaient super-féminines avec leurs tailleurs-pantalons sur leurs chemises ouvertes et leurs bagues de partout. Elles restaient toujours entre elles et se la jouaient gravement en brandissant leurs Cartes Bleues par-dessus les têtes des naines massées au bar, commandant des bouteilles qu'elles allaient ensuite siroter autour d'une table d'où elles critiquaient tout le monde, mais en fait elles étaient tout aussi masculines avec leurs manches de vestes roulées aux coudes et leurs clopes qu'elles tenaient entre le pouce et l'index. Après il y avait une demi-douzaine de filles réellement féminines, obsédées par la mode comme Pallas, ou juste décontractées comme Eva et Julia qui avaient commencé par être hétéros et qui en avaient gardé l'apparence. Et pour finir, une ribambelle de gamines pas finies faisaient petits garçons manqués, certaines de manière charmante, et d'autres simplement mal à l'aise dans leurs corps. Mais ne l'étaient-elles pas toutes plus ou moins ? Sinon comment expliquer qu'on puisse les confondre avec des mecs vues de loin ? Et à côté de ça, il y avait la poignée de filles comme Alex, ou comme moi, qui n'étaient ni particulièrement féminines ni particulièrement masculines. Des filles qui portaient avant tout sur elles la musique qu'elles écoutaient, et qui en dehors de ces endroits apparaissaient comme des filles « modernes » avec leurs fringues unisexes et leurs cheveux courts.

Un jeu des Sept Familles, ouais. L'équation était désespérante : sur cinq cents filles on en comptait quatre cents à chier, quatre-vingts quelconques, une dizaine pas mal mais qu'on avait déjà « eues », les dix restantes étant les petites amies de nos meilleures copines ou quelque chose dans le genre. Bref, une seule question se posait : finirait-on par accepter de rentrer avec une telle ou une telle dédaignée cent fois auparavant ? Dieu merci, la réponse ne me concernait plus.

On était installées près de la cabine quand Pallas est arrivée. On criait son nom, on lui faisait de grands signes, je devais être la seule à me rendre compte qu'elle nous ignorait délibérément. J'ai fini par me lever pour aller la trouver. Elle bouillonnait tellement qu'elle ne voulait même pas croiser mon regard. Elle répétait que ça lui donnait envie de vomir, qu'elle ne pensait pas qu'une chose pareille pourrait se produire. J'ai dû l'entraîner vers une banquette en retrait pour échapper aux regards, déjà que tout le monde matait ma chemise trop ouverte, ma jupe improvisée et mes sandales de plage. J'ai cru qu'elle avait enfin vu sa barmaid et que ça s'était mal passé – j'ai eu un choc quand j'ai compris que ça concernait Inès. J'étais saoulée qu'elle bloque sur cette absurdité, mais aussi perturbée de la sentir me détester *à ce point*. Ça m'a pris du temps pour lui faire entendre qu'elle délirait complètement. Pour détendre les choses, je l'ai faite parler de sa barmaid. En même temps je considérais Eva et Gayle en train de danser. Mais Pallas a cru que je regardais Inès. « Cette fois c'est bon ! » elle a lâché en se relevant. J'ai évidemment eu envie de la rattraper, de mettre fin à ce ridicule malentendu, mais je ne voulais pas me donner en spectacle, comme toutes les autres, ici, qui passaient leur temps à se prendre à part pour régler des comptes. Je me suis à nouveau demandée ce que je foutais là, quand la petite Inès est venue se laisser tomber à côté de moi, tout essoufflée.

« Je peux te les couper si tu veux.

— Quoi ?

— Tes cheveux ! elle a crié par-dessus la musique. Je peux si tu veux ! Je coupe ceux de ma sœur ! »

J'ai fait signe que pourquoi pas, je cherchais Pallas des yeux. Je l'ai repérée qui me foudroyait depuis l'autre côté de la piste. Inès m'a tendu une cigarette, me l'a allumée puis a désigné une métis qui venait d'arriver et a demandé comment je la trouvais. J'ai rabattu les pans de ma jupe qui dénudaient mes cuisses et me suis penchée pour qu'elle puisse mieux m'entendre. J'ai dit que la fille était tarée, qu'un soir elle était venue droit sur moi pour me prévenir que je n'avais aucune chance, alors que je ne l'avais même pas regardée ! Inès a pris un air outré, s'est installée de côté avec une jambe repliée sous ses fesses puis s'est approchée de mon oreille :

« Je conçois pas qu'on puisse ne pas avoir envie de toi. »

Je n'étais pas sûre d'avoir bien entendu, j'ai dû lui demander de répéter.

« Je conçois pas qu'on puisse ne pas être attirée par toi. »

Elle a reculé la tête pour m'interroger d'un regard innocent. J'ai esquissé un sourire amusé.

« Non, sérieux » elle a ajouté.

J'ai tiré sur ma cigarette, sentant le sourire s'agrandir au coin de mes lèvres mais m'efforçant de le retenir, consciente du regard de Pallas toujours sur moi. Inès portait un petit tee-shirt blanc Petit Bateau à bretelles et, tournée vers moi, son épaule nue touchait mon sein. Comme elle ne cessait toujours pas de me fixer, j'ai fini par éclater de rire en lui demandant si elle était sous ecsta ou quoi ? Elle a hoché la tête mais s'est empressée de préciser que ça n'avait rien à voir.

« Je suis très flattée, j'ai fini par répondre en rabattant de nouveau la jupe qui se barrait. Mais je peux pas vraiment apprécier d'entendre ça venant de toi, surtout avec Alex juste là.

— Oh mais elle sait ! s'est exclamée Inès qui se réinstallait de face en relevant ses genoux pour caler ses pieds contre le bord de la table.

— Quoi ?

— Ben ouais. Un jour elle m'a demandé comment je te trouvais et je lui ai dit. »

Je me suis penchée vers Inès, et sans la regarder j'ai dit :

« Alex est la dernière personne au monde à laquelle je voudrais faire un plan pareil. Alors joue pas à ça avec moi.

— Je voulais pas te mettre mal à l'aise, elle a répondu calmement. C'était juste une opinion, pas une proposition. »

On est restées silencieuses. Julia venait de quitter le vestiaire pour venir danser trois secondes, comme elle avait l'habitude de le faire dès qu'elle le pouvait. Cette fois-là elle portait une salopette de jean complètement délavée sur rien d'autre qu'un soutien-gorge noir, ressemblant plus que jamais à Cindy Crawford du temps où elle cueillait du maïs dans les champs. Tout le monde s'écartait quand elle gagnait le centre de la piste, aussi bien pour profiter du show pour que pour éviter de prendre un coup. Elle se déhanchait furieusement telle une gigantesque pieuvre, montant et descendant dans les airs en balançant ses longs bras dénudés, secouant sa colossale masse de dreads rouges. J'ai vu la main d'Inès se lever et son mégot a atterri loin devant nous. Je me sentais con de l'avoir agressée comme ça. J'ai tourné la tête au même moment qu'elle et cette fois j'ai soutenu son regard. Elle avait les yeux tellement noirs qu'il était impossible d'y distinguer la taille de ses pupilles.

« J'suis désolée », j'ai fini par dire.

Elle s'est redressée, a glissé ses mains sous ses cuisses et s'est mise à se balancer tout doucement d'avant en arrière, pensive. Je pouvais voir la raie dans ses cheveux raides, pas tout à fait au milieu et irrégulière. Elle a passé ses mains dedans pour les ramener derrière ses oreilles, geste que je remarquais pour la première fois, et brusquement, elle ne dégageait plus la moindre timidité de petite fille, elle transpirait le sexe. Son visage était à moins de vingt centimètres du mien. Je voyais sa peau lisse, ses lèvres charnues, pleines et molles, retroussées sur ses dents impeccablement blanches de gamine de dix-sept ans. Je voyais sa bouche se déformer légèrement alors qu'elle se mordillait le coin de la lèvre inférieure. J'aurais pu rester là des heures, à me délecter de la vague de chaleur qui s'amenait dans le bas de mon ventre.

« Qui sait, j'ai fini par dire, peut-être dans une autre vie.

— Ouais, dans une autre vie », elle a aussitôt répondu, avant de se renfoncer dans la banquette.

Quelqu'un est venu lui dire bonjour, et pendant qu'elle tendait le cou pour présenter sa joue à la fille, j'ai vu ses seins s'écraser de profil sous le tee-shirt qui tirait. Des seins qui tenaient tout seuls. La fille est repartie et Inès a allongé son bras sur le dossier derrière moi, avant d'incliner sa joue dessus. Elle fixait ma bouche, le bout de sa langue pointant maintenant entre ses dents. Ça m'a fait une nouvelle décharge dans le ventre et j'ai entrouvert la bouche. Son regard s'est attardé dessus, en même temps que la sienne s'entrouvrait un peu plus, puis ses yeux sont remontés plonger dans les miens, fiévreux, vitreux. On est restées comme ça, à moins de vingt centimètres l'une de l'autre, nos visages inclinés juste comme il aurait fallu si on avait voulu s'embrasser, au bord de la suffocation. J'ai alors pris conscience des corps d'Eva et de Gayle qui passaient devant nous pour s'installer dans la banquette d'en face. « C'est loin une autre vie », j'ai marmonné en me levant.

Pallas m'est tombée dessus alors que j'allais entrer dans les toilettes.

« Arrête de la draguer ! » elle a aboyé.

Heureusement l'endroit était désert à part la dame pipi.

« Mais je la drague pas, je me suis défendue.

— C'est ça ! Je connais ce regard. C'est le regard que t'as quand quelqu'un t'intéresse. T'es comme ça depuis qu'on est arrivées au Dépôt.

— Quoi ? Au Dépôt ? Attends, en plus c'est elle qui me drague !

— Tu me dégoûtes.

— Putain mais... »

Mais Pallas était déjà repartie. Je l'ai rattrapée alors qu'elle sortait dans la rue en tenant fermement Inès par le bras. J'ai dû forcer sa main pour l'entraîner à l'écart sur le trottoir. Une demi-douzaine de filles faisaient la queue pour entrer, elles ne nous quittaient pas des yeux. J'en voulais à Pallas de m'obliger à me donner en spectacle comme ça, mais il fallait qu'elle se calme avant qu'il y ait un drame. J'ai donc expliqué posément que si Inès s'était laissée aller à une ou deux confidences, elle ne les pensait pas parce qu'elle était sous ecsta. Quand j'ai eu l'impression que Pallas comprenait, je l'ai lâchée mais elle a aussitôt fondu sur Inès. Jessie est alors arrivée, sans son chien, et j'ai profité de ce que Pallas s'écartait afin de la laisser passer avec ses *flight-cases* pour entraîner Inès un instant.

« Quoi qu'elle dise, tu nies.

— Quoi ? Mais comment elle sait ?

— Tu nies, t'as compris ? »

Et à contrecœur je suis retournée à l'intérieur, avec Jessie qui me tapait dans le dos en disant qu'elle était contente de me voir.

Quand elles ont enfin réapparu, Alex qui venait d'arrêter de mixer a aussitôt demandé à Inès ce qu'elle foutait, gueulant qu'elle n'avait pas que ça à foutre de la chercher partout, qu'il fallait qu'elle aille au Queen, qu'elle bossait, *elle*. Inès s'est penchée pour m'embrasser sur les joues, sans un regard ni un mot sur ce qui avait pu se dire. Pallas a demandé à Alex si elle pouvait la déposer. Je me suis levée pour me joindre à elles mais Pallas m'a fait me rasseoir.

« Toi, elle a sifflé en se penchant vers mon oreille, tu te fais oublier maintenant, tu l'as complètement traumatisée, cette petite. »

J'étais tout simplement abasourdie. Eva m'a interrogée du regard mais j'ai fait signe de ne pas faire attention. Puis j'ai tourné la tête vers la piste pour regarder ailleurs, n'importe où. J'aurais dû être furieuse après Pallas, et aussi après la petite d'avoir raconté je ne sais quoi, et puis surtout inquiète à l'idée que tout ça revienne aux oreilles d'Alex. Mais en fait, la seule chose que je me disais, c'était que pour une fois, j'étais prête à les envoyer toutes se faire foutre si elles n'avaient que ça à penser.

3

Quand je me suis retrouvée sur le trottoir, vers six heures, à la fermeture de la boîte, il faisait déjà jour. Le silence à peine troublé par les premiers bruits de circulation, c'est déjà une sorte de choc quand on émerge d'une nuit entière de musique à fond. Mais plus déphasants encore sont les jours qui rallongent au point que la luminosité matinale soit totale. On était mercredi ou quelque chose comme ça, un jour comme un autre tout autour de moi, et en dedans, je sentais que l'errance avait commencé. Je n'aurais pas su dire à quoi je la percevais, je le savais, c'est tout. Cette espèce de sensation de suspens que j'avais éprouvée chez Nikki, elle ne faisait que commencer. Déconnectée du monde des filles mais pas encore repassée dans celui des garçons, je n'étais plus rattachée à rien... « Putain ce mal de tête », a fait une voix derrière moi, et c'était Jessie qui sortait à son tour, enfilant aussitôt des lunettes de soleil. Moi je n'en avais pas et ça m'a rappelé que du temps de Monica, puis de Nikki, on en avait toujours une paire dans une poche. Jessie a proposé de me déposer en taxi. Elle avait deux sacs de disques en plus de son flight-case, mais elle a refusé que je porte quoi que ce soit tandis qu'on se dirigeait vers la station de taxis. Cette borne au coin du boulevard, en face de cette grande brasserie, le Bréban... On se retrouvait toujours là avec Monica, pour une bière censée nous donner du courage avant d'entreprendre notre courte mais lente procession vers le Palace, à seulement quelques mètres dans la petite rue à droite, appréhendant chaque fois que Marie-Line, à la porte, finisse par se rendre compte qu'on avait respectivement quatorze et seize ans. Monica maintenant à New York, forcément partie intégrante de je ne sais quelle scène superclasse, alors que moi je ne savais même plus où j'étais...

Le flight-case à ses pieds et les sacs sur ses genoux, Jessie somnolait pendant qu'on filait sur les avenues encore désertes. Je savais qu'à la maison j'allais être mise en quarantaine. D'ici la fin de la journée j'en serais certainement malade, mais pour le moment je trouvais ça grotesque. Sauf que j'allais avoir besoin d'emprunter à Pallas de quoi racheter une cartouche de clopes... Sur les trottoirs, des gens commençaient à ouvrir des portières, à se diriger vers des bouches de métro ou des arrêts de bus. À quelle heure se levaient-ils pour être déjà habillés, coiffés ou maquillés ? S'entasser dans les effluves de parfum et les haleines fétides de café. S'enfermer dans un bureau alors que l'air et la couleur du ciel appellent à aller s'allonger dans l'herbe d'un parc. S'attabler dans les odeurs de graillon et le brouhaha, ou se taper la lente queue d'une boulangerie dont la formule propose un sandwich dégueu, une portion de carottes râpées qui nagent dans leur sauce et un flan qui a trois jours. Et l'hiver, comment résistaient-ils à l'envie de se coller une balle, quand au réveil on se croirait encore en pleine nuit ? Je n'avais peut-être jamais un rond pour m'offrir ce que je voulais, mais au moins je ne me coltinais rien de tout ça. Quelqu'un devrait faire une suite à *Chute libre* où, cette fois, Michael Douglas aurait pour cible les taxis qui passent entre cinq et sept heures du matin. On le verrait tapi dans l'aube, à épier les passagers sur la banquette arrière, et chaque fois qu'il en repérerait un de moins de trente ans, il bondirait pour le choper, il le traînerait hors de la bagnole et il l'étranglerait, là, au beau milieu de la chaussée, pour lui faire payer cette indécence de rentrer se glisser dans son lit à une heure où tout le reste de la planète doit en sortir ! Alors qu'on traversait la place de la République, j'ai remarqué un minibus garé devant l'Holiday Inn, et de loin il m'a semblé en voir descendre des membres d'un groupe. Enfin disons quatre silhouettes un peu voûtées qui paraissaient habillées en noir avec des cheveux blonds décolorés. L'espace d'un instant, je me suis vue demander au chauffeur de me laisser là. Salut, vous venez d'où, et vous faites quoi comme musique, ah ouais c'est cool – avec Monica on faisait ça tout le temps... Mais le temps de le penser, la place était déjà loin derrière. Voilà donc à quoi j'étais désormais réduite : à avoir le cœur qui s'emballe à la vue de deux couples de touristes aux cheveux blancs ! On n'était plus qu'à deux feux de la maison quand Jessie s'est redressée, a toussé bruyamment puis m'a demandé ce qui n'allait pas.

« Comment ça ? j'ai fait.

— Ben t'as pas dansé une seule fois, t'as pratiquement parlé avec personne, tu t'es pris la tête avec Pallas et t'es restée au Pulp jusqu'à la fin. Alors à moins que ce soit mon mix qui t'ait bluffée grave, qu'est-ce qu'y a qui va pas ?

— Rien, j'ai répondu, à la fois touchée et agacée qu'elle se mêle de mes affaires alors qu'elle m'avait vue trois fois. Rien de bien important, j'ai répété. Ici ce sera parfait, j'ai ajouté à l'intention du chauffeur.

— Tiens, a fait Jessie en griffonnant un numéro sur un bout de papier. Je vais dormir jusqu'à midi je pense, mais appelle après si tu veux, on ira bouffer un morceau, je pars que vers six heures. Putain, elle a soupiré, ce soir je suis au Mans, demain je suis à Reims, après-demain je suis à Besançon... Ah, et puis tiens – ouvrant un de ses sacs dont elle a sorti un CD –, tu me diras ce que t'en penses. »

Je suis descendue en tenant ma jupe qui se barrait, par la vitre baissée je l'ai remerciée de m'avoir raccompagnée, puis en reculant pour laisser le taxi repartir, j'ai souri juste ce qu'il fallait pour ne pas lui donner de faux espoirs. Tout était toujours interprété tellement de travers dans ce milieu.

J'ai trouvé Pallas qui dormait sur mon lit à plat ventre, la robe remontée jusqu'aux fesses. J'allais ressortir sur la pointe des pieds, quand elle s'est redressée en se frottant les yeux. Comme le sourire qui s'esquissait semblait plein d'innocence, je me suis approchée pour m'asseoir au bord du matelas. Elle a détourné les yeux pour dire qu'elle ne savait pas ce qui lui avait pris. Elle avait eu peur. De quoi, elle ne savait pas. Juste peur. J'ai passé une main dans ses cheveux en murmurant que c'était oublié. Elle a demandé ce que je tenais dans l'autre main et j'ai montré le CD. Elle a dit que si Jessie en était déjà à m'offrir des CD, c'était qu'elle craquait sur moi. D'après moi, vu qu'il n'y avait pas de pochette, ça devait plutôt être des morceaux à elle qu'elle voulait que j'écoute.

Après une douche, assise en peignoir en face de Pallas qui avait préparé du thé, j'ai parlé.

J'ai admis que dès l'instant où j'avais remarqué l'intérêt d'Inès pour moi, ça avait aussitôt suscité le mien, sans me soucier d'Alex qui n'était pourtant pas loin. J'ai tout de même jugé bon de préciser que c'était uniquement son comportement qui m'avait excitée, et en aucun cas le fait que c'était la petite amie d'Alex. Puis quand Pallas a eu l'air satisfaite de cette franchise, je suis passée à l'essentiel. À savoir que je ne pourrais jamais faire une chose pareille à Alex, et que de toute façon, j'étais réellement sérieuse en lui disant que je voulais retourner vers les mecs. Sans compter que les filles de dix-sept ans, ça n'avait jamais été mon truc.

« Tu sais, a fini par dire Pallas en se relevant, je voudrais pas te vexer mais tu t'es fait des idées. Elle te draguait pas du tout, elle t'a juste laissé faire parce qu'elle trouvait ça plus simple que de te dire stop. Elle voulait pas que ça dérape encore plus. Le seul problème, c'est qu'elle avait vraiment l'air choquée que t'essaies de foutre la merde entre elle et Alex. Je l'avais jamais vue dans cet état. Elle est jeune, tu sais. Alors espérons qu'elle lui en parlera pas. »

J'ai fait tout ce que j'ai pu pour garder les mâchoires serrées, pour que ma bouche ne s'arrondisse pas en même temps que mes yeux. Avant de passer la porte, Pallas s'est retournée et elle a ajouté : « C'est marrant, t'es devenue vachement plus féminine, d'un coup. Je te regardais au Pulp, et maintenant c'est dans tous tes gestes. Ça te va vachement bien en fait. » Mes lèvres se sont étirées en un sourire qui voulait dire « merci, c'est sympa », puis une fois que Pallas est sortie de mon champ de vision, mes épaules sont retombées et je suis restée les yeux dans le vague. Bien sûr, j'avais littéralement ordonné à la petite de nier, et pour nier, nul doute qu'elle était douée ! Mais se pouvait-il qu'elle se soit bel et bien foutu de ma gueule ? En même temps, quand on nie à ce point, c'est qu'on a quelque chose à cacher, non... ? Mes trente et un ans passés m'ont immédiatement intimé de zapper tout ça dans la seconde. Mais l'attitude de Pallas me laissait un goût amer.

4

Plus tard, dans l'après-midi, alors que je dormais pendant que Pallas regardait la télé sur mon lit, son portable a sonné et c'était Alex. J'ai demandé à lui parler, sans trop savoir quoi lui dire. Elle était en train de trier ses disques pour le Mans où elle partait avec Jessie. Elle s'est mise à m'énumérer dans le détail ses dates pour les quinze prochains jours, disant qu'Inès ne la suivrait sur aucune à cause de ses révisions pour son bac. J'étais la bienvenue sur celles qui me tenteraient, depuis le temps qu'on n'était pas parties ensemble. La perche était là et je venais d'entendre Pallas entrer aux toilettes, alors je l'ai saisie :

« Au fait, c'est vrai qu'elle coupe les cheveux ? Parce qu'elle m'a dit qu'elle pourrait couper les miens.

— Attends, j'te la passe. »

Et c'est comme ça que, pour la toute première fois, je me suis retrouvée au téléphone avec la petite Inès. Passé la surprise et la gêne des trois premières secondes, elle a commencé à me poser des questions sur la coupe de cheveux que je voulais. Sa voix était si basse que j'ai dû m'enfoncer un doigt dans l'autre oreille. Une voix qui ne ressemblait à aucune autre. Très jeune et très enjouée, mais avec une élocution lente, presque nonchalante, qui partait aussi dans les graves par instants, comme si elle venait juste d'ouvrir les yeux. Elle devait être debout, n'importe où dans la maison avec le sans-fil, mais elle aurait tout aussi bien pu être allongée en travers d'un lit, la tête rejetée dans le vide à regarder rêveusement le plafond.

« Alex est à côté de toi ? j'ai fini par demander.

— Non.

— C'est quoi ce que t'as raconté à Pallas ?

— Ben tu voulais que je nie, non ?

— Ouais, mais à ce point... Enfin. Je voulais juste savoir, ce que t'as dit cette nuit, tu le pensais ?

— Et toi ? »

Je me suis laissée aller en arrière sur le lit.

« C'est moi qui pose la question.

— ... Oui, je le pensais (silence). Pas toi ?

— On est dans la merde alors, non ?

— Ben, c'est ce que j'étais en train de me dire, ouais. »

J'ai entendu Pallas tirer la chasse d'eau. Je me suis redressée.

« Écoute, j'ai murmuré, je peux pas trop te parler, là. »

En fait elle devait être couchée, peut-être même nue dans le lit d'Alex avec juste le drap remonté sur ses épaules, parce que j'ai entendu sa respiration s'allonger tandis qu'elle devait faire le geste de tendre le bras pour prendre un papier et un stylo. Elle a répété lentement le numéro que je dictais, et décidément, je n'avais jamais entendu personne s'exprimer avec autant de nonchalance.

« Si t'as le répondeur tu laisses pas de message. Je t'embrasse.

— Moi aussi je t'embrasse. »

Je raccrochais tout juste quand Pallas est entrée dans la pièce. J'avais le cœur qui battait et un sourire jusqu'aux oreilles. Pallas a levé un sourcil et je me suis aussitôt sentie rougir. Je m'en suis tirée en m'exclamant qu'Alex ne changerait jamais, à toujours avoir besoin de vérifier son charme ! Et jusque-là, tout allait encore bien.

En début de soirée, quand la sonnerie de mon téléphone a retenti, j'étais certaine que c'était Inès. Si je laissais le répondeur, je perdais l'occasion de lui parler – et Dieu sait si elle rappellerait –, et je ne pouvais pas prendre le risque que Pallas entende sa voix si elle décidait de quand même laisser un message. J'ai bondi juste avant le répondeur, j'ai d'abord répété « allô ? » deux fois, faute de percevoir autre chose qu'une légère respiration, puis sous l'œil incrédule de Pallas, la conversation a donné à peu près ça :

Inès : J'adore ta voix.

Moi : Oui, euh, oui.

Inès : Je suis sûre que t'embrasses super bien.

Moi : Un sondage pour quoi ? Vous pouvez rappeler beaucoup plus tard ?

Inès : Ça commence bien !

Moi : Merci, au revoir.

Après avoir raccroché, je me suis rassise en prenant un air morose et j'ai dit à Pallas que les sondages, ça me rappelait toujours le temps de Nikki, quand parfois je me traînais jusqu'à Montrouge pour bosser à la Sofres. Pallas m'a souri avec tendresse, et là encore, tout allait bien.

Quand vers une heure du matin la sonnerie du téléphone a déchiré le silence, j'ai instinctivement jailli du lit pour décrocher dès la première sonnerie. D'abord j'ai répété « allô ? » deux fois, puis me souvenant qu'un bref silence avait déjà précédé la voix d'Inès au coup de fil d'avant, j'ai poussé un soupir en disant que j'étais contente de l'entendre.

« Moi aussi, elle a fait, d'un ton à la fois tout bas et complètement ici.

— T'es où ? » j'ai demandé, m'approchant du seuil de ma porte pour vérifier que la lumière était bien éteinte chez Pallas. Elle l'était, mais sa porte était évidemment grande ouverte, comme toutes les nuits, et je ne pouvais pas fermer la mienne qui grincerait trop. Voilà une autre des aberrations de cet appart : si je ne pensais pas à fermer ma porte avant que Pallas se couche, après c'était foutu. « Hein ? T'es où ? j'ai redemandé.

— Chez mes parents. »

J'ai ramassé mes cigarettes et le cendrier et je suis allée m'asseoir contre la fenêtre à l'autre bout de la pièce.

« Mais tu devrais pas être couchée à cette heure-là ? j'ai demandé à voix basse en allumant une cigarette. T'as pas école ou quelque chose comme ça ?

— Très drôle. »

J'ai ri doucement, mais je me rendais compte que je n'avais pas la moindre idée de comment on était censé parler à une fille de dix-sept ans.

« Si je raccroche d'un coup, c'est que mon père arrive. »

Sa voix était toujours si basse que j'ai dû de nouveau m'enfoncer un doigt dans l'oreille.

« T'as rien à me dire ? elle a demandé en se raclant la gorge.

— Hein ? Si, bien sûr. »

Mais quoi ? Je ne savais rien d'elle. Je ne savais même pas qu'elle passait son bac, ou qu'elle vivait chez ses parents en dehors du temps qu'elle passait chez Alex. Je ne savais strictement rien, et encore moins ce qu'elle me voulait.

« Tout à l'heure, elle a repris, j'imaginais que tu (respiration), c'était juste un suçon, tu sais, là, juste au-dessus du nombril (respiration). Et ça m'a fait jouir.

— ...

— Enfin c'était brutal, quoi. Je m'attendais pas à ce que ça vienne si vite. »

J'avais le souffle coupé, je devais éloigner le combiné de ma bouche pour qu'elle ne m'entende pas reprendre ma respiration. Quand j'ai senti que ma voix ne tremblerait pas trop, j'ai répondu que ce n'était peut-être pas moi parce que je ne faisais jamais de suçons ! Puis je me suis figée car je venais de dire ça un peu trop fort. Mais il n'y avait pas un bruit dans l'appartement.

« J'ai tellement envie de toi, elle a repris. Pas toi ?

— ... si.

— Ben dis-le alors.

— Moi aussi j'ai envie de toi. »

Et à ce moment-là, j'ai entendu la porte de la chambre de Pallas claquer à toute volée.

5

« T'es complètement parano, ma vieille, faut te faire soigner. C'était Nikki qui appelait. Parce qu'au cas où t'aurais pas encore compris, on a failli retourner ensemble ce week-end. Alors il a le droit d'appeler à une heure du mat si y veut. Il a le droit de faire ce qu'il veut quand il veut parce que c'est le seul mec que j'ai jamais aimé. Est-ce que c'est clair ? »

Pallas est restée paralysée, puis ses yeux ont commencé à s'écarquiller de plus en plus. Comme si elle se demandait ce qui lui arrivait, si elle devenait folle ou quoi. Elle se tenait assise toute droite, les mains jointes sur ses genoux nus qui tremblaient. C'était sa grande terreur d'avoir un jour la tête qui déraille, sa mère était sujette à de violentes crises de paranoïa pour lesquelles elle suivait un traitement à vie. Je m'en suis voulu de la pousser à douter comme ça, mais c'était le seul moyen. Plus tard, si elle réfléchissait un peu, elle se rendrait compte qu'une telle violence de ma part cachait forcément quelque chose, mais on verrait ça le moment venu.

Je suis allée dans la cuisine où je n'ai pas allumé pour me servir un verre de Coca. Je suis restée dans la pénombre à regarder par la fenêtre. Il n'y avait pas une seule lumière aux nombreuses façades qui donnaient sur la cour. La plupart du temps, je trouvais ça jouissif d'être la seule éveillée, mais là, ça m'a submergée d'une poignante sensation d'abandon. Je me suis éloignée pour m'asseoir au bord du canapé dont le plastique a grincé. J'entendais encore la voix d'Inès me dire clairement qu'elle avait déjà trouvé le temps de faire ça toute seule en pensant à moi... D'où avait-elle appelé, de sa chambre, du salon de ses parents ? Je n'arrivais pas à imaginer le décor qui avait pu l'entourer, mais je la voyais elle, assise comme sur la banquette du Pulp, en train de fixer ma bouche à travers les mèches qui lui tombaient dans les yeux, mordillant doucement le coin de sa lèvre inférieure. Je revoyais aussi Alex qui depuis six mois relevait sans arrêt les yeux de ses platines pour la regarder danser devant la cabine. Et là, assise dans la pénombre de la cuisine silencieuse, je me suis rendue à l'évidence : je n'avais jamais autant eu la trouille de toute ma putain de vie.

Chapitre VI

L'attente

1

Le lendemain, j'ai ouvert les yeux en même temps que Pallas ouvrait ma porte, et malgré le brouillard du sommeil, j'ai vu tout de suite que ça ne s'était pas arrangé. Elle qui comme moi n'émergeait jamais avant la fin de la matinée, à neuf heures moins le quart elle était déjà habillée et prête à sortir. Immobile sur le seuil de ma chambre plongée dans la pénombre, elle regardait droit devant elle, vers la fenêtre, portant à ses lèvres une tasse de thé fumant dont elle tenait la soucoupe de l'autre main. Sans quitter des yeux le point qu'elle fixait, elle s'est mise à faire la liste des divers endroits où elle allait accompagner Alice faire des courses. Son intonation était étonnamment calme, comme si elle se parlait à elle-même. Elle n'a pas tourné la tête vers moi quand elle a demandé si je voulais venir, pas plus qu'elle ne l'a fait en m'entendant répondre que je ne pouvais pas. Elle continuait de boire son thé à petites gorgées, un thé visiblement brûlant qui lui faisait chaque fois passer la langue sur les lèvres pour apaiser la morsure. Je pouvais voir que ça avait débordé dans la soucoupe car il en dégouttait un peu chaque fois qu'elle levait sa tasse. Quand j'ai remarqué que ça tombait directement sur ma moquette, ça m'a glacée d'effroi. Venant de n'importe qui d'autre je n'aurais même pas relevé, mais de Pallas, elle qui répugnait à lâcher sa cendre ailleurs que pile au centre d'un cendrier... C'était comme si elle avait écrasé sa clope dans son assiette. Pas elle, pas elle du tout.

J'aurais dû me forcer à aller faire ces courses avec elle. Pour lui montrer que tout était normal, ou alors pour lui faire sentir que quoi qu'il puisse se passer, ça ne changeait en rien nos rapports. Mais je n'avais pas le choix : je n'avais pas eu le temps de prendre le numéro d'Inès, et si elle appelait, ne pas me trouver lui laisserait toute la journée pour se rendre compte qu'il valait probablement mieux laisser tomber. Alors j'ai prétexté que je voulais travailler et Pallas a vaguement hoché la tête, genre bien sûr, je comprends. J'ai fini par me lever pour aller m'adosser dans l'entrée tandis qu'elle allait et venait, s'assurant qu'elle avait bien son portable, ses clés, ses lunettes de soleil. Je cherchais un moyen pour tout de même lui emprunter de quoi racheter des clopes. Je me suis lancée quand elle ouvrait la porte : « Écoute, je sais que je te dois déjà beaucoup de fric, mais j'en ai plus des masses, quoi. » Elle a de nouveau hoché la tête, elle n'avait pas de liquide, si j'en voulais fallait que je descende avec elle au distributeur. Je me suis hâtée de m'habiller puis j'ai dévalé l'escalier. En la rattrapant dans le hall, j'ai dit que dès que l'avance serait là, j'irais à la banque pour retirer tout ce que je lui devais en une fois. J'ai ajouté que lorsque ce foutu miracle se serait enfin produit, on s'en taperait plein des journées-shopping. On se ferait Colette le matin et tout Étienne Marcel l'après-midi, et pour chaque truc que je me trouverais, je lui en offrirais chaque fois un en plus des dix mille balles. Pallas n'écoutait pas même si elle hochait lentement la tête. Ma voix ne parvenait pas jusqu'à la case capable de mesurer le sens de mes paroles, et surtout d'en saisir l'intonation, l'inflexion la plus tendre que je puisse produire. J'ai dit qu'en plus de vouloir bosser, j'étais trop crevée pour aller faire les magasins, que j'avais envie de rester tranquille à la maison. Arrivée au distributeur, j'ai fini par lui demander si elle avait compté depuis combien de temps je n'avais pas eu une vraie nuit de sommeil, une nuit entière et pas trois ou quatre heures par-ci par-là ? Depuis la rave : une semaine pile, ni plus ni moins. Elle a alors levé un drôle de regard tandis qu'elle me tendait un billet de deux cents. Un regard vide, presque stupide, au fond duquel, très loin, quelque chose semblait se souvenir qu'il y avait pile une semaine, *justement*, tout allait encore bien. Cette minuscule étincelle était si intense que j'ai détourné les yeux, secouée par une soudaine bouffée de culpabilité, mais Pallas s'est contentée de s'éloigner.

De retour en haut, je me suis retrouvée dans le silence de l'appart, à embrasser du regard la cinquantaine de disques de Nikki éparpillés sur la moquette. Je me souvenais pourtant de tout... De la sensation éprouvée en me recollant contre lui pour la première fois, dans la pièce à musique, puis de celle qui m'avait submergée alors qu'il me pénétrait doucement. Je me souvenais de chacune des pensées foudroyantes qui m'avaient traversé l'esprit comme des météorites traversent l'atmosphère, explosant çà et là en des dizaines de bouquets qui jaillissaient pour eux-mêmes se désintégrer un peu plus loin, formant d'autres bouquets plus petits mais tout aussi tenaces. Des dizaines de détonations qui s'étaient transformées en une déflagration unique, dont l'écho avait alors relié toutes les images et toutes les sensations entre elles, ce nettoyage à l'infini faisant apparaître une sorte d'arc-en-ciel, faible, timide, mais annonciateur d'un beau fixe comme je n'en avais pas entrevu depuis longtemps. Depuis aussi longtemps que je pouvais m'en souvenir. Depuis que je n'avais pas retouché un mec avec le cœur... Et pourtant j'étais là, à sentir la vague de chaleur envahir mon bas-ventre chaque fois que je faisais apparaître le visage d'Inès.

Je n'étais pas débile, pas même un tout petit peu aveuglée par ce désir physique. J'étais pleinement consciente qu'elle était la dernière personne au monde dont je devrais m'approcher, et il n'y avait pas que ma raison qui me le disait, mon corps tout entier le sentait, aussi fort qu'une pluie de coups de fouet qui se seraient abattus sauvagement à chaque fois que la sensation se reformait dans mon ventre. Je savais aussi, de manière encore plus concrète, qu'un simple « dérapage » d'une nuit me ferait instantanément tout perdre. Je verrais voler en éclats mon entourage : rien de moins que la totalité de mon paysage affectif depuis quatre ans. Car hormis toutes celles du milieu qui s'en mêleraient, toujours heureuses de jouer un rôle dans des histoires dont elles ne savaient rien, toute la bande prendrait partie pour Alex. N'étaient-elles pas toutes ses amies avant d'être les miennes ? J'ai aussi brusquement pris conscience que ça allait encore beaucoup plus loin : tout ce que j'avais pu vivre, depuis quatre ans, était invariablement lié à Alex. La musique que je faisais, que j'écoutais, les vêtements que je portais, les lieux où je me rendais, les aventures que j'avais pu avoir (toujours des amies d'Alex, des ex ou des futures que je raflais de justesse avant elle), jusqu'à la dope dont je me tenais à l'écart, en bonne partie pour ne pas satisfaire son besoin de se sentir moins seule à se foutre en l'air – absolument tout me rattachait à elle.

Mais, je le savais, il était trop tard pour reculer. Si Alex n'avait toujours pas dégagé Inès au bout de six mois, c'était qu'elle devait avoir quelque chose de spécial. Or Alex et moi, on recherchait exactement la même chose. Alors si c'était bon pour elle, c'était bon pour moi. C'était aussi inéluctable que ça. Je n'allais pas être capable de faire machine arrière, et si Inès venait à changer d'avis, je la forcerais jusqu'à ce qu'elle cède. Parce que l'attirance m'habitait déjà jusqu'à la suffocation, jusqu'au manque ultime de ses cuisses écartelées, de son ventre en sueur contre le mien, de sa profondeur – car elle serait surtout exclusivement vaginale, *forcément*, connaissant Alex – et y renoncer, ça aurait été comme de tirer une balle dans la tête de quelqu'un dont on vient de tomber fou amoureux. Je me suis alors rappelée de ce qu'Alex avait dit précisément quand elle m'avait confié qu'elle retrouvait des choses de moi en Inès. Elle avait dit : « Elle est née un jour avant toi. »

Un petit scorpion. Et moi un grand. On allait décoller pour une planète à des milliards d'années-lumière. Une planète à laquelle même quelqu'un d'aussi intense qu'Alex n'aurait foutrement jamais accès...

J'étais donc là, debout et habillée au milieu de ma chambre à neuf heures et quelques du matin, moi qui depuis des mois étais prisonnière d'un cycle de sommeil finalement jamais réparateur – j'étais plantée là, à savoir qu'en me forçant à rester éveillée j'avais peut-être une chance de m'endormir plus tôt et de rompre avec ce rythme, mais bien entendu, mes yeux se sont arrêtés sur le lit et l'idée de ne pas aller m'y recoucher était tout simplement impensable.

Je me suis installée devant MTV sans le son et j'ai fini par me rendormir. D'abord progressivement, puis brusquement, m'enfonçant directement dans la plus lointaine des strates du sommeil, celle où le coup de massue est tel que si les rêves s'y forment tout de même, ils partent s'évaporer dans on ne sait quelle région d'où aucun souvenir ne revient. Pourtant, quand le téléphone s'est mis à sonner, je n'ai eu aucun mal à me dresser pour fixer le réveil. Il était dix heures et demie passées, ça ne pouvait être qu'Inès, toutes les autres avaient pour consigne de ne jamais appeler avant midi. Le cœur bondissant, j'ai écouté la seconde sonnerie, puis la troisième, ça ne lui ferait pas de mal de devoir essayer plusieurs fois avant de me trouver, puis la faiblesse m'a fait décrocher juste avant le répondeur. La gorge asséchée, j'ai marmonné un « oui ? » plutôt rauque, et j'ai dû aussitôt éloigner de mon oreille le combiné où grésillaient toutes sortes de bruits de rue.

C'était Pallas. Elle était chez Girbaut avec Alice, et elle voulait savoir si une robe noire croisée dans le dos me tenterait puisque je voulais me remettre à séduire les garçons. Je lui ai gentiment répondu que je préférais attendre que l'avance soit là, et que si elle était raisonnable elle devrait en faire autant. Son « ouais t'as raison » m'a rassurée, elle était de nouveau connectée à la réalité !

Ma joue a retrouvé l'oreiller avec reconnaissance mais mes paupières ne retombaient pas. Il faisait déjà trop chaud. Rien qu'à la lourdeur de l'air qui s'insinuait par les persiennes des volets, on sentait que le reste de la journée allait être torride. J'avais envie d'un Mac Morning. Même si la pub était terrifiante – le couple qui ne peut se voir qu'au petit déj parce qu'elle est infirmière de nuit et lui bosse de jour –, j'avais vraiment envie d'essayer ce truc mais je ne réussissais jamais à arriver là-bas avant onze heures, heure à laquelle ils arrêtaient d'en servir. J'aurais pu là, vu l'heure, mais j'avais la flemme de me lever pour me rhabiller. Allongée de côté, je pouvais voir les images se succéder sur MTV. Ça commençait à devenir franchement insupportable, ces pubs sans fin qu'ils balançaient pour leurs compiles par correspondance. Coffrets de *greatest hits* comprenant trois, quatre, voire parfois cinq CD, anthologies censées illustrer entièrement une période donnée – *fifties, sixties, seventies, eighties* – ou convenir à un usage précis, musique pour faire de la route, pour passer une soirée romantique, pour passer l'aspirateur ou pour se torcher le cul. Les intros des morceaux orchestraient des saynètes à deux francs tandis que les titres défilaient dans le bas de l'écran, complètement décalés et souvent incorrects, le tout agrémenté d'une voix de connard tout pimpant qui expliquait l'affaire qu'on ferait en commandant immédiatement ce petit bijou au tirage évidemment limité. Ces pubs duraient bien cinq bonnes minutes et on y avait droit quoi, dix fois par heure ? En plus il s'écoulait bien deux ou trois mois avant qu'ils passent à la suivante. La première écoute de la nouvelle sélection faisait toujours sourire, les morceaux rappelant toujours forcément un souvenir ou un autre, mais à la seconde ça commençait déjà à gaver et à la troisième fallait zapper direct sous peine de balancer un truc dans la télé. Qui achetait ces trucs d'abord ?

Le téléphone s'est de nouveau mis à sonner. Onze heures cinq. Ça devait être Inès cette fois, elle avait bien une tête à se lever en fin de matinée, rythme de lycéenne qui n'a pas cours. Encore une fois, j'ai hésité à répondre, le cœur bondissant tout autant que la première fois, puis j'ai fini par décrocher, ma salive achevant de déserter ma gorge. De nouveau Pallas. Cette fois elle était chez Patrick Cox : est-ce que je porterais des mules écrues avec des perles sur le dessus ? Je lui ai redit que je préférais éviter les dépenses, après quoi j'ai gentiment répété « à ce soir » trois fois, jusqu'à ce qu'elle raccroche.

Sur MTV, on avait maintenant droit à Britney Spears en pleine chorégraphie robotique improbable. Ça m'a rappelé je ne sais quelle Fête de la musique avec Alex, alors qu'on essayait d'approcher de la Bastille en voiture : les 2B3 se démenaient sur la grande scène, enchaînant des séries de sauts périlleux arrière sans s'arrêter de chanter. Genre le mouvement ne leur coupait absolument pas la respiration...

La sonnerie du téléphone m'a encore tirée d'un sommeil qui se faisait de plus en plus léger, et mon cœur cognait peut-être encore un peu plus fort que précédemment, sachant que cette fois, ça pouvait vraiment être Inès, car après tout, elle avait plus une tête à se lever vers midi elle aussi. Non, toujours Pallas, qui voulait savoir si je ne voulais vraiment pas les rejoindre.

« Mais qu'est-ce tu fous d'ailleurs ? » elle s'est exclamée par-dessus la musique que je percevais derrière elle (les 2B3 ?).

J'ai répondu que j'arriverais peut-être à décider de ce que j'avais envie de faire si le téléphone arrêtait un peu de sonner. J'ai dit ça en me marrant, sauf que l'impatience a dû transparaître, car son « bon je vais pas te déranger plus longtemps » ressemblait plutôt à un « je vois, je vais laisser la ligne libre ».

Lorsque ça a resonné quelques secondes plus tard, j'ai répondu par un moqueur « quoi encore ? », sauf qu'évidemment, cette fois, je n'ai perçu que le court silence qui précédait la voix quasi inaudible d'Inès.

« T'es où ? j'ai tout de suite demandé, l'index vissé jusqu'au plus profond de mon oreille pour ne pas en perdre une miette.

— Du calme, elle a fait, amusée. Chez mes parents. Je révise mon bac, t'as oublié ? »

Oublié quoi, un truc qu'elle ne m'avait pas dit elle-même et qu'Alex avait à peine évoqué ?

« Ah ouais, c'est vrai, j'ai acquiescé d'un air qui se voulait parfaitement détaché. Moi aussi je travaille là, donc cinq minutes, pas plus. »

Profonde inspiration de taffe de cigarette, puis longue expiration.

« C'est marrant, elle a fait (d'un ton un peu plus haut, qui se voulait certainement gentiment sarcastique mais qui sonnait simplement désagréable), tu donnes pas l'impression d'être vraiment à fond dans la techno. C'est pas Alex qui t'a tout appris ? Enfin y a pas une histoire comme quoi tu t'es retrouvée dedans par hasard ? »

Touchée.

« Exact, j'ai répondu avec humilité pour la faire se sentir con. Elle m'a appris à mixer, et après j'ai appris à me servir des machines.

— ... Ouais (ton résigné, de nouveau si bas qu'en plus de mon doigt enfoncé dans mon oreille jusqu'à me faire mal, je devais écraser le combiné contre l'autre), c'est ce que je me tue à – J'ARRIVE ! DEUX SECONDES ! –, c'est ce que j'arrête pas de dire à Alex. Passer les disques des autres, ça va cinq minutes. »

Là elle venait vraiment de se réveiller, et décidément, je n'en revenais pas de cette voix si basse, au débit si lent, si nonchalant.

« Oh, c'est quand même tout un art si tu fais ça bien, j'ai répondu, ravie de l'avoir amenée à dénigrer Alex elle-même.

— Faut que je te laisse, elle a fait sur le ton du murmure, je dois préparer le déjeuner de ma petite sœur. Tu veux mon numéro ? »

Une partie de moi voulait bien évidemment le prendre, mais l'autre préférait que ce soit à elle de continuer d'appeler.

« J'ai pas de stylo là, t'as une petite sœur ?

— Et une mère un peu jetée, et un père qui est un vrai connard, mais je te raconterai ça plus tard. »

Devant ce sous-entendu de future intimité, et qui constituait une sorte d'écart au rapport de force déjà installé, je n'ai pu à mon tour que céder un peu de terrain :

« J'adorerais ça, j'ai fait de ma voix la plus basse possible. Ça et un tas de choses.

— Moi aussi, elle a laissé échapper dans un souffle. J'te rappelle. »

Je crevais d'envie de la retenir encore un peu, j'ai dû cligner des yeux très fort pour lâcher :

« OK, à plus tard.

— Hé attends... j'adore ta voix. »

J'ai raccroché sans dire au revoir. Elle courait. Je lançais la balle et elle courait.

2

Je gisais sur le dos, trempée par une douche froide que je venais de prendre sans m'essuyer mais ça ne servait à rien, je séchais aussi vite qu'en plein soleil. Sauf que je n'étais pas étendue sous la douce caresse du soleil, ce feu délicieux qui fait s'évaporer les gouttelettes en chatouillant çà et là comme des petites mouches qui grimperaient le long des mollets ou des cuisses – j'étais à l'intérieur d'un four, et ma peau séchait comme les mains qu'on place sous ces machins à air dans les stations-service. La seule chose à faire dans ces cas-là, c'est de rester totalement immobile.

Je restais donc sur le dos, la tête surélevée par un oreiller, un verre de Coca tiède dans une main, la commande de la télé dans l'autre, et sans même prendre la peine de la soulever je passais d'une chaîne à la suivante. Sur TF1, Citroën pompait *L'Homme invisible* avec un couple qui marchait sur le bord d'une route : étant invisibles, ils n'avaient ni visages ni cous ni mains, mais ils n'avaient pas non plus de vêtements, on ne voyait que le chapeau du monsieur et le sac à main de la dame. J'ai pas compris, ils étaient censés être à poil ? J'avais envie d'écouter un disque, mais aucun courage de bouger. C'était nul que personne n'ait encore pensé à inventer une sorte de bras télescopique capable de sortir un vinyle de sa pochette ou un CD de son boîtier. J'ai tout de même fini par y aller, à quatre pattes, pour mettre *The Idiot* d'Iggy emprunté à Nikki. Le téléphone s'est mis à sonner. J'étais tellement sciée d'être autant amorphe, et tellement à des kilomètres de penser que ça pouvait déjà être Inès, que pour répondre j'ai pris une grosse voix d'outre-tombe comme celle d'Iggy :

« Qui que vous soyez, j'ai pas besoin d'un aspirateur et j'ai déjà tué trois témoins de Jéhovah. »

Un rire juvénile est monté, et je riais moi aussi, mais mon cœur battait imperceptiblement plus fort tandis que je m'élançais pour aller arrêter le disque.

« Tu travailles ? elle a fini par demander.

— Ouais ! je me suis exclamée avec énergie en me laissant retomber sur le matelas, vissant de nouveau mon doigt dans l'oreille pour mieux l'entendre. Alors, ton père ? j'ai questionné en attrapant mes cigarettes.

— Quoi ?

— Un vrai connard, tu disais.

— Ah... ouais, mon père est gras et triste et patapouf comme un vieux chat castré.

J'ai de nouveau éclaté de rire, mais elle ne riait plus.

— Excuse-moi, j'ai dit doucement.

— C'est rien, elle a soupiré, c'est juste que parfois j'aimerais être ailleurs.

— Ma chambre est la cachette la plus sûre du monde, j'ai lancé avec malice, me sentant aussitôt complètement débile.

— Elle est pas là Pallas ? »

Sa voix était si basse...

« Pallas préfère s'évanouir dehors, ça facilite les rencontres. Elle a un truc avec les pompiers ! »

Ça l'a pas fait rire. Elle aurait dû pourtant, c'était la vérité.

« Comment on va faire ? elle a demandé avec tristesse. Elle dort jamais ailleurs, si ? »

En fait, elle avait une voix expirante.

« On va trouver, j'ai répondu avec tendresse.

— Tu vas m'emmener à l'hôtel ? elle s'est exclamée joyeusement. »

Ben voyons... se pouvait-il qu'Alex l'ait déjà habituée au trip hôtels de luxe comme elle l'avait fait avec moi ? Rien n'était malheureusement moins sûr. Aucune originalité, Alex.

« C'est ce que tu veux ? j'ai demandé.

— Non, elle a murmuré. Je veux voir ta chambre. Ton lit. Merde (baissant encore plus la voix), mon père revient, j'te rappelle. »

Il travaillait à domicile le vieux chat castré ? Sur TF1 c'était maintenant les saucisses Herta : un petit garçon taillait un bout de bois, confectionnant un petit bateau qu'il déposait ensuite sur l'eau et qu'il regardait s'éloigner avec un mélange d'espoir et de nostalgie. Arbres de partout, lit de rivière et petite caillasse pour les saucisses industrielles vendues sous vide... J'ai écrasé ma cigarette et je me suis rallongée de côté avec mes mains jointes sous ma joue. Elle voulait voir ma chambre... mais comment elle allait la trouver ? Elle connaissait l'appartement pour être souvent venue chercher Pallas avec Alex, mais elle n'avait toujours entrevu ma chambre que depuis l'entrée et l'espace d'un instant. Je fermais ma porte quand Alex débarquait avec elle, et après, quand Alex frappait pour dire bonjour, je balançais invariablement que je n'avais ni coloriages ni sucettes pour sa petite amie ! Ma chambre. Tous les gens qu'on connaissait et chez lesquels Alex avait pu l'emmener avaient tous des apparts ou des chambres superclasses...

Celle de Julia par exemple, qui partageait la maison du 19e avec Alex, faisait bien deux fois la mienne et on s'y serait cru dans la salle de gym de *Fame*, avec son parquet à perte de vue et son mur de côté entièrement tapissé de miroirs pour ses exercices de danse. Sinon la pièce ne contenait rien d'autre qu'un matelas et l'habituel kit de survie comme on l'appelait – télé, magnétoscope et chaîne – mais ça ne rendait pas impersonnel et plat comme chez moi. Celle d'Eva faisait maisonnette de campagne avec ses tommettes, ses bougies odorantes et sa table de jardin croulant de plantes, et puis son lit recouvert d'une multitude de petits coussins donnait envie de s'y pelotonner, pas comme ma vieille couette bleue. La chambre de Cyril, le petit frère d'Alex qui habitait encore chez les parents, faisait villa de dealer devenu rapper avec ses nombreux appareils de muscu rutilants et son épaisse moquette marine dans laquelle les pieds s'enfonçaient avec délices pour gagner le lit. Chez David, un copain graphiste d'Alex, et entre autres dealer de coke, la chambre était turquoise avec une ampoule rouge au plafond, et sur le parquet peint en rouge étaient disposés une bonne trentaine de globes terrestres de toutes les tailles, tous commandés par un même interrupteur qui nous faisait délirer quand on atterrissait là au petit matin après une fête. Quant au salon, il regorgeait tout simplement de magnifiques meubles design noirs, comme l'appart de Mickey Rourke dans *Neuf semaines et demie*, stores compris, et y laisser errer son regard faisait prendre conscience de ce que c'était que de gagner un paquet de fric. Il y avait aussi l'appart d'Alice à la Cité des Arts, entièrement argent, parquet compris, avec ses deux grandes photos de Cindy Sherman encadrées au-dessus du matelas, tandis que dans la seconde pièce s'étendaient trois portants de vêtements, tous noirs ou presque, sous lesquels s'étalaient une cinquantaine de paires de chaussures, toutes noires également. Et puis la chambre d'Alex... ah, ça, le paradis pour une ado ! Flipper à l'effigie de Freddie, planches de snowboard, collections de bouquins sur des rayonnages de métal (tous les Ellroy, Stephen King, Anne Rice), centaine de vidéos de Mangas, un lit de plus de 240 qui requérait des draps faits sur mesure, généralement en soie et dans les bordeaux ou les gris, et puis des figurines qui se dressaient de partout. La plus grande pouvait atteindre la hanche – de Goldorak à Dragon Ball Z en passant par Dark Vador, Spawn, Alien, la Poupée Chuckie, le Surfer d'Argent, un masque géant de « Scream » ou encore Spiderman dans toutes les postures imaginables –, et plusieurs parlaient, rugissaient ou clignotaient, comme la créature de je ne sais plus quoi dont les tentacules se déployaient quand on passait devant. Quand quelqu'un de moins de trente ans se met à gagner de grosses sommes, pour peu qu'il baigne encore dans ses rêves d'enfance, il investit dans des jouets. Mais le plus dingue, c'était les fringues qui prenaient carrément tout un mur. Un immense assemblage de casiers se dressait jusqu'au plafond (un pour les tee-shirts de couleur unis, un pour les blancs unis, un pour les blancs à motif, etc.), encore plus grand que l'étagère de disques de Nikki, avec une échelle qui se déplaçait sur un petit rail pour atteindre les cases les plus élevées. Et dans la penderie au centre, on pouvait voir que chaque chose – de la doudoune matelassée au petit blouson d'été – avait été achetée en double ou en triple selon le nombre de couleurs dans lesquelles le modèle avait été décliné. Sans parler de la collection de baskets dans le bas, ni de celle de disques, dans le salon avec les platines, qui faisait bien cinq fois la mienne.

Ma chambre... La seule chose qui pourrait impressionner Inès, ce serait les machines. Le téléphone s'est remis à sonner. C'était de nouveau elle et j'ai pensé que personne d'autre ne m'appelait aujourd'hui, et que Pallas ne rentrait toujours pas.

« T'arrive à travailler avec cette chaleur ? Moi j'ai l'impression que mes doigts restent collés aux pages des bouquins que je lis.

— Tu révises quoi ?

— Laisse tomber, ça doit être très loin pour toi ! »

J'ai pas compris si elle me traitait de vieille ou si au contraire elle se sentait con d'être si jeune.

« Tu vois Alex ce soir ? j'ai demandé, soudain complètement abattue.

— Je sais pas encore. Si c'est le cas, je penserai à toi ! Merde, mais qu'est-ce qu'y fout ? J'suis désolée mais faut encore que j'te laisse. »

À ce stade c'était plus de la malchance, c'était de la pure ruse de petit scorpion.

Petit à petit, je commençais à me souvenir de choses entendues sur Inès. Elle allait en cours près de chez ses parents, Versailles ou dans les parages. Au début, elle ne venait chez Alex que les week-ends, puis avec le temps, celle-ci avait fini par convaincre la mère de la laisser rester au-delà du dimanche soir, promettant de veiller à ce qu'elle aille bien en cours. J'entendais encore Alex me dire que c'était pas si chiant de se lever à six heures du mat pour l'accompagner à son train. Mais je me souvenais aussi d'Eva nous confiant, à moi et à Pallas, qu'il y avait eu des semaines entières où Inès n'avait pas mis les pieds au lycée. Alex avait dû commencer par se faire un devoir de la pousser à avoir son bac, tout comme elle avait commencé par m'apprendre à mixer, puis peu à peu son égoïsme avait repris le dessus. Elle trouvait tous les arguments possibles pour qu'on l'accompagne faire des trucs qu'elle avait la flemme de faire seule, ou pour qu'on reste dans la chambre à lui tenir compagnie, quand elle se sentait déprimée d'avoir trop carburé à la poudre. Je me souvenais aussi de Pallas s'énervant qu'Alex file de plus en plus d'ecstas à Inès, alors qu'au début elle ne prenait rien du tout. Et puis je me souvenais qu'Alex la couvrait sans arrêt de cadeaux. Pallas me le racontait quand elle rentrait d'une journée à faire les magasins avec elle, ou Alex s'en vantait elle-même. Autant de choses auxquelles j'avais moi aussi eu droit, sauf que maintenant qu'elle gagnait un paquet de fric, c'était des trucs de plus en plus chers... Le téléphone a sonné, et je n'ai pas su si je ressentais une profonde gratitude ou un vrai malaise.

« J'ai fait un rêve bizarre l'autre nuit », a commencé Inès, d'une voix de nouveau si basse que j'ai encore dû me visser un doigt dans l'oreille. « C'était le soir où on est rentrées du Pulp, enfin du Queen. J'étais dans le désert, au bord d'une oasis. Elle était pas moche, elle était juste pas très grande, avec pas beaucoup d'eau. Et je pouvais voir que beaucoup plus loin, il y en avait une autre qui avait l'air beaucoup plus grande, et beaucoup plus belle. Alors j'étais là à la regarder au loin, et je me rendais compte que c'était ce que j'avais toujours voulu. Mais je me disais que c'était peut-être un mirage. Je savais pas si je devais prendre le risque d'y aller et de la voir disparaître sous mes yeux.

Je me suis raclé la gorge, incertaine.

« Je sais pas quoi en penser, elle a repris. Merde, elle a soupiré, c'est pas sérieux, faut que j'aille bosser, je t'embrasse. »

Je suis restée abasourdie en reposant le combiné. Est-ce qu'elle venait bien de sous-entendre ce que je croyais ?

3

La nuit est venue, s'est installée et j'ai dérivé dedans comme dans du brouillard. Je somnolais à intervalles plus ou moins réguliers, assommée par quatre Efferalgan Codéinés que j'avais avalés pour enrayer un début de mal de tête – mais les avais-je pris uniquement pour ça ? En fait je glissais plutôt qu'autre chose, savourant l'effet secondaire de la codéine, certes pas assez puissant pour me faire me sentir vraiment défoncée, mais suffisamment pour engourdir mes membres et mon esprit, m'entraînant en douceur comme les paupières que l'on sent s'alourdir, assis en plein soleil après un lourd repas. Dehors, une chaîne de gros cumulus noirâtres stagnait au ras des immeubles. L'air était devenu si lourd qu'en plus d'avoir repoussé les volets de mes fenêtres j'étais allée ouvrir toutes celles qui donnaient de l'autre côté, espérant en vain créer une sorte de courant d'air. Pourtant je pouvais entendre le vent se lever par moments. Il frémissait alors dans les feuilles de la plante de la cuisine, s'engouffrait dans les rideaux de la chambre de Pallas, mais dans la mienne, c'est à peine s'il soulevait la fine cordelette qui pendait d'un des volets et aucune brise ne venait effleurer mon visage ou mon corps en sueur.

Il n'y avait strictement rien à la télé, mais je ne me décidais pas à mettre une vidéo. Pourtant, me plonger dans un film, peu importe lequel, m'aurait aidée à sortir de cet état qui me pesait sournoisement tout en me détendant. Rallumer la lumière et mettre de la musique aurait aussi rompu avec l'atmosphère qui régnait dans la pièce, et qui ne faisait qu'accentuer le sentiment d'irréalité dans lequel je baignais. Je me sentais glisser sur une pente douce mais infinie, avançant petit à petit dans la nuit à mesure que les chiffres changeaient sur le réveil digital, et en même temps j'étais suspendue, prisonnière d'un instant qui n'en finissait pas de se prolonger. Suspendue au dernier appel d'Inès, qui remontait à plus de six heures, tout comme les nuages, au-dehors, restaient suspendus au-dessus de la ville sans se décider à exploser enfin ou à passer leur chemin.

Pourquoi ne rappelait-elle pas ? Si Alex était en train de mixer quelque part, je m'en foutais qu'elle soit là à danser devant la cabine, mais si elles étaient seules ensemble, dans le lit d'Alex par exemple... C'était une perspective qui restait lointaine, vague et diffuse, mais de temps en temps elle remontait brusquement m'envahir d'un malaise que j'avais toutes les peines du monde à chasser. Une oasis beaucoup plus belle... je refusais de laisser mon cerveau délirer là-dessus.

Vers une heure du matin, un coup de tonnerre retentissant m'a réveillée en sursaut. Je suis restée assise à écouter le fracas qui achevait de se répercuter comme un écho, le vent faisant violemment claquer une fenêtre dans l'immeuble, puis j'ai perçu le boucan de la pluie qui s'abattait d'un coup et je me suis levée pour aller refermer mes volets et toutes les autres fenêtres. Dans la cuisine le vent avait renversé la plante, répandant de la terre sur le carrelage, et dans les toilettes les bords de la cuvette étaient déjà tout inondés. Dans la chambre de Pallas, ça m'a fait bizarre de constater encore qu'elle n'était toujours pas rentrée. Après une journée entière à faire les magasins, même si elle n'avait rien acheté, c'était déroutant qu'elle ne soit pas au moins repassée pour se changer avant de ressortir.

J'ai tenu dix minutes, rallongée devant MTV sans le son, puis j'ai attrapé le téléphone et j'ai composé le numéro d'Alex. Le répondeur s'est enclenché dès la seconde sonnerie et j'ai aussitôt raccroché (la voix nasillarde d'une actrice des années quarante annonçait : « J'ai dormi d'un sommeil de merde alors j'espère que c'est urgent »). J'ai repris le combiné pour composer son numéro de portable, puis j'ai coupé la communication du doigt, songeant que je devais d'abord trouver une bonne raison de l'appeler à une heure du matin. Je n'avais qu'à prétendre qu'elle me manquait. Ça a sonné dans le vide un long moment, puis la messagerie a fini par se déclencher (sur ce message-là, la voix d'Alex commençait par chanter doucement « Mais si tu crois un jour que tu m'aimes », puis sa voix se transformait en braillements d'un cochon qu'on égorge : « NE LE CONSIDÈRE PAS COMME UN PROBLÈMEUH, ET COURS ET COURS JUSQU'À PERDRE HALEINEUH, VIENS MEUH RETROUVER », le tout se terminant sur un rot surpuissant qui s'étirait jusqu'au bip). Je n'ai pas pu m'empêcher de rire en reposant le téléphone sur la moquette. Il n'y avait que lorsqu'elle mixait qu'Alex ne répondait pas, et c'est là que ça m'est revenu : elle venait de décrocher plusieurs dates avec Jessie, donc elle était à Reims. Je me suis alors souvenue qu'elle avait dit qu'Inès n'irait nulle part à cause de ses révisions. Ça m'a instantanément apaisée. Mais Inès n'avait-elle pas aussi dit qu'elle ne savait pas si elle la verrait ? Reims n'était pas si loin... Ça expliquerait malheureusement très bien pourquoi elle n'avait pas rappelé. J'ai encore essayé, en vain.

Alex avait donc dû commencer à mixer et son portable était resté dans la voiture, ou sur le lit de la chambre d'hôtel si elle en avait une. Ça me rappelait toutes les fois où je l'avais accompagnée, dans diverses villes de France et au-delà... Généralement, elle ne demandait à dormir sur place que si le trajet était trop long pour reprendre la route tout de suite après. C'était alors l'occasion de faire tout le boucan qu'on voulait en s'envoyant en l'air, alors qu'à Paris la maison n'était pas très bien insonorisée. À ce souvenir j'ai aussitôt rappuyé sur bis. Rien. Mais même si Inès était là-bas et qu'elles restaient dormir, il y avait très peu de chances qu'Alex et Jessie aient obtenu deux chambres... Ces cages à lapins d'Hôtels Ibis faisaient penser aux sports d'hiver avec leur affreux couvre-lit côtelé, leurs petits verres à dents façon cantine d'école (avec le chiffre qu'on regardait en dessous pour savoir quel âge on avait) et leur armoire en bois avec trois tristes cintres en plastique. Alex commençait toujours par faire couler un bain à ras bord tandis que je testais la télé, consternée par le peu de choix. Le câble, certes, mais seulement deux ou trois chaînes à chaque fois, comme BBC Prime (chiatique avec ses interminables parties de snooker où il n'y a même pas de trous pour faire tomber les boules), Rai Uno (et leurs sitcoms aux décors encore plus dégueulisants qu'AB Productions) ou ZDF (aux plateaux des JT aussi ternes et dépressifs que *Derrick*). Et à côté de ça, juste la une ou la deux, même pas Canal ni M6. Alors forcément, quand on rentrait après qu'Alex avait fini de travailler, on n'avait rien d'autre à faire que s'envoyer en l'air un peu partout, dans la baignoire, sur la moquette, ou contre le rebord de la fenêtre, d'où on voyait le jour se lever sur une ville de province grisâtre et semblable à toutes les précédentes. À cette pensée, j'ai encore appuyé sur bis.

Je n'approchais même plus le combiné de mon oreille, quand il en est monté un brouhaha intense. J'ai aussitôt coupé le son de la télé, et en entendant Alex crier par-dessus la musique, je me suis sentie obligée de faire pareil, me trouvant un peu con de gueuler comme ça toute seule dans le silence de ma chambre. Elle était bien à Reims avec Jessie, elles avaient déjà terminé de jouer, l'une après l'autre, et ça avait été un cauchemar. Les ploucs du coin ne voulaient que de l'Eurodance, vidant la piste à chaque morceau un peu bien qu'elle avait balancé, au point que l'organisateur avait fini par venir lui glisser à l'oreille de taper dans les disques du résident. Je la croyais sur parole, percevant distinctement ce qui passait derrière elle. J'ai demandé qui d'autre il y avait et elle n'a pas compris la question. « Ben je sais pas, t'aurais pu emmener Eva ou je sais pas qui ? », « Non non, elle a fait, y a juste Jessie et moi ». Soulagement. Elle a continué de me décrire l'endroit, disant que tous les mecs avaient des jeans neige avec des coupes en brosse longues derrière, et les filles étaient toutes en robes avec du poil aux pattes comme des grosses Portugaises. Elle a ajouté que tout le monde la regardait bizarrement, et à sa voix particulièrement pâteuse, je pouvais imaginer l'effet qu'elle produisait, raide, avec son faciès d'alien, de tête de mort presque. J'ai demandé quand elle rentrait mais quelqu'un lui a parlé au même moment. J'ai insisté, et là, agacée, elle a demandé pourquoi. « Ben je sais pas, j'ai fait bêtement, comme ça. » S'est ensuivi un bref silence, enfin si on pouvait appeler ça du silence avec la musique qui tonitruait derrière. Peu de temps avant, ça m'aurait vraiment fait chier qu'elle puisse s'imaginer qu'elle me manquait. J'ai entendu Jessie qui voulait savoir si elle avait pu joindre Inès, et Alex qui répondait que non, toujours pas. « Alors ? j'ai repris. Quand est-ce que je te vois ? ! » Elle a fini par répondre qu'elle ne savait pas. Elles attendaient de regarder sur la carte la distance jusqu'à Besançon où elles jouaient le lendemain, peut-être qu'elles iraient directement là-bas au lieu de repasser par Paris. Il m'a semblé qu'elle avait un drôle de ton tout d'un coup. Et si elle savait ? Inès avait pu craquer et tout avouer, ou simplement aborder le sujet, de peur que Pallas ou moi on le fasse par la suite. Pallas aussi pouvait avoir laissé échapper quelque chose. Elle n'était pas du genre à me trahir, mais elle s'était quand même comportée bizarrement avec Inès. Et si Alex savait, elle n'allait pas me confronter directement, elle attendrait de trouver un moyen plus subtil. Alors j'ai prétexté que ça commençait à faire cher sur le portable, et elle a raccroché sans dire au revoir ni rien, ce qui m'a rendue encore plus parano. Je me suis efforcée de me calmer : vu comment elle avait l'air d'avoir mis la dose, elle devait être à peine consciente d'avoir un téléphone à la main.

J'ai allumé une cigarette en fixant le combiné que je venais de reposer. C'était bien fait pour ma gueule d'avoir continué de refuser le numéro d'Inès. Elle devait avoir un portable, en plus, pour qu'Alex essaie à cette heure-ci. J'aurais bien voulu savoir pourquoi elle ne parvenait pas à la joindre. Se pouvait-il qu'Inès soit si troublée qu'elle ne se sente pas capable de lui parler ? Une oasis beaucoup plus belle...

4

Quand je me suis réveillée, vers midi, Pallas n'était toujours pas rentrée. Son portable sonnait dans le vide et j'étais presque certaine qu'elle l'avait sous les yeux, fixant mon numéro qui s'affichait sans parvenir à décider si elle voulait me répondre ou pas. D'où me venait cette impression puisque la veille, à chaque fois qu'elle avait appelé, elle avait eu l'air calmée ? J'allais laisser tomber quand j'ai entendu un « oui ? » glacial.

« C'est moi. Mais qu'est-ce que tu fous bordel ?

— *Comment ça* qu'est-ce que je fous ?

— T'aurais pu prévenir que tu rentrais pas.

— Pourquoi ? elle a demandé, toujours aussi glaciale mais avec en plus une pointe de suspicion.

— Parce que je m'étais fait chier à faire des courses pour le dîner, j'ai menti. Voilà pourquoi.

— Tu préviens, toi, peut-être, quand tu sais que tu vas aller au Pulp ?

— Oh, recommence pas avec ça, j'ai soupiré avec lassitude.

— Qu'est-ce que tu veux ?

— Rien, j'ai lâché du même ton glacial. Je voulais juste être sûre qu'y t'était rien arrivé, c'est tout.

— Ben non tu vois.

— Ouais, je vois », j'ai marmonné, me retenant très fort de lui balancer qu'avec ses conneries je venais de rater une occasion en or de voir Inès. « OK, bonne journée », j'ai ajouté, et j'ai raccroché.

Avait-elle fait exprès de ne rien dire pour que je ne puisse pas inviter Inès ici ?

Dix minutes plus tard, assise en tailleur sur mon lit avec une tasse de thé, j'ai rappelé.

« Ouais c'est encore moi, j'ai annoncé d'un air aussi cool que possible. Je voudrais juste savoir quand tu rentres, si je refais des courses ou quoi ?

— J'ai besoin de rien », a répondu Pallas d'un ton parfaitement détaché.

Ça me dit pas quand tu rentres...

« Écoute, j'ai commencé avec sincérité (et c'était vrai), je suis désolée de t'avoir parlé comme ça l'autre soir, vraiment je le suis.

— ... je sais, elle a fini par dire avec douceur. C'est pas à cause de toi que je suis partie, c'est à cause de moi. »

Et voilà. Me voir discuter avec Inès avait dû redéclencher quelque chose chez elle. Et comme à chaque fois qu'elle avait eu l'impression de retomber amoureuse de moi, elle se montrait infecte, furieuse de ne pas arriver à me le cacher, puis elle devenait distante, histoire de faire genre elle en avait en fait strictement rien à foutre, et pour finir elle était triste comme les pierres. Et moi je devais assister à chaque phase sans sourciller.

« Écoute, j'ai repris avec une sincérité de nouveau non feinte, on oublie, d'accord ? »

Elle a poussé un long soupir.

« Ce que t'as acheté hier, ça tiendra jusqu'à demain ?

— Pourquoi demain ? j'ai demandé, prêtant soudain beaucoup plus l'oreille.

— Je suis à Honfleur, là.

— Où ça ?

— Tu sais, dans la maison de la galeriste d'Alice. »

Oui je savais, une super-baraque avec piscine où elle était souvent invitée et moi jamais. Mais putain, elle le savait depuis quand qu'elle partait là-bas ?

« Mais enfin, t'aurais pu prévenir !

— Et pourquoi ? a demandé Pallas d'un ton de nouveau suspicieux.

— Ben je sais pas, j'ai balbutié, me rendant compte que je venais plus ou moins de me trahir. J'aurais pu m'inquiéter. Enfin bref. Et tu rentres quand ?

— Pourquoi ? a redemandé Pallas.

— Oh arrête avec tes pourquoi, j'te rappelle que je suis ta meilleure amie, merde.

— ... je sais pas encore, a répondu Pallas d'un ton où continuait de percer la méfiance. Demain après-midi, je pense, parce qu'Alice doit être à Paris le soir. Mais ça peut aussi être demain matin, ou même dès ce soir », sur quoi elle m'a souhaité de passer une bonne journée et elle a raccroché.

Elle me prenait vraiment pour une conne. Personne ne rentre de week-end le vendredi soir ou le samedi matin.

À quatre heures de l'après-midi, Inès n'avait toujours pas rappelé et je tournais en rond, passant d'une pièce à l'autre dans l'appartement désert, figé, désespérant. J'étais incapable de me poser, incapable de penser à autre chose. Finalement Alex avait dû rentrer, Inès avait dû aller la rejoindre et elles devaient être en train de baiser comme des malades, Alex se jetait toujours sur moi quand elle revenait d'une date sur laquelle je n'avais pas pu la suivre. Peut-être même qu'elles avaient fait ça par téléphone dans la nuit, Alex adorait ça. Et ce soir, peut-être qu'Inès allait l'accompagner à Besançon, et peut-être qu'Alex et Jessie auraient chacune leur chambre, et peut-être même qu'Inès irait passer tout le week-end avec elles. Il fallait que je me calme, mais il n'y avait qu'un seul moyen pour ça. Un moyen vraiment pas élégant, mais c'était le seul. J'ai tourné en rond encore quelques minutes, et j'ai fini par céder. Alex a répondu sur son portable dès la première sonnerie :

« Putain tu peux plus te passer de moi, toi !

— Écoute, j'ai dit, y faut absolument qu'on me coupe les cheveux, ça ressemble à rien là et j'ai un truc super-important ce soir. Tu pourrais me filer le numéro d'Inès ?

— Elle risque pas de te faire ça ce week-end, elle est chez ses parents là, elle révise. Mais appelle toujours, peut-être elle aura le temps dans la semaine. Eh, saleté, quand est-ce qu'on remet ça ?

— Je sais pas, j'ai fait en me marrant, t'es où ?

— À Besançon.

— Ben voilà, tant pis pour toi ! »

Si tu savais, Alex... mais même moi je veux pas y penser. Adossée au mur, je regardais le numéro d'Inès. Un numéro tellement facile que je le connaissais déjà par cœur. J'aurais dû être euphorique à l'idée de l'appeler pour lui annoncer que la voie était libre... mais j'étais pas du tout euphorique, j'étais inquiète. Appeler signifiait perdre le dessus, si jamais je l'avais eu, et ne pas le faire c'était passer à côté d'une occasion exceptionnelle. J'avais une autre raison de suspendre mon geste. Une raison qui me disait qu'Inès n'allait pas du tout me répondre « OK j'arrive ». Chaque fois que je m'accroupissais pour commencer à composer le numéro sur le téléphone à mes pieds, mon cœur se mettait à cogner trop fort et je raccrochais. Je pouvais attendre un peu, voir si elle appellerait d'elle-même, mais je sentais qu'elle n'allait pas le faire, ou alors beaucoup plus tard, quand ce serait trop compliqué pour elle de venir sur Paris. Alors je me suis encore accroupie pour composer ce putain de numéro, et cette fois j'ai laissé sonner, avec presque envie de gerber tellement j'avais la trouille.

« Allô ? Inès ?

— Non, c'est sa sœur, a fait la voix identique.

— Oh, excusez-moi, Inès est là ? »

Tandis qu'elle criait mon prénom – de toutes ses forces il m'a semblé, au point que je me suis demandée dans quoi elles habitaient –, j'ai dû lutter contre une violente envie de raccrocher.

« Bonjour, a murmuré la voix expirante.

— Ça va ? j'ai bêtement demandé.

— T'as cherché mon numéro alors ? elle a fait, amusée.

— Ouais, Alex, les cheveux. Je voulais juste te dire que Pallas est partie en week-end.

— T'en es sûre ? » elle a demandé avec nonchalance.

Non, j'étais sûre de rien du tout.

« Jusqu'à demain après-midi au moins.

— ... ouais, mais en fait je sais pas. Je suis pas sûre que ça soit une bonne idée. »

Et voilà. J'ai fermé les yeux, sentant la boule se former dans ma gorge, familière, comme celle qui s'était déjà pointée le matin où j'étais allée chez Nikki... Puis ce sont les larmes qui sont venues.

« Très bien, j'ai dit en essayant de garder un ton digne. Bon ben, salut.

— Eh, attends ! elle s'est exclamée. Le prends pas comme ça !

— J'ai du boulot là, salut.

— Eh (radoucissant sa voix), attends. »

Attends quoi ? j'ai songé en clignant des yeux pour chasser les larmes qui me faisaient voir trouble. J'ai tiré sur la rallonge du téléphone pour passer dans le salon, tout d'un coup j'avais ma chambre en horreur.

« Je sais pas, elle a repris. Y penser, c'était vraiment agréable, mais de là à le faire pour de bon... »

Adossée au placard du salon, je sentais la colère monter. C'était quoi le plan ? Juste un banal jeu de scorpion à la con ? Juste histoire de voir si le petit ferait plus fort que le grand ? C'était ça l'histoire ?

« Je me vois pas la quitter, quoi.

— Mais qui te parle de la quitter, bordel ? J't'ai jamais demandé un truc pareil ! (Puis essayant de radoucir ma voix.) Il était question d'une nuit, rien de plus.

— Je crois qu'il vaudrait mieux en rester là », elle a ajouté.

Alors qu'est-ce qu'elle attendait pour raccrocher ? Elle voulait que j'insiste, c'est ça, pour encore mieux me jeter ? Qu'elle aille se faire foutre.

« Tu sais, j'ai quand même commencé à dire en m'approchant du canapé pour m'asseoir sur l'accoudoir, moi j'avais vraiment envie de te voir, parce que j'avais vraiment envie de te connaître. Pour aller vers quoi exactement, j'en sais rien, mais c'était sincère. Je pensais qu'il y avait un truc qui se passait. »

Silence.

« Mais finalement, t'es rien d'autre que ce que j'avais toujours pensé, t'es rien d'autre qu'une merdeuse de dix-sept ans qui se la raconte. T'as raison en fait, je vois pas ce qu'on aurait pu foutre ensemble. Alors t'inquiète pas, va. La prochaine fois que tu me croiseras ça sera comme si y avait jamais rien eu. Le temps de raccrocher et t'existeras plus. »

Et comme elle ne disait toujours rien, j'ai vraiment raccroché.

Je me suis laissée glisser dans le canapé avec le téléphone que je tenais sur mes genoux. Je me sentais humiliée d'avoir déballé tout ça, elle méritait pas de l'entendre. Mais au fond de moi, je savais aussi que ça aurait été pire si je ne l'avais pas fait. J'aurais passé le restant de mes jours à me demander si ça aurait changé quelque chose si j'avais osé. Je m'en voulais aussi d'avoir appelé sans prendre le temps de me calmer avant. Je lui avais balancé plein d'ondes super-négatives et c'était fatal qu'elle se rétracte. Mais bon, c'était fait. Il ne me restait plus qu'à éviter de sortir pendant un temps... Ce ne serait pas si difficile, n'est-ce pas ? Je retournais vers les mecs, pas vrai ? Voilà, quoi, ça tenait toujours. Et puis des filles comme elle, aussi belles avec ce foutu truc en plus, il y en avait des tas, hein ? Il y en avait tellement qu'on n'avait qu'à se baisser pour les ramasser ! Les larmes sont revenues de plus belle et je me suis pliée en deux pour écraser mon front sur le téléphone. Putain de merde, j'ai sangloté. Le poste s'est mis à sonner dans mes oreilles. Je me suis redressée lentement. Elle ? Pour dire quoi ? Sans rancune, devenons amies ? Pas question. Mais forcément, j'ai fini par décrocher. Parce qu'on ne sait jamais. Parce qu'on ne peut jamais savoir.

« C'est quoi ton code ? » elle a demandé d'une toute petite voix.

Elle reniflait, elle avait pleuré elle aussi ? J'ai laissé aller ma tête en arrière contre le dossier du canapé. Les larmes séchaient dans mes yeux tandis que, fixant le plafond, j'écoutais sa respiration en attente de ma réponse.

« Mais qu'est-ce qu'y a ? j'ai fini par demander doucement.

— Je pense à toi tout le temps ! elle a crié, avant d'éclater en sanglots.

— Chuuuuut, j'ai murmuré, chuuut, je suis là.

— Dans une heure, elle a hoqueté, dans une heure je suis dans tes bras. »

Par la suite, je me demanderais souvent ce qui se serait passé si je n'avais rien dit. Je me demanderais aussi quand ça avait réellement commencé. Mais ça, personne ne pouvait le savoir, n'est-ce pas ? À part Guillaume, peut-être : « Je cède la place puisqu'il le faut. »

Chapitre VII

Des draps propres

1

Le temps de raccrocher, et j'ai été envahie par la plus grosse angoisse de toute ma vie. Assise au bord du canapé, mes deux mains crispées sur le téléphone, je voyais d'ici la scène : j'allais devoir aller lui ouvrir... J'allais devoir ouvrir la porte, moi qui rougissais pour un rien et qui serais fatalement *écarlate*, et il n'y avait aucun moyen d'obscurcir l'entrée. Ça allait être pitoyable. Le cœur à cent mille, à ne pas oser croiser son regard, à ne pas savoir quoi faire de mes mains, quoi faire de moi tout entière. Si seulement il avait pu y avoir quelqu'un pour ouvrir à ma place... elle m'aurait trouvée occupée à je ne sais quoi. Mes yeux se sont posés sur le magnétoscope. Si vraiment elle ne mettait qu'une heure pour arriver, il ne me restait déjà plus que cinquante minutes.

J'ai sorti l'aspirateur en catastrophe. Ma moquette grise était désespérante, les dalles de polystyrène du plafond aussi. Et ma vieille couette bleue qui ne donnait pas du tout envie. J'ai lâché l'aspirateur sans l'arrêter pour courir fouiller dans les placards du salon. Sur l'étagère où Pallas rangeait ses draps propres, il en restait un jeu de blancs. Grosse bouffée de soulagement, elle me pardonnerait. J'ai défait le lit puis je l'ai refait avec l'aspirateur qui mugissait dans le vide. Ça devait puer la clope, je suis allée pousser les volets. Peu de chance que ça s'aère vraiment avec cette chaleur, mais ce serait mieux que rien. J'ai repris l'aspirateur pour terminer de le passer de l'autre côté du lit, puis j'ai tiré sur la prise et je me suis hâtée de le rapporter au salon, laissant le placard ouvert le temps de revenir chercher mes draps sales. J'ai ramassé mes divers cendriers que j'ai portés à la cuisine, j'en ai lavé deux que je me suis dépêchée d'essuyer, puis j'ai ouvert la porte du réfrigérateur, et là j'ai eu un choc : rien à part une bouteille de Coca entamée, un reste de tarama de Pallas et un pot de confiture. Merde. Quand on est collé au lit avec quelqu'un, on a tout le temps envie de manger et de boire. Je n'avais même pas le temps d'aller emprunter de quoi faire quelques courses. Mais à qui ? C'était généralement Pallas qui tenait ce rôle-là... J'aurais voulu tout annuler, ou repousser un peu, mais elle était forcément déjà en chemin. Collées au lit... J'étais à des kilomètres de la perspective. Je savais juste que j'étais salement mal à l'aise à l'idée de me retrouver seule avec elle. Je suis allée refermer mes volets en laissant la fenêtre ouverte. Même si elle risquait de trouver la pièce trop sombre, il n'était pas question qu'on se retrouve en pleine lumière. Qu'est-ce que j'allais lui mettre comme musique ? C'est décisif, ce qui passe chez quelqu'un où on vient pour la première fois. Qu'est-ce qu'elle pouvait bien écouter en dehors de la hardhouse d'Alex ? Massive, Bjork, Air ? Peu de risques de se planter avec ça – c'était ce qu'on entendait chez tout le monde – mais vraiment pas original non plus. Le réveil était masqué par un coin de la couette rabattu dessus. Je suis allée la repousser du pied, il ne restait plus que quarante minutes.

Du placard de la salle de bains j'ai sorti tout ce qui me tombait sous la main. Et comme parfum ? Je portais le même qu'Alex et aucun de ceux de Pallas ne m'allait, trop capiteux. Je me suis lavé les cheveux, puis pendant que l'après-shampooing prenait ses trois minutes de pause, assise dans la baignoire, je me suis appliqué un masque rapide. Je me suis rasée sous les bras, puis çà et là sur les mollets, après quoi je me suis remise debout pour m'enduire les cuisses et les fesses de gommage. Il allait falloir que j'aie le temps de me maquiller, et peut-être aussi de changer mon vernis. Pourvu que les quelques robes de Pallas qui m'allaient ne soient pas toutes au pressing. La seule que je possédais avait un problème de tache je sais plus où. Pour finir je me suis vidé la moitié du gel douche dans les mains, espérant que son odeur de vanille allait rester sur ma peau un moment, et tandis que mes mains passaient sous mes seins pour les remonter et commencer à les masser, je me suis brusquement rendu compte : j'étais en train de me faire belle comme si j'attendais un mec... Ça m'a fait suspendre mes gestes, puis m'asseoir sur le rebord de la baignoire. J'avais de nouveau rendez-vous avec une *fille*. Qu'est-ce qui m'arrivait ? Je m'étais pourtant sentie tellement différente les jours derniers... Cette certitude qu'une page avait été tournée, elle avait été présente tout du long. D'abord comme une joyeuse délivrance qui n'en finissait pas de me surprendre, et puis très vite c'était devenu une évidence à laquelle je n'avais même plus eu besoin de penser tant elle avait trouvé sa place. Sauf dans les moments passés au téléphone avec Inès. Dans ces instants-là, j'étais redevenue... comme avant ? Ça m'a fait vraiment bizarre de réaliser ça, alors que je me remettais debout pour terminer de me laver. Mais plus bizarre encore était de songer que c'était une fille de dix-sept ans que j'allais voir...

Devant les placards du salon où je me tenais toute nue, dégouttant de la flotte de partout sur le parquet, je n'ai plus su quoi choisir. Je n'avais jamais porté de choses particulièrement féminines avec une fille. Une partie de moi voulait rompre avec cette habitude aberrante, et l'autre voulait instinctivement enfiler un tee-shirt et un jean. Il m'est venu à l'esprit que c'était peut-être cette nouvelle féminité, le mardi précédent, qui l'avait fait me regarder différemment. Mais comment en être sûre ? Avec des trucs « neutres », je me sentirais en rupture totale avec les jours derniers, mais en même temps, n'allais-je pas faire *dame*, en robe, devant une gamine de dix-sept ans ? J'ai sorti ma pile de tee-shirts et je me suis accroupie pour les étaler par terre. Lequel ne m'avait-elle pas déjà vu porter un tas de fois, et lequel Alex n'avait-elle pas aussi ? J'en ai essayé quatre, me relevant chaque fois pour aller me regarder dans le miroir du placard. Ça ne donnait rien sans le bas. Je suis allée chercher mon 505 dans la chambre. J'ai fouillé à la recherche d'une culotte. Pas de culotte propre. Je nageais dans celles de Pallas et je ne voulais plus mettre de caleçons. Alors quoi ? Alors rien, rien en dessous après tout... Et je resterais aussi pieds nus. Je suis revenue me pencher sur les tee-shirts. Finalement il n'y en avait qu'un seul possible : le *Liquid Sky*. Elle avait dû me voir cent fois avec et ça lui rappellerait fatalement Alex, qui avait le même en bleu marine avec le petit alien en jaune, mais le mien était beaucoup plus beau en noir sur noir. De tous les ravers passés par New York, j'étais la seule à avoir acheté ce modèle, et maintenant qu'il ne se faisait plus, tout le monde me demandait si je ne voulais pas le revendre. Je me suis sentie con de vouloir frimer avec une connerie de tee-shirt collector, mais avec Alex, la concurrence était sévère.

J'étais donc habillée, lavée, mes cheveux séchaient en bordel et c'était ce qui m'allait le mieux, ma chambre était rangée et le reste de l'appart aussi, il restait la musique. Et ce que je serais en train de faire quand elle sonnerait. C'est-à-dire dans vingt minutes. Je voyais le moment où j'allais devoir aller vomir tellement j'étais tendue. Mais une autre solution s'est profilée... et pourquoi pas ? Je suis retournée dans la salle de bains où j'ai retiré mon jean, j'ai gardé mon tee-shirt qui était assez court pour ne pas risquer d'être mouillé et j'ai de nouveau enjambé la baignoire. Il y avait bien des mecs qui se vidaient les couilles à l'avance quand ils attendaient une fille avec laquelle ils avaient peur de jouir trop vite. Bon, eh bien, en plus de retarder l'urgence de la toucher, ça allait me détendre. Le dos calé contre le bord de la baignoire, j'ai réglé la température de l'eau puis j'ai dévissé le pommeau de la douche. J'avais laissé la porte de la salle de bains ouverte. Si Pallas revenait maintenant – ce qui serait beaucoup moins dramatique que si elle débarquait un peu plus tard –, elle ne serait pas déçue du spectacle. Je prenais aussi le risque qu'Inès sonne, et pour le coup je serais vraiment écarlate. Tenant le tuyau à deux mains, un doigt coupant le jet pour en décupler la puissance, j'essayais de penser à elle. Mais trop d'images différentes venaient. Je n'arrivais à arrêter mon choix sur aucune. Mieux valait ne penser à rien, juste y arriver. L'eau éclaboussait quand même un peu le bas de mon tee-shirt que j'ai fini par prendre entre mes dents. Au bout de quelques minutes, je me suis rendu compte que j'étais en train de faire une belle connerie : les orgasmes me rendaient trop sensibles pour pouvoir ensuite remettre ça avant un bon moment. Mais ça commençait déjà à venir, je n'avais évidemment pas le courage de m'interrompre, et tandis que je tenais toujours le tee-shirt entre mes dents, mon corps s'est tendu à se rompre, mes yeux se fermant enfin sur la bouche d'Inès et le coin de sa lèvre qu'elle mordillait... Je suis restée prostrée quelques secondes à reprendre mon souffle, les yeux clos, enfin apaisée, vidée. Peut-être un peu déprimée, aussi. Puis j'ai péniblement entrepris de m'extirper de là.

Je me suis machinalement assise à l'ordinateur pour fumer une cigarette, et installée sur mon siège de bureau que je faisais tourner d'un côté puis de l'autre en prenant appui du pied par terre, j'ai compris que c'était à cette place que je me tiendrais quand elle arriverait. Tout ce qu'elle savait de moi c'était que je travaillais sur un disque, elle allait donc me trouver en train de travailler. Et pour la musique, ce serait la mienne, soit le dernier morceau sur lequel j'avais bossé. Pour l'instant il n'en était qu'à l'état de superpositions de sons, une nappe assez aérée façon house progressive comme on n'en faisait plus, avec un son acid qui s'étirait sur le même principe que le rire d'Aphex Twin. J'allais juste ajouter une rythmique temporaire, histoire que ça ne sonne pas trop plat à ses petites oreilles. J'ai allumé l'ordinateur, et pendant qu'il chauffait j'ai effectué quelques réglages sur le synthé à ma droite. C'était hasardeux de mettre ma propre musique, elle pourrait la trouver à chier. Mais si c'était le cas – si elle n'aimait ni ma chambre ni mes fringues ni l'odeur de mon gel douche ni ma musique –, est-ce qu'on aurait vraiment des choses à se dire ? C'était comme pour les disques de Nikki éparpillés au pied des platines. Pas question de les planquer. Dans la plupart des esprits, les *sixties* et les *seventies* riment avec hippie, et le rock est devenu un truc de vieux cons. Mais si elle voyait les choses comme ça, ce serait son problème. Au fond de moi, je savais que ma chambre était vraiment classe avec mon *home-studio* superpro, et moi j'étais une fille plutôt chouette, une fille de trente et un ans avec un physique largement au-dessus de ce qu'elle pouvait croiser en boîte, un chouette boulot et un vécu intéressant. Alors s'il devait y en avoir une pour se demander ce que l'autre pouvait bien lui trouver, ça ne devait pas être moi.

2

Quand le coup de sonnette a retenti, je me suis efforcée de respirer profondément, j'ai écrasé ma cigarette, j'en ai allumé une autre que j'ai déposée dans le cendrier, et j'y suis allée. Mes joues chauffaient un peu et ma main tremblait sur la poignée de la porte que j'ai ouverte lentement, la découvrant en train de fouiller dans un sac en bandoulière. Son visage était dissimulé par ses cheveux qui pendaient devant. Elle a relevé la tête le temps d'un bref coup d'œil, genre ah salut, attends je cherche un truc. Aussi mal à l'aise que moi ? Malgré la chaleur elle portait un manteau, un trois-quarts cintré en daim rouge sombre que je ne lui connaissais pas et qui avait un côté soixante-dix, ce qui m'a fait me demander si Pallas avait parlé à quelqu'un de mon petit retour en arrière. En dessous elle avait un tee-shirt en V d'un blanc aveuglant, un Carhartt gris clair et de simples Nike blanches à bandes rouges. L'ensemble n'était pas assez neuf ni assez cher pour faire partie de la panoplie qu'Alex lui avait offerte, elle avait donc opté pour des choses qu'elle avait avant... Elle a sorti un portable dont elle s'est attardée à fixer l'écran, puis elle a haussé les épaules en le rangeant, levant enfin sur moi un regard intimidé. Elle avait les yeux d'un noir profond même en pleine lumière, je n'avais jamais remarqué à quel point. Ça imprégnait son regard d'une douce tristesse qui m'a submergée de tendresse. J'aurais voulu lui ouvrir mes bras pour la serrer et lui murmurer que j'étais là maintenant. Comme je restais bêtement à constater combien elle était jolie, et jeune, et innocente, elle a fini par esquisser un sourire en jetant un œil pardessus mon épaule, l'air de dire : je reste dehors ou tu comptes me laisser entrer ? Il y avait quelque chose de désagréable dans ce sourire. Pas juste de l'amusement, une sorte de mépris distrait qui m'a glacée. Brusquement elle dégageait une liberté insoutenable. Libre de repartir dans les cinq minutes si ça lui chantait.

« Salut », j'ai fini par lâcher et j'ai tourné les talons, la laissant refermer la porte toute seule. Dans ma chambre les basses pulsaient, les sons acid se déformant à l'infini en devenant de plus en plus stridents, et en me rasseyant à l'ordinateur, je me suis retenue de monter le son au-delà du supportable. Je l'ai vue de côté qui pénétrait à son tour dans la pièce et mes yeux sont aussitôt revenus se river sur l'écran.

« Tu travailles ? elle a lancé avec désinvolture. Bon ben je vais pas te déranger trop longtemps, alors ! C'est ta musique qu'on entend ? » elle a demandé, soudain tout près derrière moi.

Le « oui » que j'ai balbutié s'est perdu tandis que je percevais le froissement du sac qu'elle passait par-dessus sa tête, puis le manteau qu'elle laissait glisser à ses pieds. Un de ses genoux a craqué alors qu'elle devait se baisser, j'ai entendu le cliquetis d'un briquet qu'elle essayait plusieurs fois, puis je l'ai sentie qui se redressait dans mon dos. Les yeux toujours rivés sur l'écran, je n'osais même pas atteindre le cendrier. J'ai vu son bras nu entrer lentement dans mon champ de vision et je me suis encore plus figée. Son sein est venu s'écraser mollement contre mon épaule, puis c'est son profil qui est apparu, tout aussi lentement, comme elle se penchait pour prendre mon briquet. Je pouvais sentir l'agréable odeur de lessive de son tee-shirt. Sa joue est restée tout près de la mienne pendant qu'elle allumait sa cigarette. Je me suis retenue de respirer, n'osant même pas tenter un regard en coin vers sa bouche. Son sein s'est décollé, et j'ai poussé un imperceptible soupir en la sentant s'éloigner, avant de laisser échapper un « merde ! » à la vue de ma cendre qui venait de tomber sur le clavier. J'ai soufflé dessus comme j'ai pu, puis j'ai hasardé un rapide regard mais elle m'ignorait royalement. Debout au pied du lit, elle avait les yeux baissés vers la télé sans le son. La cigarette au coin des lèvres, elle se tenait dans son habituelle posture bizarre avec ses paumes sur ses reins. En fait, ça avait quelque chose de charmant ce côté oiseau. Elle avait de belles épaules dans son petit tee-shirt qui pour une fois ne lui dévoilait pas le nombril. Des épaules larges, décollées, comme quand on fait pas mal de natation. Ma maigreur excessive et ma pâleur devaient lui rappeler Alex, alors qu'elle, au contraire, avait une peau légèrement hâlée avec une ossature beaucoup plus arrondie, plus enrobée, plus musclée aussi. Un corps de gamine bien portante, mais surtout très féminin avec une cambrure de dos très marquée et des fesses rebondies. Elle a fini par lever une main pour reprendre sa cigarette et elle s'est assise au bord du matelas. Je l'ai encore regardée se pencher pour rapprocher un cendrier, puis j'ai détourné les yeux en même temps que les siens revenaient sur moi.

J'ai décidé de continuer de faire semblant de travailler un moment. Je voulais qu'elle puisse me détailler à mon insu elle aussi. Je sentais d'ailleurs que son regard ne me quittait plus. La main droite sur la souris, je cliquais sur toutes sortes de réglages pour varier la texture du son. Quiconque s'y connaissait un peu aurait vu que je faisais absolument n'importe quoi. En écrasant ma cigarette, j'en ai profité pour jeter un rapide coup d'œil, et j'ai constaté qu'en fait, c'était les machines qu'elle considérait. Il y avait décidément de la tristesse dans ces yeux sombres glissant lentement sur mon matériel, inconscients des miens qui la regardaient hocher doucement la tête sur ma musique, et je me suis plu à penser que les comparaisons avec Alex avaient commencé. C'était dégueulasse de jubiler à cette idée, mais je n'y pouvais rien. Alex avait tout ce que je n'avais pas.

Notoriété, confort matériel, bagnole de sport, quotidien super-frime avec prof de gym à domicile et tout le bordel. Elle avait aussi de nombreuses occasions de la faire voyager, et la possibilité de l'entretenir si ça lui prenait de se barrer de chez ses parents. Mais ce que je lui enviais le plus malgré ce que ça avait d'odieux, c'était qu'elle refusait de se laisser bouffer par ses histoires d'amour. Pas question de foirer un boulot sous prétexte qu'elle avait le cafard, pas que ça à foutre de prendre la tête à l'autre avec des questions sans fin, et l'engueulade la plus violente était oubliée dans le quart d'heure. Ça c'était vraiment pas mon cas... Mais moi j'avais tout ce qu'Alex n'avait pas. Un vrai profil de musicienne, alors qu'Alex continuait de n'être qu'une deejay qui rêvait de sortir des disques qu'elle avait la flemme d'enregistrer, limitant ainsi toute possibilité de réussite plus vaste alors que moi je mettais tout en œuvre pour. Je gérais aussi très bien les petites choses du quotidien, à l'opposé d'Alex qui n'était pas plus foutue de s'occuper d'un ravitaillement que de passer un coup de fil administratif, allant jusqu'à toujours cohabiter avec d'autres gens pour leur filer le fric du loyer plutôt que de devoir se confronter directement à un propriétaire. Et surtout, moi j'étais beaucoup plus adulte dans les relations. Moi j'étais aussi bien capable d'entendre « je t'aime » que de le dire, mon besoin de rapport de force ne dépassant finalement pas les préliminaires. J'étais fidèle, je ne poussais pas mes petites amies à la défonce, je ne répétais pas systématiquement avec la nouvelle tout ce que j'avais fait avec la précédente, et quand il y avait un problème, je parlais. Je parlais trop, c'était indéniable, mais là où moi je me contentais de fatiguer les gens, Alex les rendait carrément malades, à fuir toute forme de communication. Tomber amoureux d'elle équivalait à se retrouver embarqué dans une spirale de rapports de force où la frustration et la jalousie faisaient perdre toute dignité. Aussi, à côté d'elle, moi je faisais l'effet d'une putain de fontaine d'eau fraîche en plein désert. « Une oasis beaucoup plus... » Mes yeux sont revenus se river sur l'écran de l'ordinateur alors qu'elle se relevait.

Elle est tranquillement venue écraser sa cigarette dans mon cendrier, ignorant celui qui se trouvait près du lit. J'ai senti sa main se poser délicatement sur mon épaule et je me suis à nouveau figée, retenant ma respiration. La main a exercé une légère pression, puis comme je ne réagissais pas elle s'est retirée et j'en ai profité pour me tourner vers les machines. La main s'est de nouveau posée, mais cette fois je l'ai ignorée en tendant le bras de côté pour attraper mes cigarettes près de l'ordinateur. La main s'est de nouveau rétractée, et j'ai vu son profil se pencher pour souffler sur la flamme du briquet. J'ai eu un regard de côté l'air de dire : t'as quel âge ? Alors que j'effectuais toutes sortes de réglages imaginaires sur la table de mixage, la main est revenue, un peu plus fermement. J'ai senti sa paume qui glissait sur ma nuque, puis ses doigts écartés qui remontaient dans mes cheveux qu'elle a empoignés doucement. Je l'ai laissée m'incliner la tête en arrière, j'ai regardé sa bouche s'entrouvrir à mesure qu'elle se penchait sur moi, puis au dernier moment je me suis gentiment dégagée. Ses bras sont alors venus se refermer autour de ma gorge et sa joue a effleuré la mienne, brûlante, me faisant fermer les yeux. J'ai senti qu'elle ôtait ma cigarette d'entre mes doigts. Elle ne faisait rien d'autre que caresser ma joue de la sienne, mais les yeux toujours clos, j'avais la sensation de tomber tant le vertige était puissant, et à cet instant j'ai su que non seulement je ne pourrais jamais plus oublier ce qu'elle me faisait, mais que si elle ne quittait pas Alex dans l'heure, j'allais entrer dans la phase la plus cauchemardesque de toute ma vie. Ça m'a fait brusquement attraper ses poignets pour les rejeter de côté. J'ai ensuite pivoté sur mon siège pour lui faire face. Sa bouche s'était ouverte grande sous le choc. J'ai croisé les bras.

« J'suis désolée, j'ai fait avec ironie en la dévisageant des pieds à la tête, mais en fait tu me plais pas du tout », et je me suis retournée vers les machines, me penchant pour fouiller dans un carton sous la table à tréteaux.

Je savais ce qui était en train de se passer derrière moi, mais j'ai pris mon temps pour me redresser. Quand je me suis enfin redressée, elle avait déjà mis son manteau avec son sac en bandoulière et elle traversait la pièce. Je l'ai regardée passer la porte de ma chambre, puis s'approcher de celle de l'entrée. Je l'ai rattrapée alors qu'elle l'ouvrait, je l'ai saisie par l'épaule, repoussant la porte de l'autre main. Elle s'est retournée lentement, je l'ai lâchée, elle a relevé les yeux sur moi, et ce que j'ai vu m'a fait reculer jusqu'au mur derrière moi.

Jamais je n'avais été témoin d'autant de souffrance dans un regard. D'autant de désespoir. Un puits sans fond dans tout ce noir brouillé de larmes. Sa bouche restait entrouverte, implorante. J'aurais voulu pouvoir parler, lui dire que ce n'était plus qu'une question de secondes, que j'allais venir vers elle. Mais j'étais incapable d'émettre un son. J'étais bouleversée par cette douleur liée à moi et qu'elle me laissait voir. Qu'elle acceptait de me laisser voir. Était-elle déjà proche au point de savoir combien j'en avais besoin ? Je savais comment ça s'appelait, je savais ce que ça faisait à l'autre, mais je ne savais pas fonctionner autrement. Il n'y avait que lorsqu'on me laissait approcher si loin, que je pouvais ensuite m'apaiser et commencer à être dans l'échange. J'avais besoin de voir l'autre accepter sa dépendance, besoin de lui faire du mal avant de pouvoir lui faire du bien. Elle a fait un pas en avant mais mes mains se sont levées pour faire signe que non. Ses bras sont retombés en geste d'impuissance. Les larmes débordaient maintenant de ses yeux rivés aux miens. Il fallait qu'elle comprenne que ça avait un sens d'attendre encore. Ce qu'on allait ressentir, en se serrant, en s'embrassant pour la première fois, on ne le retrouverait jamais plus par la suite. Ce serait cette fois-ci, et l'instant d'après ce serait déjà autre chose. La magie de la seconde étreinte était toujours fatalement moins stupéfiante que celle de la première. Je haïssais cette logique imparable. Je haïssais aussi le temps, et toutes ces choses qui faisaient que malgré tous les efforts pour maintenir l'état amoureux, on n'était alors plus jamais dans un instant de vérité, mais dans une quête. Je haïssais surtout cette angoisse qui voulait que chaque chose qui commençait amenait à penser à sa fin.

« J'vais mourir si tu me touches pas », elle a fini par murmurer en reniflant, essuyant du revers de la main son nez qui coulait.

J'ai attendu encore un instant, savourant la fièvre indicible qui montait en moi, puis j'ai écarté doucement mes bras et les siens sont aussitôt venus se glisser entre. Son corps qui s'est collé contre le mien s'est emboîté à la perfection, ses épaules s'encastrant juste en dessous des miennes, son front se calant juste dans le creux sous ma pommette. La bouffée de gratitude qui m'a envahie m'a fait perdre l'équilibre, nous déportant légèrement de côté. Ses bras ont enserré ma taille plus fort alors que les miens se refermaient autour de son cou. « Plus jamais, elle a murmuré, caressant ma joue de ses yeux mouillés, plus jamais tu restes comme ça loin de moi. » Adossée au mur, j'avais les yeux qui se révulsaient sous les vagues de chaleur successives qui venaient se répandre dans le bas de mon ventre. J'étais chavirée par son odeur, une odeur aussi douce et aussi émouvante que la peau des bébés. Elle a relevé la tête, ses lèvres ont commencé à remuer mais j'ai aussitôt plaqué ma main sur sa bouche. Elle ne pouvait pas dire ça dès maintenant. Elle devait se retenir. Le plus longtemps possible. Jusqu'à ce qu'elle suffoque trop de garder ces deux mots pour elle. Et alors là, et seulement à ce moment-là, elle pourrait les laisser échapper, elle pourrait les hurler, même, si elle voulait. À son regard résigné j'ai vu qu'elle comprenait, et mes yeux lui ont répondu que ce serait tout aussi éprouvant pour moi que pour elle. Sans lâcher ma taille, elle a incliné son front contre ma tempe et on est lentement revenues vers ma chambre. Je l'ai aidée à repasser le sac par-dessus sa tête, puis à retirer son manteau. Je l'ai fait asseoir au bord du lit, je me suis accroupie pour l'aider à retirer ses baskets, puis j'ai rampé sur le matelas pour aller m'installer dans le fond, je me suis allongée sur le dos, j'ai ouvert mon bras droit et elle est venue contre moi.

Étendue de côté, presque à plat ventre, elle avait la joue nichée dans le creux de mon épaule. Un de ses bras était en travers de ma poitrine, l'autre sous elle et son genou était replié sur le haut de ma cuisse. Moi j'avais la joue contre ses cheveux et mes deux bras autour d'elle, mes mains se rejoignant sur son épaule. On restait comme ça sans bouger. On avait besoin de souffler un peu. Mon cœur battait lourdement et je pouvais sentir le sien contre mon sein. Elle avait les yeux fermés, et moi je regardais un vague clip de new jack sans le voir, avec ma musique qui continuait faiblement en fond. Les draps blancs de Pallas sentaient bon la lessive. Je songeais que si elle débarquait, je n'aurais même pas un mouvement de panique, je resterais comme ça avec mes deux bras autour d'Inès. On était déjà tellement barrées que plus personne n'y pouvait rien... Voilà, j'étais de nouveau amoureuse d'une fille. C'était la première depuis Alex. Sauf que cette fois, ça y était. Je venais de trouver l'absolu. Quelqu'un d'exactement comme moi. Qui n'allait plus avoir besoin de rien d'autre que de se voir dans mes yeux. Je n'avais jamais pensé que c'était une fille beaucoup plus jeune qu'il me fallait, mais en fait c'était ça. Son âge la rendait vierge de tout. Alex avait dû elle aussi arriver à cette conclusion... Ce dont elle m'emplissait allait me faire faire un disque incroyable. Ouais, un putain de disque qui rapporterait un paquet de fric, et alors à nous le reste du monde... J'ai doucement remué mon épaule qui s'ankylosait. Elle a relevé la tête, pensant que je voulais retirer mon bras, puis elle l'a reposée. Son regard aperçu trois secondes était définitivement parti. Elle aurait été complètement défoncée, ça aurait été pareil. Moi aussi je me sentais comme si j'étais raide. Ses doigts se sont mis à triturer le bord de la manche de mon tee-shirt, s'enroulant dedans, caressant ma peau en même temps. Son poignet allait et venait imperceptiblement sur mon sein et j'ai laissé échapper un soupir en bombant la poitrine. Sa main est aussitôt descendue attraper le bas de mon tee-shirt pour le remonter, et au contact de sa bouche qui se refermait sur mon sein, j'ai laissé échapper un gémissement tant la vague qui m'a tordu le ventre était foudroyante. Son corps est passé sur le mien, ses genoux se frayant un passage entre mes cuisses, et j'ai laissé échapper un autre gémissement en sentant son bassin venir appuyer contre moi. Ses mains sont remontées prendre mon visage tandis que sa bouche s'approchait. « Attends » j'ai murmuré en essayant de sourire, probablement sans y parvenir. Ses lèvres sont allées se refermer sur le lobe de mon oreille, puis sa langue s'est coulée dedans en expirant bruyamment et je lui ai fait la même chose, lui arrachant à son tour un puissant gémissement. Sa bouche grande ouverte haletait, ses yeux se fermaient tout seuls, presque blancs. Nos joues glissaient maintenant dans la salive, nos bouches se rapprochant pour chaque fois mieux se détourner. La rencontre avec la sienne. J'allais mourir. J'avais le cerveau complètement asphyxié, la sensation que les yeux me sortaient de la tête. « Je peux plus » elle a fini par lâcher d'une voix rauque. « D'accord » j'ai murmuré en essayant à nouveau de sourire. J'ai brièvement passé ma langue sur mes lèvres et j'ai fermé les yeux, priant pour que si mon cœur explosait, le sien fasse de même pour qu'elle ne reste pas derrière. Je pouvais sentir son souffle saccadé sous mon nez, ses lèvres étaient à peine à quelques millimètres et intérieurement je n'en finissais pas de la remercier de nous laisser encore quelques secondes de répit. Puis sa bouche s'est mollement écrasée sur la mienne, et là j'ai perdu pied.

C'était comme si le lit cédait sous moi. Mes bras avaient beau être soudés autour de son cou, je tombais dans le vide. Sa langue est venue s'enrouler autour de la mienne et le contact du piercing a achevé de me rendre dingue. On était en train de m'injecter de l'air dans le cerveau. La pression me compressait les tempes, la gorge, mon cœur jaillissait de ma cage thoracique, et entre mes cuisses, tout se liquéfiait. Je savais même pas qu'elle était percée là. J'avais déjà embrassé des tas de filles avec des piercings à la langue, mais aucune n'avait su s'en servir, toutes restaient timides avec, prudentes, alors qu'elle, elle laissait ma langue passer sous la petite boule, mes lèvres l'aspirer, mes dents se refermer autour. Elle a commencé à défaire les boutons de mon jean. « Attends, j'ai haleté, pas tout de suite. – J'peux pas, j'peux plus, j'peux plus attendre pour rien. » J'aurais voulu pouvoir lui dire qu'à cause de ce que j'avais fait dans la douche ça allait prendre des heures. Elle allait croire qu'elle était nulle, j'allais devoir faire semblant pour ne pas lui faire de peine et je voulais pas faire ça, pas avec elle. « Attends » j'ai encore dit, mais mon jean glissait jusqu'à mes chevilles qu'elle soulevait l'une après l'autre pour le retirer complètement. Ses doigts sont venus s'immiscer entre mes cuisses, me faisant pousser un lourd soupir tandis qu'elle souriait en constatant à quel point j'étais trempée. Son corps est remonté sur moi et sa bouche est revenue se nourrir de la mienne. J'ai songé que si Alex ou n'importe qui d'autre débarquait maintenant et nous flinguait d'un coup de fusil, jamais plus on ne serait séparées. Elle a relevé la tête, « Si on mourait, là, tout de suite, rien ne pourrait plus jamais nous séparer ». J'ai écarquillé les yeux de stupéfaction alors que sa bouche revenait se calquer sur la mienne. Elle se déhanchait comme elle pouvait pour déboutonner son pantalon et le faire descendre. J'ai eu envie de pleurer quand j'ai compris ce qu'elle était sur le point de faire. Ça c'était pas possible. Je pouvais pas jouir de cette façon-là. Jamais. Ça marchait pas sur moi ce truc-là. Ça marchait sur personne bon sang ! J'ai décalé ma bouche pour parler mais aucun son n'est sorti. J'allais vraiment devoir faire semblant, et à cette certitude mes yeux se sont emplis de larmes, roulant partout à la recherche de quelque chose à quoi me raccrocher. J'ai senti ses poils drus venir s'écraser contre les miens coupés à ras, et elle a commencé à bouger doucement, une sorte de rotation de côté, lente mais soutenue. Son pantalon était juste baissé en dessous de ses fesses et elle avait les jambes serrées entre les miennes. À moins qu'elle ait le clitoris super haut, je ne voyais pas du tout comment ça allait fonctionner pour elle. « Pourquoi comme ça ? » j'ai fini par articuler. « C'est le moyen le plus rapide, elle a haleté, y faut d'abord qu'on se soulage un peu, on peut pas rester dans cet état. » En l'espace de quelques secondes, elle n'avait plus aucun contrôle sur sa respiration, elle suffoquait près de mon oreille. Pas exclusivement vaginale, non... Ses deux mains trituraient les bouts de mes seins, les pinçant en les tournant dans un sens puis dans l'autre, exactement comme j'avais appris à Alex à me le faire. Ça commençait à monter pour moi, ça montait très vite avec la douleur qui augmentait de plus en plus au bout de mes seins. J'ai écarté mes jambes au maximum en repliant mes genoux et mes mains sont descendues empoigner ses fesses, lui arrachant un râle. Elle était complètement inondée. Sa bouche a englouti mon oreille quand mon majeur s'est introduit lentement derrière. J'avais le doigt dans le cul d'une gamine de dix-sept ans. J'avais le doigt dans le cul d'une gamine qui était complètement folle de moi et qui gémissait comme une dingue. J'ai juste eu le temps de chercher sa bouche pour y enfoncer ma langue qu'elle a aussitôt aspiré de toutes ses forces, et j'ai joui brutalement en hoquetant. Sans s'arrêter de bouger, elle a lâché mes seins pour se redresser légèrement en s'aidant de ses coudes, et ses lèvres ont remué, muettes. Je ne l'avais pas entendu, mais je venais de voir sa bouche le dire. Même si je m'attendais à ce que ça arrive, ça m'a fait un choc incroyable. Comme si elle venait de plonger son poing dans ma poitrine pour en retirer mon cœur. Une sensation de chaleur intense, accompagnée d'un vide gigantesque. Toute l'immensité de la vie brusquement concentrée là. Les yeux écarquillés, j'ai serré les mâchoires pour ne pas grimacer sous le frottement qui continuait contre mon entrejambe devenu intolérablement sensible. Mes mains sont revenues empoigner ses fesses, mon index s'enfonçant de nouveau en même temps que ses mains à elle sont venues écarter ses fesses plus encore. Ses épaules se sont alors décollées vers l'arrière, ses seins jaillissant sous mon nez malgré l'épaisseur du tee-shirt. La tête rejetée au maximum, elle m'offrait sa gorge aux tendons saillants. Une de mes mains est remontée attraper sa nuque pour faire revenir sa bouche vers moi.

« J'veux que tu me regardes » elle a haleté, « plus tard » j'ai sifflé en empoignant ses cheveux que j'ai tirés. Elle a résisté, j'ai pris une meilleure prise pour tirer plus fort, aussi fort que je pouvais, et une lueur de pure absence est venue envahir son regard alors que la douleur devait lui vriller le crâne. Sans lâcher prise, de l'autre main je suis revenue lui enfoncer un doigt, puis un deuxième. « PUTAIN JE T'AIME » elle a crié en saisissant mon visage à deux mains, plantant ses ongles derrière mes oreilles, et sa langue s'est introduite jusque dans ma gorge en même temps qu'elle laissait échapper un hurlement magnifique.

Elle est restée affaissée sur moi un moment. Les bras autour de son cou, je caressais doucement sa nuque. Est-ce qu'elle avait été comme ça avec Alex, dès la première fois ? Elle a fini par relever la tête. Elle était complètement défaite. Les yeux explosés, vitreux. Elle serait carrément sublime si elle prenait de l'héro... Ses lèvres étaient toutes gonflées, ses joues marquées par des sillons de larmes séchées. Elle avait toujours son adorable frimousse de gamine, mais autre chose se peignait maintenant sur son visage. Quelque chose d'à la fois infiniment sexuel, humide, bestial, même, presque, et en même temps de très calme. Une opulence de femme qui venait de se faire baiser. Il y avait toujours comme une ombre de tristesse dans son regard si noir, mais il y brillait désormais ce qui l'habitait et qui transpirait par tous les pores de son corps. Ce qu'elle ressentait pour moi. Elle s'est mise à caresser mes lèvres du bout de son doigt.

« Je t'aime, elle a murmuré. Je t'aime. J'la quitte demain.

— Pas demain », j'ai répondu bêtement.

Le surlendemain, Alex allait être hospitalisée la journée pour se faire enlever un kyste aux ovaires qui la faisait complètement flipper.

« Laisse passer l'hôpital, j'ai ajouté.

— Ah ouais... c'est vrai », elle a soupiré.

Elle est restée à regarder dans le vide.

« J'arrive même plus à me rappeler les traits de son visage. »

Des mèches étaient collées sur son front brûlant de sueur. Je les ai écartées délicatement, puis j'ai tendu le cou pour embrasser le bout de son nez.

« Je sais que j'ai que dix-sept ans, elle a repris en se remettant à caresser mes lèvres du bout de son doigt. Mais je veux rester avec toi. Longtemps. Des années. Toute la vie, même, peut-être. »

Elle s'est tue pour lécher une goutte de sueur sur ma tempe.

« Quelque chose est à sa place, elle a murmuré. Quelque chose est à sa place en dedans, je le sens. »

3

« Il faut que je te quitte au moins trois minutes, j'ai dit en riant.

– Ah ouais ? » elle a fait en riant aussi, et elle s'est mise à appuyer sur mon ventre.

Alex me faisait ça tout le temps. Quand on se retient un moment, après, en exerçant une pression régulière, la sensation devient proche du plaisir. Je pouvais tenir des heures comme ça, mais c'est le genre de chose à faire quand on est seule, pas quand on a de quoi prendre son pied pour de bon. J'ai continué de la laisser faire un moment, savourant son sourire qui s'élargissait à chaque fois que je grimaçais, puis j'ai gentiment repoussé sa main pour me lever. Elle s'est dressée en même temps que moi et on a dû s'appuyer au mur, on avait toutes les deux la tête qui tournait. C'est là que j'ai vu son tatouage, en dessous de son nombril percé. « Alex » y était écrit en rouge sang ombré de noir. Mêmes couleurs, même taille et même endroit, il n'y avait que le lettrage qui différait, arrondi et penché comme un tag. Elle a baissé les yeux sur mon « Alex » et elle a souri, mais moi je ne souriais pas du tout. Alex devait avoir son nom quelque part, je n'imaginais juste pas à quel endroit vu que je n'avais rien remarqué quand elle était venue...

« C'est rien, a murmuré Inès, ça se recouvre. »

Ouais ben je sais pas avec quoi vu la taille. Elle m'a accompagnée aux toilettes. Elle est entrée et j'ai souri en songeant qu'elle en était déjà à me suivre partout, ce truc de jalousie qu'on se met à ressentir à l'égard de l'intimité de l'autre. Mais en la voyant s'asseoir à califourchon sur moi, j'ai compris qu'il ne s'agissait pas que de ça. Comment avais-je d'ailleurs pu ne pas le voir venir. Qu'est-ce que je croyais qu'elle avait fabriqué avec Alex pendant six mois ? Elle allait glisser sa main, comme Alex, et c'est exactement ce qu'elle a fait. Sauf qu'au lieu de se tortiller, comme Alex, à la recherche de l'angle depuis lequel ses yeux pourraient le mieux voir, son regard est venu se river au mien. Elle attendait, la main collée, contrairement à celle d'Alex qui restait toujours un peu en dessous pour recueillir ça dans sa paume. Je l'avais fait trop souvent pour éprouver le moindre blocage, mais je l'imaginais en train de le faire avec Alex et c'était désagréable. Mais bon, il fallait vraiment que je fasse pipi, alors j'ai fini par me relâcher en soutenant son regard qui ne se détournait pas, me demandant quand même si elle faisait ça par simple bravade du tabou ou si elle saisissait le sens de ce genre de geste. C'est vrai quoi, elle était jeune, et ce truc-là était avant tout *mental*. Une affaire de soumission pour celle qui se laissait aller, une affaire de domination pour celle qui l'y poussait. Mais c'était pas non plus un jeu de pouvoir. Plutôt un acte de confiance. Comme d'être capable de laisser l'autre s'approcher dans votre dos avec un couteau, sans chercher à d'abord avoir la certitude qu'il ne se passerait rien. C'était surtout un pas de plus dans le partage de l'intimité de l'autre. J'ai fait mine de me tourner pour attraper le PQ mais je savais qu'elle allait m'arrêter, et c'est évidemment ce qu'elle a fait, comme Alex, en saisissant mon poignet de sa main sèche. Mais là, elle a fait une chose qu'Alex n'avait jamais faite, du moins pas avec moi : elle a sucé les doigts de son autre main les uns après les autres... Elle s'est relevée, je me suis relevée à mon tour, j'ai attendu et ça n'a pas raté, elle m'a gentiment poussée contre le mur en s'agenouillant devant moi. Elle a fait mine de mordre ma peau là où se trouvait le prénom d'Alex. Mes mains sont descendues caresser ses cheveux tandis que sa langue commençait à lécher tout doucement les contours de mon sexe, prenant soin de ne pas effleurer mon clitoris toujours sensible. Ça allait être quelque chose quand elle me le ferait vraiment... Elle s'est redressée, a passé ses bras autour de mon cou, a désigné ma bouche du menton, j'ai hoché la tête et ses lèvres humides sont venues se calquer doucement, le piercing de sa langue s'écrasant sur la mienne. Ça n'avait pas de goût. Il n'y a que les gens qui ne l'ont jamais fait qui l'ignorent. Elle a reculé doucement la tête pour plonger dans mes yeux :

« Je veux faire avec toi tout ce que j'ai pas fait avec Alex.

— Genre ça c'était une première ! je me suis exclamée.

— C'était elle qui me le faisait. Moi j'ai jamais voulu.

— Et pourquoi ça ? j'ai demandé, ironique, n'y croyant pas une seule seconde.

— Je sais pas, elle a répondu en regardant ma bouche. Peut-être que j'étais pas prête ? »

On est ressorties bras dessus, bras dessous, s'arrêtant çà et là contre les murs du couloir pour s'embrasser. Elle m'a entraînée vers la chambre de Pallas et on s'est immobilisées sur le seuil. Ça m'a de nouveau fait bizarre de constater que rien n'avait bougé depuis la veille au matin.

« Ça te dit ? elle a demandé.

— Bof. Je peux pas dire que ça m'excite particulièrement de baiser dans le lit de Pallas.

— Ouais, moi non plus. »

On s'est arrêtées sur le seuil du salon où elle a considéré le canapé, puis le parquet.

« Et là ? elle a demandé.

— Bof, j'ai fait de nouveau, on l'a fait tellement de fois avec Pallas.

— Ah ouais ? Ben ça tu vas arrêter sinon tu vas le regretter. Et ce mec, là, avec son skate, t'as intérêt à laisser tomber aussi.

— Et toi tu laisses tomber quoi ? j'ai demandé en riant.

— Moi ? » elle a fait d'une voix soudain lointaine.

Mais j'ai posé ma main sur sa bouche. J'avais pas besoin qu'elle réponde, je savais à quoi elle renonçait. Elle m'a tirée vers la salle de bains, y a jeté un œil puis a fait non de la tête, me tirant enfin vers la cuisine. Elle m'a fait asseoir dans le canapé en plastique puis elle s'est approchée de la fenêtre. J'ignorais qui pouvait voir quoi depuis les autres façades, mais quoi qu'on soit sur le point de faire, ils allaient aller chercher le pop corn. Elle est revenue vers moi et m'a empoigné les cheveux pour m'écraser le visage contre son tatouage. Moi je l'ai mordue pour de bon et elle a aussitôt tiré mes cheveux pour se dégager. Ma bouche est alors venue se calquer sur son nombril et ma langue s'y est introduite en poussant la boule du piercing. Elle a eu un mouvement de recul qui m'a fait relever les yeux, et dans les siens j'ai vu une lueur de malaise. Ouais, OK, ça lui rappelait Alex qui avait aussi un truc avec les nombrils, mais pourquoi n'y aurait-il qu'elle qui aurait le droit de faire des choses qui rappelaient Alex ? C'était elle qui avait commencé, non ? Je ne voyais pas comment je pourrais ne pas faire les mêmes choses qu'Alex. Tout ce qu'Alex faisait, c'était moi qui le lui avais appris. Elle n'avait que sa perversité mentale quand je l'avais rencontrée, pour ce qui était de l'action physique elle était gravement feignante et même pas particulièrement douée. J'ai considéré la masse de poils noirs de son sexe. Pour les avoir si longs, elle n'avait pas dû coucher avec Alex depuis un moment, Alex était maintenant trop habituée aux sexes rasés pour apprécier ça. « J'suis désolée, elle a dit doucement, j'ai pas eu le temps. » Je l'ai prise par les hanches pour rapprocher ma bouche mais elle s'est doucement retournée vers le plan de travail. Ses mains ont pris appui sur le rebord tandis qu'elle se penchait jusqu'à ce que ses épaules touchent la céramique, elle a éloigné ses pieds l'un de l'autre pour écarter ses jambes et ses deux mains sont venues ouvrir ses fesses sous mon nez. J'avais regardé Alex faire ça des dizaines de fois, mais là ça m'a coupé le souffle. Cet anneau sombre qui semblait respirer imperceptiblement... Je suis restée à le fixer, songeant de nouveau que c'était celui d'une gamine de dix-sept ans, d'une gamine qui était folle de moi et qui attendait que ma langue s'y enfonce. Pour une fois, l'étroitesse de cette cuisine allait être utile et le canapé aussi, j'allais rester confortablement assise. Mes mains sont venues remplacer les siennes et j'ai plongé. D'abord un lent et long coup de langue qui lui a arraché un râle, puis un autre, et encore un autre, puis j'ai durci ma langue et je l'ai enfoncée toute droite. Sa main est venue buter contre mon menton pour commencer à se toucher. Ma langue fatiguait déjà mais je continuais. Sa main libre est venue se poser sur ma nuque pour m'appuyer encore plus la bouche dedans. Ses jambes fléchissaient et elle a lâché ma tête pour revenir prendre appui contre le mur. Je me suis alors reculée pour la regarder faire. Elle s'est aussitôt retournée et a grimpé sur moi à califourchon, s'asseyant juste sur ma gorge. Elle a caressé doucement son tatouage, plissant la peau entre son pouce et l'index, comme si elle branlait doucement une bite minuscule, puis elle s'est remise à se toucher, à même pas dix centimètres de mes yeux. Les doigts écartés de sa main gauche maintenaient son clitoris remonté, tandis que du majeur de l'autre, elle décrivait de rapides petits cercles dessus. J'ai tendu le cou pour approcher ma bouche mais son genou s'est enfoncé dans ma gorge.

« Ah ouais ? Tu veux jouer à ça ? » j'ai lâché et je l'ai attrapée par les bras pour la faire basculer dans le canapé, venant m'asseoir sur sa poitrine avec mes genoux qui ont immobilisé ses épaules. J'ai baissé les yeux sur mon entrejambe en laissant couler un filet de salive, puis j'ai commencé à me toucher exactement comme elle, avec les doigts qui écartaient bien tout pour qu'elle ne rate rien. Son cou a aussitôt commencé à se tendre pour essayer de m'atteindre, mais elle était trop loin. Elle m'avait collé sa saloperie de tatouage sous le nez, maintenant elle allait se bouffer le mien. Je suis allée chercher sa langue que j'ai maintenue sortie en la tenant par le piercing, j'ai laissé couler de la salive dessus, et je me suis penchée en avant pour la forcer à lécher le prénom d'Alex. Elle l'a fait à contrecœur, les yeux fermés comme si elle ne voulait pas voir. J'ai alors décalé un de mes genoux pour l'appuyer contre sa pomme d'Adam.

« Et ça ? j'ai demandé froidement, tu l'as jamais fait non plus ?

— Quoi ? elle a hoqueté.

— Ça », j'ai répété en enfonçant plus encore mon genou.

Les yeux brusquement remplis d'angoisse, elle a lentement secoué la tête pour faire signe que non. Elle voulait jouer à me rappeler Alex ? Eh bien elle allait être servie. Sauf que ça, c'était un truc qu'Alex essayait de faire sans y parvenir correctement. Alors pour une première, ça allait en être une. Ma main droite est partie derrière entre ses jambes, l'autre est revenue entre les miennes et j'ai commencé à me concentrer sur la pression de mon genou contre sa gorge. Cette chose-là devait se faire au millimètre près. Il fallait que l'oxygène de son cerveau se raréfie, sans pour autant qu'elle vienne à en manquer de trop. Il fallait aussi que ça monte graduellement, que ça suive la courbe du plaisir. Une trop forte pression trop tôt et c'était foutu, tout retombait aussitôt pour n'être plus qu'intolérable. Ma main gauche a fini par aller remplacer mon genou pour plus de précision. Je pouvais sentir chaque fois qu'elle avait besoin d'avaler sa salive. Ses yeux verrouillés sur les miens reflétaient de nouveau l'absence qui les avait brièvement habités, un peu plus tôt, quand j'avais tiré fort sur ses cheveux. Elle n'était plus là, je le savais pour l'avoir ressenti un tas de fois, et maintenant il s'agissait de la faire jouir le plus vite possible, pour que ça ne risque pas de passer un seuil ingérable. J'ai vérifié qu'en descendant, je continuerais quand même d'avoir une bonne prise sur sa gorge, et ma langue est allée remplacer mon doigt entre ses cuisses. Elle respirait maintenant difficilement, laissant échapper un râle rauque et régulier, comme en proie à une crise d'asthme. Ses bras libérés de mes genoux ne cherchaient pas à bouger, seul son torse se soulevait par petits spasmes. Son clitoris gorgé de sang était aussi gros qu'un ongle, prêt à exploser. Au lieu de le lécher doucement, je le faisais en appuyant aussi fort que je pouvais afin de compenser l'intensité de ce qui se passait au-dessus. Sous ma main, sa pomme d'Adam commençait à monter et descendre à toute vitesse. J'aurais voulu relever les yeux pour la regarder, mais c'était maintenant que ça se jouait et je ne pouvais pas lui faire ça. Alors j'ai continué, mon bras appuyant de tout son poids sur sa poitrine pour l'empêcher de se soulever trop. J'ai senti sa gorge doubler de volume, puis son bassin s'est dressé avec violence contre ma mâchoire tandis qu'un cri d'agonie s'élevait dans le silence. Je suis aussitôt remontée sur elle, prenant son visage entre mes mains pour l'embrasser.

« Oh putain, elle a hoqueté dans ma bouche, oh putain, oh putain c'était bon ! Putain je veux apprendre à faire ça ! »

J'ai souri en la serrant contre moi, puis j'ai souri encore plus.

4

J'ai ouvert les yeux, à plat ventre, et j'ai vu son corps nu m'enjamber et disparaître dans le couloir. J'ai tourné la tête de l'autre côté pour chercher le réveil et mes yeux se sont posés sur une tache de sang. Une tache assez large en dessous de l'oreiller. Je me suis assise, sur le point de l'appeler pour demander si ça allait, puis je me suis ravisée. Fallait pas que je commence à la materner. Vu son âge, ça risquerait de la gonfler, et moi je savais où ça me menait. Après je pouvais plus m'arrêter, suffisait de voir avec Alex... J'ai allumé une cigarette, j'ai tassé un oreiller pour m'asseoir et j'ai remonté la couette sur ma poitrine. Le réveil indiquait midi. Elle est réapparue avec les cheveux mouillés, les longues mèches de sa raie au milieu ramenées derrière ses oreilles. J'ai vu tout de suite que quelque chose n'allait pas, son regard évitait le mien. Elle a ramassé son tee-shirt qu'elle a enfilé, ainsi que sa culotte, elle a allumé une cigarette qu'elle a déposée dans le cendrier puis elle s'est assise pour mettre son pantalon. Elle a enfilé un pied avant de s'interrompre pour regarder autour d'elle, semblant chercher un truc.

« T'as saigné du nez ? j'ai fini par demander doucement.

— Ouais », elle a murmuré d'un air perdu, continuant de parcourir la pièce des yeux.

Elle devait chercher ses chaussettes. Je pouvais les voir, en boule de l'autre côté de la télé, mais je n'ai rien dit.

« Et ça t'arrive souvent ? j'ai continué tout aussi doucement.

— Jamais », elle a murmuré, l'air toujours aussi perdue.

Elle a repris sa cigarette.

« Eh, j'ai demandé encore plus doucement, qu'est-ce qui se passe ? »

Elle n'a pas répondu. J'ai écrasé ma cigarette. Je n'osais pas faire un geste vers elle.

« Qu'est-ce qui se passe ?

— Y se passe que c'est un signe, elle a murmuré en baissant les yeux. C'est un signe que je devrais pas être ici. Je saigne jamais du nez.

— Quoi ? Mais qu'est-ce que tu racontes ? Viens là. Viens là », j'ai répété en ouvrant mes bras.

Elle n'a pas bougé. Je me suis radossée lentement au mur.

« Mais qu'est-ce qu'y a ? j'ai encore demandé.

— Y a que je sais plus. Je sais plus si je dois la quitter. D'un coup je sais plus rien.

— Eh, j'ai fait en avançant la main pour dégager une de ses mèches qui lui retombaient dans les yeux. Personne te demande de te décider tout de suite. »

Elle a relevé les yeux sur moi, les plissant légèrement, visiblement sceptique, comme si elle se demandait si j'étais sérieuse ou pas. Ça semblait presque la décevoir que je puisse l'être, et là j'ai compris. Saloperie de scorpion de merde.

« Je vois, j'ai lâché avec indifférence. Bon ben à un de ces jours. »

Elle a détourné les yeux. Putain elle pensait ce qu'elle venait de dire... J'ai attrapé mon tee-shirt.

« OK, j'ai annoncé en l'enfilant, je vais prendre une douche et quand je reviens t'as dégagé », et je me suis levée.

Sa main est aussitôt venue prendre la mienne. Elle gardait les yeux baissés, ses cheveux retombant devant.

« Quoi encore ? » j'ai demandé, glaciale.

La main a exercé une légère pression.

« Quoi ? j'ai redemandé en l'envoyant balader. Tu veux en rester là ? Pas de problème. Pas que ça à foutre. »

Sa main est revenue prendre la mienne, serrant cette fois fort mes phalanges. Je l'ai lâchée pour me rasseoir à côté d'elle. J'ai replié mes genoux, j'ai posé mes coudes dessus et je me suis passé les mains sur le visage.

« Bon, écoute, j'ai soupiré. Si tu crois que c'est mieux pour toi de rester avec elle, si t'as qu'une envie c'est te barrer d'ici, alors vas-y. Mais si t'es pas sûre de ça, ferme-la tout de suite sinon on va se faire mal.

— T'as raison, elle a murmuré, j'suis désolée. »

Putain de soulagement... Elle a écrasé sa cigarette et ses bras sont venus enserrer ma taille tandis qu'elle inclinait sa tête de côté contre la mienne.

« Qu'est-ce tu me fais, là ? j'ai demandé en passant un bras autour de ses épaules. Faut pas qu'on commence comme ça. Toi et moi, on est deux sales petites bêtes superdouées pour ça. Alors faut pas se laisser aller à jouer à ça, sinon ça va être l'horreur.

— Je sais », elle a répondu en relevant la tête pour m'embrasser au coin de la bouche.

Elle s'est penchée pour rapprocher son sac. Elle a fouillé dedans et en a sorti un petit bout de papier blanc. À mesure qu'elle le dépliait, j'ai senti une pure horreur m'envahir. J'ai poussé un imperceptible soupir en constatant que ce n'était que de la coke. Mais tout de même... Qu'est-ce qu'elle foutait avec ça ? Elle a de nouveau fouillé dans le sac dont elle a cette fois sorti une paille du Mac Do.

« T'en veux ? » elle a demandé en arrachant un bout de la paille d'un coup de dents.

Si j'en voulais, là tout de suite ? Non ! J'avais l'intention de me rendormir un peu après son départ, mais surtout, sauf cas particuliers, moi je prenais pas ça au réveil ! Elle a sorti un bouquin de Shakespeare qu'elle a posé par terre, elle a renversé le contenu du paquet dessus puis elle a encore fouillé, sortant un Filofax dont elle a extrait une Carte Bleue. Je l'ai regardée séparer le petit tas. Je brûlais d'envie de lui demander si c'était Alex qui lui avait filé ça. Mais c'était même pas la peine, bien sûr que c'était elle.

« T'en prends souvent ? j'ai quand même demandé, m'efforçant d'avoir un ton léger.

— Non non, elle a fait doucement, achevant de peaufiner les lignes. C'est juste en ce moment, pour mes révisions. »

Les deux lignes qu'elle venait de tracer n'étaient pas super-balaises, mais pas spécialement minuscules non plus. Elle a replié ses jambes sous elle pour se pencher sur le livre. Je l'ai regardée s'enfiler le bout de la paille tout mordillé dans la narine, puis je l'ai écouté renifler sans discontinuer tandis que la paille remontait la ligne.

« Tu prends aussi de la poudre ? » j'ai questionné d'un air qui se voulait encore plus dégagé.

Elle a relevé la tête en s'essuyant le nez entre le pouce et l'index.

« De l'héro ? elle a demandé, plissant de nouveau imperceptiblement les yeux. Non non, elle a fait d'un ton indifférent.

— Écoute, je vais te le dire qu'une fois : tu touches jamais à ça, t'as compris ?

— J'ai compris, elle a répondu d'un air légèrement amusé. T'en veux alors ? »

J'ai fait signe que non, puis comme elle se penchait de nouveau vers le livre, je l'ai ramené vers moi avec mon pied et je l'ai ramassé pour le coincer entre mes genoux, avant de lui prendre la paille qu'elle tenait toujours. La coke était bonne et c'était bien celle d'Alex, la même que celle qu'elle était allée me chercher le jour du contrat. Elle m'a repris le livre et elle a passé son doigt dessus, récupérant les quelques particules qui restaient pour se frotter la gencive avec. J'ai eu envie de lui dire que si elle voulait jouer à la grande défoncée, elle ferait mieux de la fixer tellement c'était meilleur, mais je me suis retenue. Elle a rangé le livre et elle est venue s'asseoir à califourchon sur moi, ses bras autour de mon cou. Mes mains sont allées prendre ses fesses pour la rapprocher de mon ventre. Le bout de sa langue est venu soulever doucement la commissure de mes lèvres, avant de s'enfoncer délicieusement à la recherche de la mienne. Mes mains sont remontées masser ses épaules à travers son tee-shirt, tandis que les siennes griffaient lentement le tour de mes oreilles. Le téléphone s'est mis à sonner. On s'est figées toutes les deux, les yeux ouverts, la langue suspendue, attendant de voir qui allait parler.

« Ouais bon c'est Nikki. Ouais bon alors y a un truc dans les Halles, mais bon rêve pas, tu vas pas trouver des vestes *Granny's*, tu trouveras ça nulle part de toute façon. Mais bon là tu peux jeter un œil, y a quand même des trucs pas mal. Alors j'sais pas l'adresse exacte mais c'est à côté de Beaubourg, dans la rue où y a tous les commerçants, là. Tu sais, là où y a la porte verte.

— Quelle porte verte ? j'ai fait tandis qu'Inès gloussait dans ma bouche.

— ... et pour les boots t'essaies Barracuda sur Rochechouart. Ça a l'air ringard vu de l'extérieur mais le p'tit vieux il était déjà là en 1971, alors t'imagines, quoi. T'en as à Fermeture Éclair et tout, enfin classe, quoi. Bon sinon tu passes quand tu veux. Je rentre en studio dans dix jours, mais sinon j'suis là. Voilà, à plus. »

On l'a écouté raccrocher, ou plutôt essayer de raccrocher le combiné sur le poste que sa main ratait avec un « merde, bordel », puis Inès a éclaté de rire en même que sa bouche revenait se calquer sur la mienne.

« Comment on va faire ? elle a murmuré entre deux baisers. Tu vas continuer d'habiter ici ?

— Bonne question ! Faut réfléchir.

— C'est pas sûr qu'on ait le temps, elle a chuchoté en écrasant ses paumes sur mes seins. Ça va exploser super-vite.

— Je sais, j'ai fait en passant mes mains sous son tee-shirt pour aller chercher les siens.

— Si j'ai mon bac, elle a continué en levant les bras pour enlever son tee-shirt, mes parents vont me payer un appart. Je devais en prendre un avec Alex en septembre. »

Alex, quitter les avantages de la colocation pour partir vivre seule avec elle ? J'ai rapproché ses seins pour donner un long coup de langue entre.

« Après, elle a poursuivi, tenant le bout de ma langue entre deux doigts pour le sucer, hum... après j'suis censée faire une fac... hummm... mais j'préférerais... j'préférerais voyager un peu.

— Où ça ? j'ai demandé en glissant mes pouces sous l'élastique de sa culotte.

— Hummm... je sais pas, elle a fait en se contorsionnant pour se débarrasser de sa culotte qu'elle a envoyée balader, avant de revenir se coller contre moi. Hummm... San Francisco ? »

Et quoi d'autre encore Alex lui avait raconté sur moi ? J'ai laissé échapper un soupir de bonheur tellement elle mouillait.

« Hummmmm... on pourrait... jusqu'à New York et... oooh... on traverse en voiture.

— J'ai pas mon permis, j'ai fait en commençant à aller et venir doucement sur son clitoris.

— Oooaaahhh... j'peux... j'peux le passer.

— Quoi comme voiture ?

— Une... oh putain... une Buick... aaah... Blanche, y faut qu'elle soit blanche pour... oooaaahhh... pour débarquer dans la baie de San...

— D'accord, blanche.

— Alors moi je... oooaaahhh... moi j'passe mon bac et toi tu... oh putain... et toi tu... tu t'dépêches avec... oooh... avec ton disque... et après... après on se tire... ralentis un peu sinon j'vais jouir.

— Et d'ici là ? j'ai demandé sans ralentir du tout.

— Aaah, arrête, elle a haleté, arrête !

— Et d'ici là ?

— D'ici là... hummmm... d'ici là j't'appelle toutes les heures. »

D'ici là, j'ai songé, on allait surtout devoir se faire petites. *Très* petites.

5

Pallas se tenait là devant moi, assise au bord du matelas où moi j'étais allongée dans le bordel de la couette, en peignoir. Elle ne pouvait pas ne pas se rendre compte. J'avais les cheveux mouillés de quelqu'un qui venait de se passer la tête sous l'eau, j'avais les joues trop colorées et l'œil trop brillant, mais surtout j'avais les lèvres rouge sang, enflées d'avoir embrassé Inès toute la nuit. Et puis avec cette chaleur, ça devait forcément sentir le sexe quand on arrivait de l'extérieur. Mais Pallas ne voyait rien, racontant avec morosité son week-end à la mer. Alice était de nouveau en pleine phase de boulimie, elle avait passé son temps à se gaver de fromage blanc allégé qu'elle allait ensuite immédiatement gerber (c'était bizarre, cette façon qu'elle avait de ne manger à outrance que ce qui, en théorie, ne risquait pas de la faire grossir – une boulimie avec une logique d'anorexie). Et finalement, même si ça lui avait fait du bien de nager longuement dans la piscine, Pallas aurait préféré rester ici à regarder des vidéos avec moi. Elle a demandé si j'avais pensé à enregistrer *Friends* pour elle. J'ai porté une main à ma bouche pour faire signe que non. Elle a haussé les épaules, puis a dit qu'elle sentait venir un début de lumbago. Elle portait des talons trop hauts, c'était pas nouveau j'ai fait gentiment remarquer. J'ai dit que je lui avais emprunté des draps en attendant de porter les miens à la laverie. C'était la première fois que ça arrivait mais elle n'a pas eu l'air de s'en rendre compte. Heureusement que j'avais pensé à inverser celui de dessous pour que la tache de sang se retrouve vers les pieds. Elle s'est accoudée et j'ai vu le moment où elle allait me demander un oreiller, elle y reconnaîtrait alors forcément l'odeur d'Inès.

« Je suis tellement désolée, elle a fini par dire.

— C'est rien », j'ai répondu en la prenant dans mes bras.

Elle a passé les siens autour de ma taille en inclinant sa tête contre mon épaule, et je me suis félicité d'avoir au moins pris la peine de me laver le visage... !

« Je voudrais pas que tu croies que t'as pas le droit de regarder des gens, elle a dit en se dégageant doucement. Je suis plus amoureuse de toi, tu sais ?

— Je sais, j'ai dit en prenant ses mains.

— C'est juste que dans ces moments-là, j'ai l'impression qu'on va plus être amies. Qu'on va plus avoir de temps ensemble. Et Inès, c'est comme une petite sœur pour moi. Alors même si maintenant je sais que je me suis fait un film, sur le moment ça a été l'horreur. En plus de penser que j'allais vous perdre toutes les deux, je sais pas ce que ça m'a fait, mais rien que de vous imaginer ensemble, c'était pas possible. Le prends pas mal, hein, surtout, c'est juste que pour moi elle est sacrée cette petite. Elle est tellement mignonne. J'me doute qu'Alex fait pas que lui tenir la main, je sais qu'elle est tordue et tout ça, mais elle s'est vachement calmée depuis qu'elle est avec elle, alors que toi... Le prends pas mal, hein, vraiment, mais t'imaginer faire ça avec elle, j'te jure, j'avais envie de gerber. »

Chapitre VIII

Une carte postale de Notre-Dame

1

Le dimanche matin, impossible de m'isoler pour téléphoner à Inès. J'ai fini par appeler Jessie pour proposer de lui rapporter son CD que j'avais enfin écouté. Elle était bourrée de coke, pas encore couchée du Pulp où elle avait mixé toute la nuit. Elle a dit que je rapplique fissa, qu'elle allait me faire écouter des trucs mortels, et après, on n'aurait qu'à passer chez Tintin, le tatoueur, où Julia devait commencer son dragon. Jessie était juste à côté et Tintin aussi. C'était parfait, je pourrais appeler de chez elle et probablement de nouveau de chez Tintin. Ce que je n'avais pas prévu, c'était que Pallas aurait fatalement envie de venir.

Je m'efforçais d'être présente dans la rue, répondant avec entrain à la multitude de questions qu'elle s'est mise à me poser sur le disque, mais au fond de moi, j'étais dégoûtée. Si on avait été des amies « normales », j'aurais pu appeler de mon putain de téléphone. Ou emprunter son portable, sans que ça pose un problème que je m'éloigne pour parler, sans flipper que le numéro reste en mémoire. Ouais, si les choses avaient été plus claires, cette folie, je serais en train de la partager avec ma soi-disant meilleure amie... Inès parvenait-elle à réviser ou, comme moi, fermait-elle sans arrêt les yeux pour se repasser des scènes qui lui déclenchaient chaque fois une vague de chaleur dans le ventre ? Et comment ça se passait avec Alex qu'elle avait forcément dû avoir au téléphone ?

Jessie était hébergée chez trois mecs en attendant de se trouver un endroit à elle. La porte ouvrait sur un large couloir qui avait été aménagé en salon, plus loin dans le fond venait une cuisine américaine avec un bar, et sur la gauche partait un couloir avec trois chambres. Jessie dormait dans le salon. Une colocation comme on en voyait des tas chez les *ravers*, sans affaires personnelles dans les parties communes, juste l'habituel kit de survie à même la moquette avec des piles de CD et de vidéos, quelques affichettes aux murs (Global Tekno, Soma, Magic Garden), quelques magazines (*Crash*, *Coda*, *Tribeca*, *Self Service*, *Wad*, *Technikart*, *Nova*) et deux canapés autour d'une table basse pour les potes qui passaient. Il y avait aussi évidemment les habituels détails futuristes comme la petite bouteille de Paic Excel avec son super-beau liquide concentré orange vif, le baril d'Extra avec son éclatante explosion de rouge, ou encore les canettes de boissons énergisantes gris métallisé. Appart technoïde de base, quoi.

Pallas et moi étions attablées devant du thé et des croissants achetés en chemin, pendant que Jessie téléphonait dans la cuisine. Il n'allait vraiment pas y avoir moyen que je disparaisse avec le sans-fil sans que Pallas se pose des questions. Je n'allais pas non plus pouvoir appeler de chez Tintin... Jessie faisait les cent pas – c'est bizarre, ce truc qui veut qu'on ne puisse pas s'empêcher de faire les cent pas avec un sans-fil –, torse nu dans une brassière noire Plassier assortie au caleçon qu'on voyait dépasser de son jean APC super-moulant. Elle dégageait décidément un mélange singulier, à la fois brutale et sexy, à la fois gamine qu'un rien enthousiasme, et superpro dans le boulot. Elle parlait avec son agent, le même que celui d'Alex... Déjà qu'elle n'avait pas l'habitude de se faire plaquer, mais perdre Inès avec laquelle c'était encore plus sérieux qu'avec moi, et la perdre à cause de moi... Mes yeux se sont posés sur les tas de vinyles de Jessie alignés à l'écart. Il allait falloir que je pense à rapporter ceux de Nikki. Le dimanche précédent, à la même heure, j'étais dans sa pièce à musique à jouer *Gimme shelter*... et maintenant j'étais là, à hocher de nouveau la tête sur Aphex Twin qui passait en CD à faible volume. J'étais aussi de nouveau en tee-shirt et en tennis. C'était pas possible que ce qui m'était arrivé une semaine plus tôt soit déjà fini... J'avais pourtant toujours envie de me retrouver une veste en velours et des boots. Je n'avais peut-être juste plus envie de ne porter que ça. Pareil pour la musique. Tout ce que je voulais, c'était qu'Inès soit là, près de moi, peu importe où et à quoi faire, du moment qu'on ne se quitte plus...

« Mais qu'est-ce que c'est que ça ? s'est exclamée Pallas.

— Hein ? j'ai fait, me redressant pour reprendre un croissant que j'ai coupé en deux.

— Y a des pages collées de partout ! »

J'ai considéré les trois ou quatre magazines ouverts sur ses genoux et à côté d'elle. Jessie s'est approchée en plaçant sa main sur le combiné du téléphone.

« C'est Bruno, elle a fait. Il aime pas les pubs, et comme ça le gonfle de retomber dessus à chaque fois qu'il regarde un truc, il scotche les pages entre elles. »

Pallas a levé les yeux au ciel mais moi ça m'a fait rire. Tout le monde avait une petite manie cachée. Nikki achetait toujours tout d'occase pour ne pas avoir à donner son adresse. Alex avait toujours besoin de savoir le nombre d'heures de sommeil qu'elle avait devant elle, tellement elle aimait dormir. Eva ne pouvait plus jamais danser sans son sac à dos depuis qu'une nuit la présence du sac l'avait sauvée d'un super-mauvais trip d'acid où elle ne sentait plus ses pieds toucher le sol. Moi j'en avais des tas, des manies, et surtout une belle : me foutre dans la merde dès que j'en avais l'occasion...

« Putain, a fait Jessie en raccrochant. Y a des jours, j'ai envie de mettre ma culotte sur ma tête et de me balancer dans la Seine ! »

Elle a ramassé un tee-shirt noir qu'elle a enfilé, sur lequel *Reservoir Dogs* s'étalait en lettres dégoulinantes de sang.

— T'as raison ! j'ai répliqué tandis qu'elle se laissait tomber à côté de moi pour attraper des grosses Reebok noires. Y a douze millions de personnes qui chient là-dedans ! »

Jessie est partie d'un rire sonore en passant sa main dans mes cheveux pour les ébouriffer. Pallas a souri en guise d'approbation, contente qu'on s'entende bien alors qu'elle me parlait d'elle depuis longtemps, mais quand même légèrement agacée.

« Eh, sans déconner, a fait Jessie en se relevant et en tirant sur son tee-shirt qui lui faisait des seins comme des obus, c'est quoi pour vous être adulte ? Mon père y me prend la tête à me dire que deejay c'est pas un truc d'adulte.

— Être adulte ? a fait Pallas en refermant un magazine (gagnant du temps ?).

— Être adulte, j'ai dit en me levant à mon tour, c'est être capable de terminer un repas sur du salé, savoir conduire et porter une montre avec l'heure exacte. »

Pallas m'a jeté un regard en coin style : et on sait que tu sais faire aucun des trois !

« Eh, a repris Jessie, vous trouvez pas que le goût du Coca il a changé ?

— C'était meilleur dans les bouteilles en verre », j'ai répondu en prenant Pallas à témoin.

Mais Pallas nous ignorait, elle était debout elle aussi et lissait les pans de sa jupe, soupirant d'agacement à l'égard du chien qui se dressait sur ses pattes de derrière, comprenant qu'on allait sortir.

« Exactement ! a fait Jessie en se rasseyant. Leurs bouteilles de plastique c'est d'la vraie merde, à peine t'en ouvres une le matin que le soir elle est déjà naze. Mais non, je t'ai pas appelé (à l'attention du chien).

— Ouais, j'ai poursuivi en me rasseyant aussi. Et t'as remarqué comment elles sont toujours superdures tant qu'elles sont fermées, et une fois que tu les ouvres, elles deviennent tellement molles que t'en fous partout !

— Exactement ! s'est de nouveau exclamée Jessie en se relevant. C'est pour nous obliger à en racheter tout le temps !

— Et t'as remarqué, j'ai continué en me relevant aussi, qu'elles tiennent jamais dans les petits sacs des supermarchés, tu sais, les sacs qu'on garde pour en faire des poubelles.

— Putain ouais ! a fait Jessie en se rasseyant. Coca doit toucher une com' pour faire des bouteilles qui dépassent pour nous obliger à acheter des vrais sacs-poubelle ! »

On aurait pu continuer des heures comme ça, avec le chien qui bondissait à force de nous voir nous rasseoir et nous relever, mais le silence de Pallas commençait à peser, alors on s'est mises en route.

2

Tintin était bien entendu fermé le dimanche, on a dû frapper et c'est Eva qui est apparue derrière la porte vitrée.

« Ben t'es là toi ? » a fait Jessie super-étonnée.

Sans lumière et sans l'habituelle faune qui y traînait, la salle d'attente aux murs couverts de posters de conventions était figée, assombrie par le gris du ciel au-dehors.

« J'ai craqué, a fait Eva en levant le bas de son pull pour montrer un pansement.

— Tu t'es fait quoi ? a demandé Jessie. Naze, arrête !

— À ton avis...

— Putain mortel, a sifflé Jessie entre ses dents.

— Non, tu l'as fait ? a ajouté Pallas.

— Mais quoi ? » j'ai questionné, jalouse de ne pas être dans le secret.

Eva a allumé une petite lampe sur le comptoir, puis tenant le bas du pull coincé avec son menton, elle a commencé à décoller doucement le sparadrap. Le pansement recouvrait une partie de la panthère qu'elle avait déjà sur la hanche, une panthère noire d'une douzaine de centimètres qui bondissait vers l'extérieur. On a alors vu apparaître un « Gayle » tout flou sous l'épaisse couche de vaseline, des lettres noires qui partaient vers l'arrière, semblant jaillir de la gueule béante de la bête. C'était magnifique.

« Putain mortel, a répété Jessie.

— Ouais, c'est vachement beau, a aussi constaté Pallas.

— Ben alors ? » m'a demandé Eva.

J'ai acquiescé d'un air absent.

« Te force pas surtout », a fait Eva en commençant à recoller le pansement.

Sachant la fixation que je faisais sur elle, elle devait penser que j'avais les boules parce que son histoire avec son Anglaise devenait de plus en plus sérieuse, mais c'était pas ça du tout : moi qui étais désormais gravement sceptique à l'idée de tatouer des prénoms de gens, je me rendais compte que je crevais d'envie de m'écrire Inès quelque part...

Eva a éteint la lampe et on lui a emboîté le pas vers le petit couloir qui menait au fond, là où Tintin avait son antre et d'où on percevait le grésillement continu de la machine.

« Eh, elle a fait en se tournant vers moi : qu'est-ce que se dit une blonde à chaque fois qu'elle voit une peau de banane sur un trottoir ? Mince, je vais encore tomber ! »

J'aimais bien cette habitude qu'elle avait de toujours s'adresser à moi quand elle racontait une blague sur les blondes, façon de montrer que je comptais pour elle malgré tout. J'aurais voulu pouvoir lui dire que j'allais enfin être en mesure d'apprécier la « simple » amitié qu'elle offrait.

« Waouh la brochette ! s'est exclamé Tintin en nous voyant débouler. Putain les filles vous êtes trop bonnes, je fais un prix pour les quatre ! »

Les cuisses écartées sur sa chaise à roulettes, il était tellement penché en avant qu'il pesait de toute sa masse sur le dos de Julia, elle-même en avant sur une chaise à l'envers avec un oreiller coincé entre sa poitrine et le dossier. Les bras croisés, elle souriait tandis qu'on l'embrassait tour à tour, mais on pouvait voir que son sourire restait crispé et que ses doigts dissimulés sous l'oreiller en serraient fort la taie. À la lumière de la petite lampe recourbée audessus d'eux, l'encre noire virait au pourpre avec le sang. La lumière faisait aussi briller la sueur sur le crâne lisse de Tintin qui tirait la langue. Il s'est interrompu le temps de tendre sa joue à chacune de nous. Au vu du tracé fait au feutre, le dragon allait prendre tout le dos avec la queue qui se terminerait entre la raie des fesses de Julia. Ça allait être incroyable, mais ça mettrait des mois avant qu'elle puisse l'exhiber. C'était une des raisons, avec le fric, qui me dissuadait de m'attaquer à une grosse pièce. S'il y avait moyen de se faire tatouer tout un dos en une seule fois, j'aurais le même motif que Crying

Freeman, avec la queue de la bête qui descend s'enrouler autour de la cuisse. Mais là tout de suite, je me demandais à quel endroit je pourrais me faire Inès, avec quel genre de typo, et surtout, si j'allais d'abord attendre de voir si elle était prête à le faire elle aussi, ou si j'allais foncer pour la bluffer.

« T'as pas une carte de téléphone ? j'ai chuchoté à Jessie.

— Nan, elle a chuchoté en retour, mais je te passe le portable si tu veux.

— De quoi t'as besoin ? » a fait Tintin en relevant la tête.

Moi qui espérais passer inaperçue.

« Rien, faut juste que j'aille passer un coup de fil.

— Ben passe-le de là-bas », il a répondu en désignant du menton la salle d'attente.

J'ai hésité, puis j'ai dit merci, sentant le regard de Pallas sur moi tandis que je ressortais dans le couloir. Pourvu que ce ne soit pas son père qui réponde, sinon je devrais demander à lui parler et on risquerait de m'entendre. En composant le numéro j'ai eu une pointe d'angoisse. Pourquoi, à l'idée qu'elle ait pu changer d'avis... ?

« Hey, j'ai fait doucement en entendant sa voix. T'as fait des jolis rêves ?

— Me rappelle plus, elle a répondu en bâillant. T'es où, j'ai essayé d'appeler.

— Y a le même nombre de lettres dans ton prénom que dans celui d'Alex.

— ... oh, tu ferais ça ?

— Tu l'as eue ?

— Elle veut que j'aille dormir ce soir mais je peux pas, j'ai trop de trucs à réviser, j'irai directement demain matin. Sérieusement, tu ferais ça ?

— Où ça tu vas aller directement ?

— Ben à l'hôpital.

— Ah ouais, j'ai soupiré, c'est vrai.

— Eh, sérieux, elle a murmuré, tu ferais ça, pour *moi* ?

— Va travailler, j'veux pas d'une feignante ! »

Quand je suis revenue dans l'autre pièce, tout le monde hurlait de rire.

« Lui ! braillait Tintin, le seul moyen qu'il a de faire gueuler sa femme c'est quand y s'branle et qu'après il essuie sa bite aux rideaux ! Là pour gueuler elle gueule ! Putain cette meuf, quand elle s'marre, avec les narines qu'elle s'paie ça fait caisse de résonance ! »

J'ai interrogé Pallas du regard pour savoir de qui on parlait, mais elle a souri en faisant signe qu'elle n'en avait aucune idée. J'ai sorti mes cigarettes et je me suis approchée pour lui en offrir une. Elle ne demandait même pas qui j'étais allée appeler. J'aurais tout donné pour tout lui raconter tout de suite. Ça et le fait que j'allais me tatouer Inès. Mais c'était pas le moment, alors je me suis contentée de m'asseoir à ses pieds et mes yeux se sont rivés sur le profil de Tintin.

C'était la première fois que je venais un jour de fermeture. Le décor restait identique avec les figurines de superhéros qui se dressaient de partout comme chez Alex, les rayonnages de bouquins et de revues de tatouages, les autocollants de tatoueurs du monde entier et l'aquarium d'Esmeralda, la grosse Mygale toute velue que Tintin sortait de temps à autre pour le plaisir de voir les filles détaler en hurlant. Le calme faisait bizarre comparé au cirque habituel. Entre cette pièce où Tintin tatouait avec Luc, et celle de devant où deux autres types bossaient, les quatre passaient leur temps à se gueuler des trucs avec la musique qui tonitruait, les pétards qui tournaient sans discontinuer et les potes qui défilaient en permanence. Dès qu'un inconnu passait la porte ça se mettait à vanner sauvage, et quand c'était des filles ça dépassait tout. Nous aussi on se faisait toujours sévèrement secouer. Les grosses vannes grasses saoulaient à la longue et il était impossible de ressortir de là sans être bien raides ou bien bourrées, mais c'était toujours un bon délire de passer chez Tintin. On le voyait aussi souvent au Pulp où il aimait venir écouter Alex. Il lui arrivait alors de passer des nuits entières à draguer les gouines de base qui flippaient pendant que lui était mort de rire. Il avait un rire insensé en plus, une sorte de tsi-tsi mouillé façon pépiement d'oiseau, salement communicatif et qui contrastait drôlement avec sa masse de muscles. Quand il trouvait que l'ambiance chutait, il se mettait à gueuler « MA BAGNOLE ! » et il soulevait son tee-shirt pour montrer son ventre sur lequel était effectivement tatoué « ma bagnole » en grosses lettres gothiques. Il en avait d'ailleurs une chouette de bagnole, le dernier coupé Mercedes décapotable noir. Il avait un pur truc de frimeur avec ses petites lunettes de soleil toujours calées à mi-chemin de son front, à tatouer toutes les célébrités et à être en photo partout, mais quand on le connaissait, c'était juste un mec généreux qui aimait vous embarquer faire la fête avec lui. Moi, ce qui me fascinait chez lui, c'était la grâce qui venait prendre possession de ses gestes quand il se mettait à bosser. Il y avait une grande fermeté dans la prise de sa main sur un bras pour bien en tendre la peau, mais l'autre main tenait la machine comme la plus fragile des plumes. Cette façon qu'il avait de vaporiser du produit pour nettoyer, de passer un léger coup de Kleenex pour éponger puis de s'y remettre, tout ça débordait d'une délicatesse infinie.

Ouais, c'était le mec le plus balourd qu'on connaissait, mais quand il se mettait à faire ce qu'il savait faire, ça devenait un putain de prince. Comme quand Nikki prenait sa guitare. Comme quand Alex calait un disque. Comme quand Inès se déplaçait dans une pièce... ?

3

De retour chez Jessie, où on est toutes revenues à part Julia qui allait se faire tatouer jusqu'au soir, Jessie m'a prise à part dans la cuisine.

« C'est qui ? » elle a fait.

J'ai écarquillé les yeux en signe de surprise.

« Arrête, elle a murmuré, ça se voit comme le nez au milieu du visage.

— J'peux pas te le dire.

— D'accord, je vois.

— Tu vois quoi ?

— C'est quelqu'un qui est déjà avec quelqu'un. »

J'allais répondre mais Jessie retournait vers les autres installées dans les canapés.

« On va acheter des clopes, elle a lancé à la ronde, quelqu'un a besoin de quelque chose ? »

Et avant que j'aie eu le temps de protester elle a rouvert la porte, faisant signe au chien de rester couché. Je n'ai pas eu besoin de me retourner pour savoir que Pallas me suivait du regard. Jessie s'est assise dans l'escalier un étage plus bas. Je me suis assise à mon tour, sentant que quoi qu'il soit sur le point de se dire, ça n'allait pas forcément être une bonne idée.

« OK, elle a fait. T'es pas obligée de m'en parler, mais t'as l'air d'avoir besoin de vider ton sac alors je te dis juste que si tu veux, tu peux. »

J'ai soupiré en prenant la cigarette qu'elle m'offrait.

« C'est la meuf de quelqu'un que je connais bien, c'est ça ? »

J'ai hoché la tête lentement.

« Et elle t'a promis de quitter sa copine, c'est ça ? »

J'ai de nouveau hoché la tête, comme si le fait de ne pas répondre à haute voix pouvait limiter les dégâts. Jessie a soupiré à son tour.

« Tu sais, elle a poursuivi, même si tu vas foutre les boules à quelqu'un que j'aime, je pourrais pas te juger, ça arrive tout le temps des plans comme ça. Alors si t'es super-amoureuse, faut que tu fonces.

— Ouais, c'est super bien. C'est même trop beau pour être vrai. C'est juste que c'est vraiment proche.

— OK, je sais qui c'est.

— Qui ça ? j'ai demandé en retenant ma respiration, partagée entre l'angoisse et le soulagement à l'idée de pouvoir enfin partager ça avec quelqu'un.

— Ben si c'est super-proche, c'est la meuf d'Alex. »

J'ai écarquillé les yeux, histoire de faire semblant que c'était pas ça, mais mon sourire l'a emporté.

« Putain tu fermes ta gueule, j'ai aussitôt murmuré. Tu me jures que tu fermes ta gueule...

— Je vais te dire un truc : je dirai rien à personne parce que moins je me mêle des histoires des autres et mieux je me porte, mais j'espère que vous allez faire ça proprement, parce que Alex elle est super-accro à Inès.

— Je sais, j'ai soupiré, j'arrête pas d'y penser.

— Laisse-moi te dire un truc quand même. Inès elle drague tout le monde. Moi, Eva, Pallas. Elle est comme ça. Alors essaie de voir un peu où ça va avant de t'embarquer avec elle.

— Comment ça elle drague tout le monde ?

— Mais ouais, elle est super-fausse cette meuf. Personne veut me croire mais moi je la sens pas. Alors méfie-toi, je t'aime bien et ça me ferait chier que tu te plantes. »

Je suis restée un moment à regarder ailleurs, à l'écoute de mon horloge interne pour voir si quelque chose se déclenchait. Mais tout restait à sa place. Pas de montée de panique. Juste une petite voix qui me disait calmement : t'occupe pas de ça, Jessie a dû la draguer un soir et se faire jeter.

« Putain, a repris Jessie, ça va être le bordel n'empêche... Tu sais qu'elles partent, là.

— Comment ça ?

— Ben dans le sud. Alex elle part jeudi pour mixer à Montpellier et Inès la rejoint après son bac. Alex doit juste remonter pour la Fête de la Musique et la Gay Pride, mais sinon elles vont rester tout l'été. On a plein de dates, on doit louer une baraque avec Eva, Gayle, Julia, tout le monde, quoi, y aura même la petite sœur d'Inès.

— Ben j'ai bien peur que ça se passe pas vraiment comme ça, j'ai hasardé doucement, mal à l'aise avec le ton énervé de Jessie.

— Ouais mais attends ! Ça va être super-dur de bosser avec Alex si elle a les boules ! Et puis elle se barre dans quatre jours, alors je sais pas quand vous avez l'intention de lui dire, mais vous avez intérêt à vous décider parce que là elle est en train d'envoyer le fric pour la baraque ! »

J'avais envie de répondre à Jessie qu'en plus de me rendre malade à m'apprendre toutes ces choses que j'ignorais, elle avait pas à me mettre la pression comme ça. Mais j'avais pas le cœur à me retrouver en froid avec elle, alors qu'elle était la seule avec laquelle je pouvais partager tout ça. C'était ma faute, je n'aurais jamais dû en parler. Il fallait juste garder confiance. Confiance bordel.

4

La sonnerie du téléphone m'a réveillée en sursaut. J'ai aussitôt tendu la main pour décrocher en même temps que mes yeux cherchaient le réveil : neuf heures cinq.

« Bonjour, a fait la petite voix. Tu dormais, hein ? Je sais qu'il est super-tôt, mais j'avais envie d'entendre ta voix.

— Attends une seconde. »

Je me suis levée en enfilant mon peignoir et j'ai passé ma tête dans l'entrée. La chambre de Pallas dont la porte était grande ouverte était encore plongée dans l'obscurité. J'ai essayé de repousser un peu la mienne qui a aussitôt grincé.

« Attends », j'ai répété en allumant une cigarette, avant d'aller m'asseoir à l'autre bout de la pièce. « Bonjour ma puce, j'ai chuchoté, comment ça va ?

— Ça va, elle a fait d'un ton morose.

— T'es où, vous êtes déjà à l'hôpital ?

— Ouais, elle a soupiré, enfin là je suis allée prendre un café. Je sais pas ce qu'elle a. Elle arrête pas de me coller. J'te jure, elle est pathétique. De toute façon je vais... »

La communication a été coupée. J'ai raccroché en soupirant. Ce qu'elle a, j'ai songé, c'est qu'elle sent qu'il y a un truc qui se passe, et moi je sens que tu vas te mettre à la traiter comme une merde... Je suis restée assise à retourner le téléphone, dans l'espoir d'y découvrir un bouton qui n'avait jamais existé et qui pourrait réduire la sonnerie. Il était un peu tard pour me soucier de ce qu'Alex allait devenir dans l'histoire, mais quand même... Et puis ce ton qu'elle avait, ce truc de vide, ça venait de me déprimer pour la journée. Ça se voyait qu'elle était jeune, on n'accompagne pas quelqu'un à l'hôpital si c'est pour ne pas être présent. Ça s'est remis à sonner.

« Excuse-moi, elle a fait avec lassitude, j'avais pas assez de pièces.

— Mais t'as pas ton portable ?

— Je l'ai oublié, on est parties super en retard.

— Ah... alors t'as dormi là-bas finalement ?

— Ben... elle est venue me chercher, elle disait

que j'arriverais jamais à me lever sinon. Faut que je boive un café, j'te rappelle après. »

Je suis restée à regarder le combiné que je venais de raccrocher, légèrement refroidie, puis je me suis défait du peignoir que j'ai disposé sur le téléphone pour en étouffer la sonnerie, avant de commencer à m'habiller. Dans la cuisine, j'ai mis de l'eau à chauffer en essayant de faire le moins de bruit possible, puis je me suis assise au bord du canapé. Je nous revoyais là deux jours plus tôt, et je ne voulais pas des images qui affluaient. Hier soir... Alex allait forcément devoir se reposer un peu et c'était bien le genre à avoir voulu faire le plein en prévision. Une nuit de baise infernale et Inès attendait peut-être de me l'annoncer autrement que par téléphone. Ou de ne pas le dire du tout. C'est vrai, quoi : moi, si j'étais à sa place, je ne prendrais pas le risque de compromettre le début d'une histoire en confessant ce genre de chose. Je la sentais pas cette journée, mais alors pas du tout.

« Excuse-moi, a fait la petite voix, je voulais pas te parler comme ça.

— Écoute ma puce, y faut que tu retournes là-bas et que tu sois vraiment mignonne.

— Ouais, elle a soupiré. Mais c'est débile de faire traîner en longueur, je suis déjà plus là dans ma tête. En plus je vais devoir rester avec elle au moins ce soir et j'ai même pas mes cours avec moi.

— C'est quand déjà ?

— Mais là, jeudi. Jeudi et vendredi. Elle ressort pas avant midi en plus, qu'est-ce que je vais foutre pendant tout ce temps ?

— T'as qu'à m'envoyer une carte postale.

— C'est vrai ? elle a fait avec tendresse, tu veux ?

— Écoute, je voudrais te demander... hier soir...

— On s'est juste embrassées.

— ...

— J'avais pas le choix, c'était ça où elle m'aurait pris la tête jusqu'à ce que je parle. Tu m'en veux beaucoup ? »

Alex, poser des questions ?

« Tu ferais quoi si je te disais que j'avais embrassé Pallas ? j'ai demandé avec ironie. Tu m'en voudrais beaucoup ?

— Je te déteste », elle a lâché, et elle m'a raccroché au nez.

Ça m'a amusée deux secondes, mais j'avais l'image d'elle avec Alex devant les yeux... Le téléphone s'est remis à sonner.

« Tu l'as fait ? elle a redemandé.

— Non. Mais toi oui. Alors tu sais quoi, tu me rappelleras quand t'auras réglé tout ça. Si tu le règles un jour.

— Putain mais tu crois que je vais pas la quitter, c'est ça ? Mais j'y vais tout de suite si tu veux, j'y vais là maintenant !

— ... arrête. On se calme. Je retire ce que j'ai dit.

— J'suis complètement dingue de toi. J'vais crever si tu me laisses.

— Chuuut, j'ai fait, le souffle court. On se calme. Tout va bien.

— Je t'ai envoyé ta carte postale, elle a murmuré. Mais t'attends pas à une super-belle carte.

— Je m'attends juste à voir à quoi ressemble ton écriture. Bon faut que j'te laisse ma puce, y a Pallas qui se lève. »

En fait je venais juste d'entendre son portable sonner. J'ai allumé une cigarette, tendant l'oreille mais je n'entendais que le bourdonnement de sa voix. J'ai attendu qu'elle raccroche, puis je suis venue me tenir sur le pas de sa porte. Elle s'étirait dans l'obscurité des rideaux fermés.

« Ça te dirait qu'on dîne ensemble ? j'ai demandé en souriant, agitant la main pour empêcher la fumée de ma cigarette d'entrer dans sa chambre.

— Je sais pas, elle a répondu d'un air triste. Faut que je parte là, Alice m'attend. Tu crois que tu pourrais être là vers deux heures pour ouvrir à Donna ?

— Donna ?

— L'accrochage, pour le vernissage de dimanche, t'as déjà oublié ? »

Elle a soupiré l'air de dire « ouais, de toute façon en ce moment t'oublie tout ».

« Écoute... j'ai commencé à dire.

— Je vais être en retard, elle a coupé gentiment, huit heures ça te va ? »

5

La Donna en question a sonné à deux heures pile. Elle était bien cette fille. Une belle Canadienne aux courts cheveux décolorés avec des petits yeux bleus trop malins. On la voyait rarement parce qu'elle ne faisait que bosser – au point que les quelques personnes qui en étaient proches n'avaient de ses nouvelles que la nuit, seul moment où elle s'interrompait pour décrocher son téléphone et faire un tour dans le monde réel –, mais il arrivait quand même qu'elle se montre en boîte de temps à autre. Elle s'adossait alors au bar le temps d'un verre, invariablement vêtue d'un long manteau de cuir noir huileux qu'elle portait avec des bottes allemandes, des jeans tout destroy et des tee-shirts taille douze ans, aux slogans toujours encore plus classes que ceux qu'Alex et moi pouvions inventer (celui du jour disait *I want to be plastic*), le tout parfois rehaussé d'une casquette SM vissée sur les yeux. Elle restait le temps de descendre son verre puis elle se tirait. Personne n'était assez bien pour elle. Moi elle ne m'attirait pas – trop sèche –, mais on aurait pu être amies, on avait la même rigueur dans le travail, la même ambition. Sauf qu'aussi bizarre que ça puisse paraître, elle s'en foutait de ne pas avoir des masses d'amies, elle restait dans son coin sans jamais rien demander à personne.

Elle accrochait donc ses trucs en silence dans le salon, tandis qu'assise au bord du canapé je la regardais faire. Elle fabriquait toutes sortes de choses hallucinantes – livres qui parlaient quand on les ouvrait, coussins qui gueulaient quand on les déplaçait, chaises qui vibraient quand on s'asseyait dessus – mais son grand succès, qui allait bientôt être pris en dépôt par divers endroits, c'était ses pilules magiques. Au nombre de deux ou trois et sous forme de comprimés ou de gélules, elles étaient présentées dans des petits sachets de plastique transparent de la taille d'un paquet de clopes, lesquels étaient agrémentés d'étiquettes super-kitsch qui en expliquaient l'usage : pilules pour devenir top model, pour devenir plus musclée, plus poilue, plus vaginale, pour devenir meilleure avec sa langue ou pour tomber enceinte – chaque modèle se foutait allégrement de la gueule des filles du milieu. Cette fois il s'agissait d'une série appelée *fame pills* (pilules pour devenir célèbres) et il y en avait une vingtaine de différentes : *fame pills* pour artistes, acteurs, rockstars, footballeurs, basketteurs, etc., avec sur chaque étiquette la tête d'une célébrité accompagnée d'une phrase du genre « devenez aussi célèbre que la grosse bite de Dennis Rodman ».

Elle, c'était pas le style à tout laisser sur pause parce qu'elle venait de tomber amoureuse... mais moi c'était le mien et j'ai couru répondre à mon téléphone qui sonnait. Sauf que ce n'était que Pallas qui voulait savoir si Donna était arrivée et si tout se passait bien.

Quand elle est rentrée vers huit heures, j'avais été chercher des trucs chinois à emporter. Elle est restée assise toute droite sur mon lit pendant qu'on attendait que ça se réchauffe. Sur MTV passait le *Dope Show* de Marilyn Manson, morceau qui nous faisait habituellement lever pour danser et chanter pardessus. Là elle hochait à peine la tête.

« T'as vu que c'est en train de devenir français ? elle a dit sans quitter des yeux l'écran. C'est complètement débile, c'était pour entendre parler anglais qu'on regardait MTV. Je crois que tu veux me parler, elle a ajouté, les yeux toujours rivés sur la télé.

— Je crois, oui », j'ai répondu doucement.

Elle a coupé le son de la télé et elle s'est tournée vers moi. Je lui ai offert une cigarette que je lui ai allumée, j'en ai sorti une pour moi et j'ai tassé l'oreiller dans mon dos.

« Avant tout, j'ai commencé, je veux que tu saches que vraiment je t'adore, et tout ce temps, là, tu m'as vraiment manqué, c'était super-dur. »

Elle a lentement hoché la tête.

« Bon alors voilà. On s'est vues une fois... pendant que t'étais à Honfleur... et on pensait que ça allait juste être comme ça... et puis...

— S'il te plaît, elle a coupé doucement, me donne pas tous les détails, dis-moi juste ce qui se passe.

— Excuse-moi. Bon... ben elle va quitter Alex. Voilà. »

Il n'y avait ni colère ni angoisse dans son regard qui continuait de soutenir le mien. Juste de la tristesse.

« Tu me détestes ? j'ai aussitôt demandé.

— Je le savais, tu sais. Je l'ai su tout de suite.

— Écoute, j'ai continué en déposant ma cigarette dans le cendrier pour prendre ses mains. Je tiens beaucoup à toi. Et Inès aussi. Alors tu vas perdre aucune des deux, ça va rien changer. »

Elle a pris une profonde inspiration avant de retirer lentement ses mains.

« Mon Dieu, elle a dit, je crois que tu te rends pas bien compte de ce que ça va faire.

— Oh si, j'ai répondu en soupirant. Dis-moi la vérité : tu me détestes ?

— Bien sûr que non, elle a dit avec résignation. Je vous aime trop toutes les deux pour vous détester.

— J'suis désolée de pas te l'avoir dit avant. Je savais pas comment faire...

— Je sais, elle a répondu en essayant de sourire. On mange, maintenant ? »

Elle souriait. C'était ma Pallas qui me souriait. D'un air un peu triste, mais sincère. Je me suis rapprochée pour passer mes bras autour de son cou et les larmes sont venues. De joie. De gratitude. De soulagement.

Plus tard, j'étais allongée dans ses bras devant la télé. On regardait *Volte face* que j'avais été louer et on était collées comme on ne l'avait pas été depuis longtemps, moi allongée de côté contre elle, comme Inès l'avait été contre moi. D'une main distraite elle caressait doucement mes cheveux. Par instants, la main s'arrêtait et je sentais alors que son regard partait dans le vide, mais dans l'ensemble elle s'enthousiasmait des performances de Travolta et de Nicolas Cage, chacun passé dans la peau de l'autre. Moi aussi je suivais le film, sauf que par moments je ne pouvais m'empêcher de me demander comment c'était en train de se passer chez Alex. Elle savait se montrer si touchante quand elle était malade. Je n'avais pas peur qu'Inès y succombe, ça devrait même plutôt l'agacer vu ce qu'elle en avait dit plus tôt, mais je pensais à tous les gestes qu'elle devait s'efforcer d'avoir pour ne rien laisser paraître. Il n'y avait pas de risque qu'Alex ait envie de faire les pieds aux murs après son opération, mais si ça lui prenait de juste s'occuper d'Inès, elle ferait quoi ? Est-ce que j'aurais vraiment le droit de lui en vouloir si elle se laissait faire pour avoir la paix ? Et feraitelle *vraiment* semblant ? Même quand on n'a pas envie de quelqu'un, quand c'est bien fait, il y a forcément un moment où ça finit par devenir agréable. Depuis six mois qu'elles étaient ensemble, Alex savait forcément quoi faire pour la faire décoller au quart de tour.

« Qu'est-ce qu'y a ? » a demandé Pallas en mettant le film sur pause.

Je me suis redressée pour m'asseoir.

« Ça me tue de pas savoir comment ça se passe là-bas. J'ai envie d'appeler. Tu crois que je peux, genre je viens prendre des nouvelles ? »

Pallas a soupiré.

« Je suppose que c'est quelque chose que t'aurais fait si tout avait été normal.

— Exact, j'ai répondu et j'ai attrapé le téléphone. Tu peux remettre le film si tu veux », j'ai dit en même temps que je composais le numéro, et je me suis levée pour aller me poster à la fenêtre.

« Alex ? Ouais c'est moi. Je voulais juste savoir comment ça s'est passé, l'hôpital.

— Très bien, elle a fait d'une toute petite voix.

— T'as pas eu trop mal ?

— Non, c'est maintenant que ça tire un peu, elle a répondu d'une voix décidément vraiment lointaine. Y z'ont pas voulu me donner de morphine ces enfoirés.

— Prochaine fois ! j'ai plaisanté. Bon, y a quelqu'un pour s'occuper de toi ? Inès est avec toi ?

— Ouais ouais, elle est là.

— Bon c'est bien, et elle mignonne avec toi ?

— Ouais ouais, elle m'a fait à dîner et tout, et là elle me fait des papouilles.

— Bon c'est bien, ben repose-toi alors. »

J'ai raccroché. Est-ce que je me sentais mieux ? C'est exactement la question que Pallas a posée, et j'ai souri pour faire signe que non.

« Viens là », elle a fait en tapotant la place que j'avais quittée.

Je suis venue me rallonger contre elle et j'ai entortillé mes doigts dans le bas de son tee-shirt. Sa main est revenue caresser mes cheveux. Je crevais d'envie de lui demander ce que c'était que cette histoire d'Inès qui draguait tout le monde, mais je ne pouvais pas, je l'aurais tenu de qui ?

« T'as peur qu'elles couchent ensemble ? a fini par demander Pallas. C'est ça ? Tu sais, Alex doit pas être en état.

— Je sais, j'ai soupiré, mais je peux pas m'empêcher d'y penser.

— Ça te soulagerait de le faire ? » elle a demandé.

J'ai relevé la tête pour la regarder. Est-ce que ça me soulagerait, histoire de me sentir moins con, à égalité si on peut dire ? Probablement que oui... Mais il y avait aussi Pallas... fallait qu'on se dise au revoir, quand même, après tout ce qu'on avait vécu ensemble. Je me suis raclé la gorge.

« Écoute, j'ai dit, je sais pas quoi en penser, mais une chose est sûre, tu sais que je suis super-fidèle, alors si on doit le faire une dernière fois toi et moi, ben c'est ce soir je suppose. Enfin, ou dans les jours qui viennent, parce que, après, tu sais bien, je pourrai plus. »

Alors on a commencé à s'embrasser, quelque chose de vraiment tendre, puis on s'est mises à faire l'amour. C'était la première fois que c'était aussi doux. Un vrai truc d'amour, presque. Enfin, un adieu. À plusieurs reprises j'ai senti des larmes venir, songeant qu'Inès en serait malade si elle me voyait. Mais j'avais pas le choix quelque part. Il n'y avait qu'en le faisant moi aussi que je pourrais digérer qu'elle l'ait fait de son côté. Et encore. Disons que ça m'empêcherait de lui en vouloir au point de la quitter. Et puis si elle n'avait rien fait, eh bien tant pis. Avec des si et des peut-être, on n'avait pas fini de se poser des questions.

6

J'ai quand même mis le réveil vers neuf heures, pour descendre voir le courrier avant Pallas. C'était bien de l'avoir refait ensemble, ça nous avait vraiment apaisées l'une par rapport à l'autre. Maintenant elle me souhaitait d'être heureuse.

La carte était bien là. Une vue de Notre-Dame. J'ai attendu d'être remontée et de me remettre au lit avec une cigarette pour la lire :

Je me suis mariée là il y a cinq mois, pleine de projets et de rêves... et aujourd'hui je ne l'écoute plus que d'une oreille, je l'embrasse sans conviction, plus envie d'elle. Je n'ai plus qu'une espèce de tendresse, mêlée de pitié. J'ai l'impression d'être comme ce serial killer qui par jeu sadique propose gentiment d'aider un homme en panne au bord de la route et lui tire une balle dans la tête quelques minutes plus tard, alors que toi tu es là, pas loin, observant la scène avec des jumelles et sachant que je viendrai à toi. Je m'égare.

Qu'est-ce que tu m'as fait ?

Comprends pas...

Elle avait juste oublié de signer. Je n'ai d'abord pas eu d'avis sur le contenu, à part que ça avait l'air gravement amoureux et que ça m'emplissait de joie. J'ai trouvé ça bien vu que ce soit Notre-Dame, étant donné le sens que le monument avait pour moi. Je me suis aussi dit qu'Alex avait dû lui faire lire *Un tueur sur la route* d'Ellroy qu'elle offrait à toutes ses petites amies. Je me suis quand même demandée comment Alex avait pu se « marier » sans que je l'apprenne, et surtout comment elle avait pu accepter de le faire alors qu'elle se foutait toujours de la gueule de celles qui en parlaient. Se pouvait-il, d'ailleurs, que le choix de l'endroit vienne d'elle, sorte de clin d'œil pervers au respect que j'en avais ?

À la troisième ou quatrième lecture, j'ai pris conscience de ce qu'Inès avait écrit. Bien sûr, c'était influencé par le livre et jamais elle n'aurait été capable de faire une chose pareille, mais quand même... Ça ne me rendait pas triste pour Alex, car ce genre de perversité lui aurait plu. J'étais triste pour moi-même, à l'idée qu'un jour Inès puisse envoyer une carte de ce genre à quelqu'un d'autre en parlant de moi...

En milieu de matinée, le téléphone a sonné mais ce n'était que Jessie.

« Écoute, t'en feras c'que tu veux mais je voulais te dire qu'hier soir j'suis passée voir Alex, pour voir comment ça allait et tout, et les filles elles étaient collées. Vraiment normales, quoi. Alors j'me demande si...

— Je viens de recevoir une carte postale.

— Qui dit quoi ?

— Qui dit qu'elle se tire.

— Ah bon. Ben je sais pas alors. Elle est encore plus fausse que ce que j'croyais. Parce que vraiment, tu l'aurais vue hier... Enfin bon. Mais faudrait quand même que tu saches : Alex elle kiffe sur une autre meuf en ce moment, alors peut-être que c'est pour la faire chier qu'Inès elle fait ça.

— Quelle meuf ?

— Peu importe. Enfin voilà, j'voulais te dire ça quoi, parce que j'te l'ai dit, j't'aime vraiment bien et ça me ferait chier que tu t'fasses avoir. Allez, à plus. »

Quelle meuf ? Non, c'était pas possible. Ni avant cette carte postale, ni maintenant. Il allait falloir que

Jessie arrête ça tout de suite. Pallas est apparue sur le pas de ma porte, les yeux brouillés de sommeil. Le téléphone a de nouveau sonné.

« C'est moi. J'viens d'arriver chez moi, mon père me prend la tête, ça va pas du tout, j'peux même pas réviser tranquille alors j'vais prendre mes cours et j'vais venir. Je sais que Pallas doit être là, mais de toute façon ça va bientôt se savoir alors j'vois pas l'intérêt d'se priver.

— Je vois. Tu peux rappeler dans dix minutes, ma puce ? et j'ai raccroché.

— Qu'est-ce qui se passe, a demandé Pallas, c'était Inès ?

— Elle veut venir.

— Ici ? Maintenant ?

— Ben elle arrive pas à travailler chez elle, faut qu'elle révise.

— Ah non mon chou, ça c'est pas possible, c'est trop tôt. »

J'ai poussé un soupir.

« Je comprends, j'ai dit, mais je peux quand même pas lui dire non.

— Ben si, tu lui dis non, c'est tout.

— Mais tu veux qu'on se voie où alors ?

— J'en sais rien, moi, tu te démerdes. T'auras qu'à l'emmener à l'hôtel avec ton avance.

— Arrête...

— Toi, arrête ! Si elle vient maintenant, elle va rester ce soir, et moi, demain, c'est mon anniversaire au cas où t'aurais oublié, et j'ai envie d'être tranquille chez moi ! »

J'avais effectivement oublié. Le téléphone s'est remis à sonner.

« M'empêche pas de venir, ça fait quatre nuits, j'peux plus.

— OK, viens. »

Pallas s'est levée. La porte de sa chambre a claqué. Je suis allée frapper, elle a gueulé « VA TE FAIRE

FOUTRE ». J'ai tourné la poignée, j'ai entrebâillé la porte puis j'ai reculé la tête juste à temps pour ne pas me la prendre dans la gueule. J'ai attendu adossée dans l'entrée. La porte s'est rouverte sur Pallas habillée. J'ai essayé de la prendre par l'épaule alors qu'elle passait dans le salon mais elle s'est dégagée brutalement. Elle a enfilé une veste. J'ai de nouveau essayé de la toucher tandis qu'elle ouvrait la porte d'entrée, mais elle s'est de nouveau dégagée. Je suis sortie sur le palier, je l'ai appelée et j'ai de nouveau eu droit à un « VA TE FAIRE FOUTRE » tandis qu'elle dévalait l'escalier.

Chapitre IX

Du sang sur les draps
*(appuyez sur la touche *)*

1

Lots of pretty, pretty ones, they wanna get you high, elle murmurait dans mon oreille, *but all the pretty, pretty ones, they leave you low, and blow your mind. We're all stars now, in the Dope Show*... Elle avait mis ça en boucle en arrivant. Comme Alex mettait toujours le *Mister Self Destruct* de NIN. Aucun doute qu'elles venaient de passer six mois à s'envoyer en l'air sur Marilyn Manson. Mais ce qui me mettait légèrement mal à l'aise, c'était de le faire avec un truc en plastique. Elle dansait doucement sur moi tandis qu'elle me creusait. Ça faisait indéniablement du bien par où ça passait, mais aucune chance de parvenir à la sensation de *réel* ressentie avec Nikki. Je m'en foutais complètement de ne plus jamais la revivre, elle aurait pu juste me tenir le doigt de pied que ça m'aurait suffi. Enfin presque. D'elle j'aurais même attrapé un cancer incurable, comme disait Kenneth Branagh à Charlize Theron dans *Celebrity*. Ce qui me dérangeait, c'était l'idée qu'elle ne connaîtrait pas cette sensation elle non plus. Et là, à part le délire mental, ça ne devait déjà pas lui faire grand-chose. Elle avait beau savoir parfaitement se servir de la chose, les doubles godes attachables ne fonctionnent jamais comme ils le devraient : à moins de se déhancher comme une malade, la partie plus petite qui entre dans celle qui le porte ne bouge pas vraiment à contretemps avec l'autre. Mais bon, après ce serait son tour et je savais d'avance que ça allait m'exploser la tête. Tenir une gamine de dix-sept ans avec ce truc... Ça allait aussi gravement m'affoler qu'elle foute du sang partout. Une pure jubilation d'en voir sur son corps, comme si c'était moi qui la blessais, alors que son regard en redemanderait, encore et encore... Le seul détail qui me faisait bizarre, c'était qu'elle ne soit pas plus perturbée que ça d'avoir ses règles trois fois dans le même mois... Elle bougeait sacrément bien pour une fille qui n'avait jamais pris un vrai coup de reins. Un peu déprimant de songer que c'était de cette façon qu'elle l'avait fait pour la première fois. Avec un gode. Avec Alex. Mais je suppose qu'à la place d'Alex, ça m'aurait aussi fait fondre le cerveau... « T'as déjà essayé la Kétamine ? elle a murmuré avant de lever un de mes bras pour donner un long coup de langue sous mon aisselle. Ma meilleure amie elle a un plan. T'imagine comment ça doit être de baiser avec ça... » J'imaginais surtout comment elle serait magnifique avec un mec. Qu'est-ce qui se passerait le jour où elle serait tentée ? Ce ne serait pas juste de ne pas le lui accorder... « Je voudrais que tu m'offres une maquette de Buick, elle a dit, s'arrêtant de bouger dans mon ventre. J'en ferai un petit bout tous les jours, et une fois qu'elle sera terminée, peinte et tout, ce sera le signal qu'on devra partir. Tu crois que je vais pouvoir venir ici souvent avec Pallas ? Je voudrais une maison qui donne sur la plage comme dans *Melrose*. Avec un Frigidaire qui a un distributeur de glaçons. Et aussi... – Eh, j'ai fait en riant, tu veux pas terminer ce que t'as commencé ? – Excuse-moi, c'est juste que j'ai l'impression de pas t'avoir vue pendant des siècles. J'ai tellement de trucs à te dire, à te raconter. C'est tellement toi que je veux voir tous les jours quand j'ouvre les yeux. C'est tellement toi que j'attendais. Ça va me tuer si tu te tatoues mon nom, et moi je vais faire le tien aussi... », et elle a enfoui son visage dans mon cou en se remettant à bouger doucement. Je crois que c'était la première fois qu'on me le faisait aussi calmement, sans sauvagerie. Je ne savais pas si j'appréciais autant, mais là tout de suite ça allait avec le reste, avec la musique pas trop forte et la lumière des lampadaires qui entrait par les volets ouverts. C'était tranquille. Comme ça le serait avec les fenêtres donnant sur la baie de San Francisco. C'était peut-être finalement ça d'être bien avec quelqu'un : tranquille. « Eh, elle a fait en relevant de nouveau la tête. Tu mens pas, hein ? – Comment ça ? – Ben tu m'aimes vraiment, hein ? J'ai souri – Pourquoi, toi tu me mens ? » Elle m'a longuement dévisagée – tant de choses enfouies dans tout ce noir –, puis elle a pris mon visage dans ses mains : « Comment je pourrais te mentir quand tu me regardes comme ça ? » et elle s'est remise à bouger. Cette fois plus fort, plus profondément, avec ses mains qui sont passées sous mes fesses pour les empoigner, et mes bras sont venus se souder autour de sa nuque, tandis que, le cœur noyé de bonheur, je faisais passer toute mon âme dans sa bouche.

2

Le soleil qui rentrait dans la pièce m'a réveillée. Inès était toujours dans mes bras, avec sa joue sous la mienne et un genou par-dessus ma cuisse. D'infimes particules de poussière flottaient, en suspension dans un rai de lumière. La vie pourrait s'arrêter là, j'ai songé. On pourrait rester figées dans cet instant-là. Juste du bien-être sous perfusion, comme quand on reste affalé avec une super-bonne dope, à regarder les nuages dériver doucement dans le ciel et à sourire à tout ce qui est devenu beau et cool tout autour. J'ai essayé de remuer légèrement mon épaule et elle a ouvert les yeux. « Je t'aime » elle a aussitôt murmuré avant d'enfouir encore plus son visage dans mon cou. J'ai resserré mes bras, elle sentait bon le sommeil. « T'as faim ? j'ai demandé doucement en caressant ses cheveux. – Hummm », elle a fait en relevant la tête, et sa bouche est venue retrouver la mienne. Elle avait les lèvres si douces, si molles, ça me rendait dingue de les sentir s'écraser contre les miennes. « T'as bien dormi, bébé ? » elle a murmuré, et son corps est passé par-dessus le mien pour attraper les cigarettes. Ça faisait bizarre de voir une fille si jeune allumer une clope au réveil, mais qu'est-ce que je pouvais y redire, j'en voulais une moi aussi. Elle a roulé sur le dos pour expirer la fumée, puis comme je me contentais de la toiser d'un air amusé, sans chercher à me rapprocher, elle est revenue tout contre moi.

« Oh j'adore ce truc », elle a dit en relevant la tête.

À la télé restée allumée sans le son, Britney Spears faisait des bonds de Power Rangers.

« Je sais que c'est super-nul, mais parfois j'aime bien les trucs super-nuls !

J'ai attrapé la télécommande pour mettre le volume, me gardant de répondre que moi j'avais un faible pour Céline Dion...

« Y faut que je rentre, elle a soupiré, j'vais rien faire si je reste là.

— T'as pas tes cours avec toi ? j'ai demandé en coinçant ma clope au coin de mes lèvres pour remonter la couette sur nous.

— J'vais rien faire ! elle a répété en me grimpant dessus pour me mettre les bras en croix, ignorant ma clope dont la fumée me piquait l'œil. Si tu veux m'aider, elle a ajouté en posant sa joue contre ma poitrine, force-moi à me lever, moi j'peux pas sortir de ce lit. »

J'ai tiré une dernière taffe sur ma cigarette avant de l'écraser, je l'ai poussée doucement pour me mettre debout et je lui ai tendu ma main.

On s'est habillées côte à côte.

« J'aime bien cette chemise, elle a fait en me voyant ramasser la chemise de Nikki qui traînait en boule. J'aime bien les trucs soixante-dix. »

J'ai souri d'un air entendu. Il y avait décidément quelque chose d'impérieux dans sa drôle de posture d'oiseau, tandis que les mains sur les reins, elle regardait autour d'elle pour s'assurer qu'elle n'oubliait rien. Quelque chose de terriblement décidé et fier, et en même temps, elle faisait si enfant. Je n'en revenais pas qu'elle soit pour moi. À cet âge-là, on a tendance à vouloir rester libre plutôt que de chercher à s'engager à ce point... Elle nous voyait rester ensemble combien de temps ? Moi-même je n'aurais pas su le dire. Je savais juste que ça me faisait exactement comme pour Alex : envie que ça dure le plus longtemps possible et que ça soit ma dernière histoire, qu'après je me retrouve dans une voiture qui quitte la route... C'était ça qu'on projetait avec Alex. Deux ou trois ans d'une vie super-cool – reconnaissance, fric, dope et passion à volonté –, puis ensuite tout qui se termine d'un coup, pour que ça n'ait pas le temps de se dégrader, de devenir moche, de redevenir banal. Et là, pendant que la bagnole dégringolerait dans le fossé, au ralenti comme dans *Les Choses de la vie*, on verrait défiler ces deux ou trois dernières années et on se dirait que c'était cool, sacrément cool, merci... Ouais, ça me reprenait avec elle. Ce que je ne savais juste pas, c'était si j'avais envie qu'elle soit aussi dans la voiture ou pas. Vu son âge, elle avait quand même des choses à vivre, à faire... J'ai rabattu la couette sur le drap inondé de sang. Elle n'avait pas fait qu'en mettre partout, elle m'en avait barbouillé la gorge, le visage, la bouche, en pleurant, en disant qu'il faudrait qu'on trouve un moyen de faire un enfant ensemble...

« Tu me laisses ton numéro de portable ? j'ai demandé.

— Ah oui. Et tu sais quoi, faudrait un fauteuil ici, pour que je puisse lire pendant que tu travailleras. »

Elle s'est accroupie devant son sac, en a sorti un Filofax, a griffonné le numéro puis a arraché la page qu'elle est allée déposer près de l'ordinateur.

« Force-moi à partir », elle a imploré en revenant se coller contre moi.

On a dérivé jusque dans le mur et elle tenait de nouveau mon visage à deux mains pour m'embrasser. Comme si elle avait chaque fois peur que ma bouche se détourne. Peut-être bien qu'elle serait dans la voiture. Elle avait malheureusement une tête à me suivre jusqu'au bout.

Elle a littéralement fondu en voyant que je ramassais ma veste en jean pour l'accompagner au métro : « T'étais où depuis que j'suis née... ? »

Sa main est naturellement venue prendre la mienne en sortant de l'immeuble. C'était la première fois que je tenais une fille par la main dans la rue. Au bout de quelques mètres, son bras est passé sous le mien, et pour finir elle s'est arrêtée pour m'embrasser. Ça je l'avais déjà fait, souvent même, mais j'étais toujours gênée, alors que là je m'en foutais. Quand on est reparties, j'ai remarqué que les gens qu'on croisait tournaient la tête, mais ils souriaient tous. Eh ouais, deux filles jolies super-amoureuses, qu'est-ce qu'ils auraient bien pu trouver à y redire ? On a continué tout du long comme ça, sur toute l'avenue Parmentier qu'on suivait vers la place Voltaire où elle allait prendre le métro. On s'arrêtait sans arrêt pour s'embrasser, pour se murmurer des trucs à l'oreille en riant, puis on repartait, bras dessus, bras dessous, rendant leurs sourires aux gens qui nous dévisageaient.

Devant le guichet du métro, on s'est carrément adossées au mur pour s'embrasser encore. Cette fois je n'osais pas trop regarder vers la caissière, c'était quand même un peu trop là, avec les mains d'Inès qui massaient doucement mes seins que ma veste en jean ne dissimulait même pas.

« Toi je t'aime », elle a murmuré en décollant enfin sa bouche de la mienne.

Je l'ai regardée glisser le ticket de sa Carte Orange puis passer le tourniquet. Elle était radieuse. Elle restait plantée là, retournée vers moi à grimacer pour faire signe qu'elle avait pas envie de partir. Je savais pas ce qu'on allait devenir, San Francisco ou une pauvre chambre de bonne Place des Fêtes, mais on y allait.

3

De retour à la maison, je suis tombée sur Pallas qui venait de rentrer. Elle allait du canapé du salon aux placards pour ranger des achats.

« Bonjour, j'ai fait timidement, bon anniversaire. »

Elle a levé les yeux au ciel genre : ouais, c'est ça !

« Écoute, j'ai commencé à dire, pour ce soir... je crois pas que... je crois pas que je peux venir au Pulp. Enfin tu comprends, ça serait pas bien de faire comme si de rien n'était avec Alex. Ce serait hypocrite... »

Pallas n'a pas répondu, continuant de ranger ses trucs.

« Et, euh... Inès m'a dit de te dire qu'elle pourrait pas non plus être là.

— Pardon ? a explosé Pallas.

— Elle passe son bac, j'ai poursuivi doucement, elle a presque plus de temps pour réviser.

— Ben elle l'a trouvé, le temps, pour venir s'envoyer en l'air avec toi !

— Elle passe son bac *demain*. »

Pallas a claqué les portes des placards puis est passée dans sa chambre dont elle a aussi claqué la porte.

Je suis restée là à regarder les sacs vides sur le canapé. Un Gucci, un Prada et un troisième du Shop. La porte de Pallas s'est rouverte et elle s'est plantée sur le seuil du salon.

« Tu crois vraiment que personne va remarquer que vous êtes pas là ? elle a demandé, les mains sur les hanches.

— Ben, je sais pas... Tout le monde sait qu'Inès a son bac, et moi t'auras qu'à dire qu'on s'est engueulées. Elles te croiront, j'ai ajouté avec un timide sourire.

— Ça c'est clair ! s'est exclamée Pallas. Je sais pas à quoi vous jouez toutes les deux mais c'est vraiment malsain.

— Comment ça ?

— Ben la petite qui continue de coucher avec Alex alors que soi-disant elle doit la quitter.

— Pardon ?

— Alex parlait que de ça aujourd'hui, que finalement ça a du bon d'aller à l'hôpital parce que comme elle était fragile, elle s'est fait sucer pendant trois heures avant qu'Inès la laisse jouir.

— Ben elle ment, j'ai soupiré.

— Ben voyons !

— Elle t'a menti, j'te dis.

— Et *pourquoi* elle mentirait ?

— Je sais pas, moi ! Parce que justement elles baisent plus et qu'elle flippe ! J'en sais rien ! Mais toi t'es nulle de me balancer ça ! C'est juste pour me foutre les boules et c'est dégueulasse ! », sur quoi je suis passée dans ma chambre dont j'ai claqué la porte.

J'ai aussitôt composé le numéro du portable d'Inès, espérant qu'elle ne l'avait pas éteint dans le train, ça s'est mis à sonner.

« C'est moi. Écoute, Alex raconte à tout le monde qu'hier vous avez passé toute la nuit à vous envoyer en l'air.

— Ben elle ment.

— Et *pourquoi* elle mentirait ?

— Mais je sais pas moi... peut-être parce que justement on le fait plus... J't'entends trop mal là, je te rappelle en arrivant. »

Elle a rappelé dans l'heure suivante et elle était vraiment mignonne, disant qu'elle comprenait, qu'elle aurait eu vraiment les boules si elle avait entendu dire que j'avais recouché avec Pallas par exemple... Elle avait l'air un peu éteinte, mais j'ai mis ça sur le compte du stress du lendemain. Ses épreuves commençaient à huit heures et ça allait durer jusqu'en fin d'après-midi. Elle a dit qu'elle rappellerait juste avant d'aller se coucher, sinon de toute façon le lendemain matin, avant de partir, pour que je lui donne du courage.

« J'ai hâte, elle a ajouté avant de raccrocher, j'ai hâte que tout soit enfin terminé et qu'on n'ait plus rien d'autre à faire que rester collées. Enfin à mon avis, je vais plutôt rester dans le fauteuil à te regarder travailler ! »

4

En me réveillant vers onze heures, j'ai été un peu déçue qu'Inès n'ait pas téléphoné avant de partir à son bac. Déjà que la veille au soir elle n'avait pas non plus rappelé. Mais bon, elle devait avoir besoin de rester concentrée. Je me suis levée pour aller prendre le numéro du portable. Je suis évidemment tombée sur la messagerie, c'était la première fois que je l'entendais et j'ai reconnu le DJ Rush que Jessie avait mis à la rave, *I wanna fuck you all night*. Ça m'a fait un peu bizarre de le retrouver là. Si Alex l'avait aussi, elles avaient dû faire pas mal de choses dessus... Mais j'ai rassemblé tout mon enthousiasme pour lui dire de s'accrocher, et j'ai ajouté qu'une fois que l'avance serait là, j'allais faire hypergaffe à pas trop dépenser dans des nouvelles machines pour qu'il nous reste de quoi être tranquilles. En raccrochant j'ai ensuite composé le numéro du serveur vocal de ma banque. J'ai fait ça comme ça, pour voir. « Appuyez sur la touche étoile ». Ouais ouais, appuyez sur la touche étoile pour entendre qu'il vous reste quarante balles. Et putain, c'était là : VOTRE COMPTE DE DÉPÔT PRÉSENTE À CE JOUR UN SOLDE CRÉDITEUR DE CENT MILLE QUARANTE-DEUX FRANCS.

« PALLAS ! j'ai aussitôt crié en raccrochant. PALLAS ! »

Je me suis ruée dans le couloir pour frapper à sa porte. Pas de réponse. Me souvenant alors qu'elle avait dû rentrer super-tard de son anniversaire, j'ai tourné la poignée le plus doucement possible. La pièce était inondée de lumière et le lit intact. Je suis revenue dans ma chambre appeler son portable. Ça a sonné dans le vide un moment, puis la messagerie s'est enclenchée.

« Putain je sais pas où t'es mais faut que tu te réveilles ! J'ai l'avance ! J'ai reçu l'avance ! Alors je fonce à la banque et j'te rappelle d'une cabine pour voir où on se retrouve ! »

Ensuite j'ai rappelé le portable d'Inès : « Ça y est ! On est riches ! Appelle-moi dès que t'as fini, je viens te chercher en limousine ! »

Ensuite j'ai appelé chez Jessie où j'ai eu le répondeur, et j'ai raccroché pour appeler son portable où je me suis aussi retrouvée sur la messagerie : « Putain Jessie j'ai mon avance ! Je vais pouvoir me payer un G4 ! »

Ensuite j'ai appelé chez Eva parce qu'au magasin elle avait pas le droit de recevoir des coups de fil : « Putain j'ai mon avance ! Je vais faire grimper ta commission, ça leur fermera leur gueule à ces abrutis ! »

Je crevais d'envie d'appeler Alex, évidemment, mais ça, je pouvais pas le faire, je le savais bien. J'ai recomposé le numéro de Pallas et cette fois elle a répondu, glaciale.

« T'as eu mon message ? j'ai demandé, n'en revenant pas qu'elle ait un ton pareil en sachant la nouvelle.

— Ouais, elle a fait, c'est pas trop tôt. »

Je n'ai pas relevé.

« On se retrouve où, alors ?

— On se retrouve pas, je passerai plus tard.

— Quand ça ?

— Plus tard j't'ai dit.

— Bon ben je fonce à la banque alors. »

Dans le taxi qui m'emmenait à ma banque, j'étais sciée que Pallas n'ait pas réagi *du tout*. Je l'entendais encore devenir hystérique, au téléphone, quand je lui avais annoncé que j'avais enfin reçu le contrat... Elle devait vraiment m'en vouloir de ne pas être venue au Pulp, mais quand elle verrait les billets tout s'arrangerait. Après la banque, j'allais appeler Nikki pour avoir l'adresse exacte de son magasin près de Beaubourg, j'allais enfin les avoir mes trucs *seventies* !

C'était vraiment mon jour de chance. J'ai trouvé une veste de velours noire cintrée avec une fente derrière, et une magnifique chemise prune, moulante juste comme il fallait. J'en ai aussi vu plusieurs autres trop larges mais qui pourraient aller à Inès, sauf que ça, il valait mieux qu'elle choisisse elle-même. Ensuite je suis tombée par hasard sur une autre friperie, qui apparemment venait juste d'ouvrir et était encore plus *seventies*, et là j'ai trouvé une paire de boots incroyables pile à ma taille. Pas des Annelio & Davide, mais tout aussi classes avec une fermeture Éclair et dix centimètres de talons, ce qu'il me fallait sinon après j'étais trop grande. Et pour finir, en passant devant une petite brocante de la rue du Temple, j'ai vu ce qui me tenait le plus à cœur : un petit fauteuil club pour Inès.

Maintenant j'étais sur le trottoir, et malgré mes sacs et mon fauteuil, j'avais envie d'aller partout. À la Fnac pour acheter des tonnes de disques pour Inès, puis faire tout Étienne-Marcel. Mais j'allais attendre Pallas pour ça. Je me retrouverais alors certainement chez Colette, mais pour une fois j'avais les moyens !

5

Le voyant de mon répondeur indiquait un seul message. J'ai laissé tomber mes sacs pour aller m'agenouiller devant, j'ai appuyé sur *rewind*, puis quand j'ai vu que ça avait l'air long, j'ai appuyé sur *play* pour déjà voir qui c'était : « ... quoi qu'tu fasses, disait la voix d'Inès, j'assumerai... » J'ai appuyé sur stop. Ça y est, elle venait de quitter Alex... Je suis restée à regarder dans le vide, me demandant si ça me terrifiait, mais non, ça m'emplissait juste d'un formidable sentiment de libération. J'ai retiré ma veste en jean et j'ai allumé une cigarette avant de rembobiner le message jusqu'au début.

« Allô, c'est Inès. Bon, ben j'ai essayé d'appeler plusieurs fois, t'es pas là... Alors, le fait est que... enfin je t'aime, j'crois que ça c'est indéniable... mais le fait est que j'aime aussi Alex... quequ'part... je sais pas... et que j'peux pas... et que j'préfère qu'on se revoie pas... qu'on s'appelle plus... rien... J'suis désolée... j'pense pas que je le vivrai bien moi non plus, mais j'peux pas faire ça... J'peux pas, j'peux pas, j'peux pas... Alors j'suis une dégonflée, j'suis ce que tu veux, j'suis même conne, sûrement, quequ'part, mais j'peux pas, et... voilà... Alors pour la carte, tu fais ce que tu veux, tu la montres, tu la montres pas, quoi qu'tu fasses j'assumerai... Voilà... j'suis désolée de dire ça sur un répondeur... mais y fallait que ça sorte... Et j'pense bien que tu me reparleras plus jamais, et que voilà... et que bon, mais... » et puis ça a coupé.

J'ai évidemment aussitôt composé le numéro de son portable. Ça sonnait. Mon cœur bondissait dans ma poitrine. Elle a répondu d'une toute petite voix.

« C'est moi, raccroche pas s'te plaît.

— Écoute...

— Tu le pensais pas tout ce que t'as dit ?

— Mais si, tu sais bien que si. Y faut que j'te laisse, j'ai une autre épreuve qui commence.

— Inès je t'en supplie.

— Y faut que j'y aille.

— Putain mais je viens d'avoir l'avance !

— Je t'embrasse. »

J'ai immédiatement essayé de rappeler mais elle avait mis la messagerie. J'allais parler quand la porte d'entrée s'est ouverte. J'ai raccroché pour me relever. Pallas restait plantée là avec ses sacs.

« Elle me quitte », j'ai lâché en éclatant en sanglots.

Pallas restait sur le pas de ma porte, avec un drôle d'air.

« Elle me quitte », j'ai répété en venant l'entourer de mes bras.

Une de ses mains a fini par remonter dans mon dos mais je me suis aussitôt éloignée. La pièce n'était pas assez grande pour que je puisse y disparaître. J'avais envie de vomir. Je voulais pas y croire, mais je savais que c'était en train d'arriver pour de bon.

« Ça va être comme ça tout le temps ? » a soudain fait la voix glaciale de Pallas.

Je me suis retournée, hébétée. Un rictus de pur mépris faisait remonter les coins de sa bouche.

« Non parce que ça va pas être possible, là », elle a ajouté.

Je me suis essuyé les yeux d'un lent revers de la main.

« Tu permets que je sois amoureuse encore cinq minutes ? j'ai demandé, atterrée.

— Mais arrête, tu prends vraiment les gens pour des cons.

— Pardon ?

— Mais tu sais très bien que vous étiez pas amoureuses !

— Ah bon ? Et on était *quoi* alors ?

— Mais vous étiez rien du tout ! Elle allait pas quitter Alex pour toi ! Franchement, tu t'es vue ? T'es pas connue, t'as pas un rond – ouais bon t'as cette avance mais c'est à se demander comment t'as fait –, ta musique elle est nulle et toi t'es ridicule avec ton revival soixante-dix à deux francs ! »

Elle se marrait maintenant.

« Franchement, elle a poursuivi, Alex elle a le fric, la voiture, les *guest lists*, le prof de gym à domicile, la maison dans le sud ! Mais regarde-toi ! Tu quitterais quelqu'un comme elle pour quelqu'un comme toi ? Ma pauvre fille, tu me fais vraiment pitié !

— Et *ça* alors ? j'ai fait en venant brandir la carte postale sous son nez.

— Ouais ouais, a maugréé Pallas en la repoussant de la main. Elle m'a dit pour le passage du bouquin qu'elle a recopié.

— Quoi ? Tu lui as parlé ?

— Mais bien sûr, je l'ai vue, même ! C'était mon anniversaire j'te rappelle ! Tu croyais qu'elle allait pas me le souhaiter juste pour te faire plaisir ? »

C'est pas vrai, c'était pas un passage d'Ellroy, ça en avait juste l'esprit. J'ai plié la carte en deux pour la fourrer dans ma poche de derrière.

« On est allées lui choisir des maillots de bain pour les vacances ! Alex va mixer avec Aphex Twin à Montpellier, tu croyais quand même pas qu'elle allait rater ça ? ! Et tu sais ce qu'elle dit ? Elle dit que t'es malade mentale, que t'as essayé de l'étrangler et que de toute façon elle était tout le temps obligée de faire semblant tellement t'es nulle ! Moi aussi je devais faire semblant, qu'est-ce que tu crois ! »

J'ai ouvert la bouche, j'ai découvert que je ne pouvais pas énoncer un mot et je l'ai refermée. En passant à côté de Pallas, j'ai sorti ses dix mille balles de ma poche et j'ai laissé tomber la liasse à ses pieds.

6

« Mais qu'est-ce qui s'est passé ? je répétais, assise toute droite dans le canapé de Jessie, les yeux brouillés de larmes.

— Je sais pas, a soupiré Jessie. Tout ce que je sais c'est qu'elles se sont pris la tête hier soir, au téléphone, et qu'Alex l'a quittée. Alors peut-être qu'Inès elle a flippé ?

— Mais c'était à propos de quoi ? j'ai demandé en reniflant.

— Je sais pas trop, mais de toute façon, Alex elle était au courant pour vous deux. Quand Inès était chez toi avant-hier, Alex est tombée sur sa mère qui lui a dit qu'elle était partie dormir chez une Louise. Y en a pas dix mille des Louise.

— Mais pourquoi tu me l'as pas dit avant ?

— Mais je l'ai su qu'aujourd'hui. De toute façon, Alex elle s'est vengée en se tapant la meuf qu'elle kiffait.

— Hein ?

— Maintenant elles sont à égalité, quoi.

— Et elle le sait, ça, Inès ?

— J'en sais rien. Mais c'est pas à toi de lui dire.

— Je vais me gêner ! j'ai répondu en me levant.

— Arrête, a fait Jessie en tendant le bras pour me barrer le passage. J'étais pas censée te dire ça.

— Putain mais tu te rends pas compte ! Inès elle est repartie parce qu'elle croit qu'elle aime toujours Alex, mais quand elle va savoir ça...

— Nan, a rétorqué Jessie, ça va rien changer du tout. Bon écoute, si tu veux tout savoir, Alex elle dit qu'elle a vu le truc venir dès le début et que ça l'arrangeait qu'Inès se fasse un plan avec toi, parce que comme ça elle pourrait se taper l'autre, sauf qu'Inès elle a commencé à la faire chier avec ça, à lui faire croire que c'était sérieux et tout, donc Alex elle a fait semblant de la quitter pour la calmer.

— Mais tu sais ça depuis quand ? j'ai demandé, au bord de la suffocation. »

Jessie a poussé un lourd soupir.

« Écoute, j'ai essayé de te prévenir mais tu voulais rien savoir. Inès c'est pas la petite sainte que tu crois. Elle carbure grave à la coke en ce moment, le mois dernier elle était tous les jours à l'héro. »

J'ai relevé des yeux pleins d'horreur.

« Mais ouais, a soupiré Jessie, elle est avec Alex, quoi, c'est pas pour rien. Elles se sont trouvées ces deux-là. »

Chapitre X

Stéribox & Mac Morning

1

Je me suis réveillée en chien de fusil sur le canapé de Jessie, et la douleur était déjà là. Ça faisait longtemps que ça ne m'était pas arrivé, mais quand on l'a vécue une fois on ne l'oublie jamais. Cette douleur-là était présente avant même qu'on ouvre les yeux. Elle ne disparaissait pas au cours de la nuit ni ne s'atténuait. Elle se contentait de se mettre sur pause avec l'activité cérébrale et physique, se faisant ensuite un devoir de se ranimer avant tout le reste pour vous rappeler, dès le réveil, ce qu'il en était. Il n'y avait pas moyen d'y échapper, pas même quelques secondes de répit. Où que je m'assoupisse, dès l'instant où je rouvrirais les yeux sur un lit, un canapé, une pièce où Inès ne se trouverait pas, les larmes jailliraient et la boule reprendrait sa place. Mon corps tout entier se mettrait alors à hurler en réintégrant la spirale du manque, et la journée ne ferait que commencer. Dans une seconde phase – une semaine, peut-être deux – mon cerveau épuisé parviendrait à rejeter ce premier assaut, le temps de quelques gestes, quelques pensées avant que ça revienne m'envahir. Pour l'instant, à peine j'ouvrais les yeux et je prenais conscience que la chose demeurait. C'était réellement arrivé et ça continuait d'arriver. Ce n'était pas tant la douleur qui était terrifiante, mais la panique. Ce vertige incommensurable qui voulait qu'en une fraction de secondes, l'absence faisait s'écarter les murs et s'ouvrir le sol sous les pieds, alors que le manque absorbait jusqu'au dernier souffle. Je me suis assise pour attraper mes tennis, essuyant mes joues de la main.

« Bonjour », a fait une voix de mec derrière moi.

J'ai légèrement tourné la tête et j'ai découvert un type rasé avec un tee-shirt rouge du label Prozak.

« Jessie est allée chercher des croissants, elle va pas tarder à remonter.

— Merci », j'ai marmonné en reniflant.

J'ai enfilé mes tennis, je les ai lacées, puis je me suis levée en ramassant mes cigarettes et mes lunettes de soleil.

« Tu l'attends pas ? a demandé le type, surpris de me voir enfiler ma veste en jean.

— Dis-lui que je reviens, je reviens dans pas longtemps. »

Dehors il pleuvotait. J'ai mis mes lunettes, puis j'ai regardé de chaque côté de la rue mais Jessie n'était nulle part. Je n'hésitais pas sur ce que j'étais sur le point de faire, je me demandais juste où m'adresser. Le dealer d'Alex, je ne pouvais pas m'y pointer sans elle. L'ancien superplan de Nikki à Goncourt fonctionnait toujours mais il fallait prévenir la veille. Et le dernier endroit où j'étais allée, derrière Beaubourg, le type n'avait jamais rien d'autre que de la marron dégueulasse. Mais bon, celui-là était tout près et je savais encore son numéro par cœur. Parfois, les dealers ont des numéros si faciles à retenir que c'est à se demander s'ils n'ont pas un deal avec les Telecom.

La meilleure cabine était celle de la fontaine aux animaux, ses fenêtres donnaient dessus et les rideaux ouverts étaient le feu vert pour se manifester. Quatre personnes faisaient la queue. Sur un poignet j'ai déchiffré onze heures moins le quart et j'ai décidé de commencer par aller me chercher un Mac Morning, pour une fois que j'en avais l'occasion ! Le

Mac Do est le meilleur endroit au monde où se pointer quand on a faim, sauf que maintenant tout le monde le sait et qu'il soit dix heures du matin ou quatre heures de l'après-midi, il y a toujours des queues pas possibles. Il n'était qu'onze heures moins dix quand j'ai poussé la porte de celui de la place Sainte-Opportune, mais les deux seules caisses ouvertes étaient prises d'assaut par une trentaine de cirés jaunes qui se concertaient, en allemand ou quelque chose dans le genre, et je voyais le plan qu'ils allaient les prendre, les dix minutes. Je me suis faufilée jusqu'à la caissière, une blonde avec une moue vulgaire, et j'ai gentiment demandé s'il serait possible que je passe avant tous ces gens, je savais ce que je voulais et ça ne prendrait qu'une seconde. « Ah ben non madame, elle a fait, y sont avant vous tous ces gens. » Merci connasse, j'avais pas remarqué. Maintenant que j'avais ouvert la bouche, revenant à la réalité de ce qui m'entourait, les images m'assaillaient, je n'en finissais pas de devoir essuyer mes joues et la boule qui reprenait toute ma gorge m'avait passé l'envie de manger. Quand ça a enfin été mon tour, la fille n'a même pas eu un sourire de compensation. Je sais pas si c'était les lunettes de soleil qui l'agaçaient, ou juste la supposition que j'étais déjà en vacances alors qu'elle allait se taper juillet-août dans les odeurs de graillon, mais je n'ai eu droit ni à bonjour ni merde ni rien. Elle se contentait d'attendre ma commande d'un air saoulé. J'ai demandé un Mac Morning sucré avec un Coca à la place du truc chaud. Elle s'est tournée vers la cuisine : « Eh Momo, c'est fini les Mac Morning, hein ? – Ouais, c'est fini là. »

J'ai pris une profonde inspiration :

« Écoutez, ça fait des mois que j'arrive chaque fois trop tard, et là c'était bon pour une fois, c'est juste la queue qui a pris dix minutes.

— Ben oui madame mais moi j'peux rien y faire.
— Vous avez vu *Chute libre* ? »

Elle m'a regardée d'un air complètement crétin.

« Ouais ben si tu l'avais vu ça t'aurait marquée », j'ai marmonné en tournant les talons.

Dehors il pleuvotait toujours. Elle s'en souviendrait, ouais, de Michael Douglas qui menaçait de vider son chargeur sur la fille qui voulait pas lui servir son *breakfast* parce qu'il était 11 h 01... Si j'avais eu le même arsenal que lui, j'aurais pas hésité. Qu'est-ce que ça pouvait bien leur coûter de servir des Mac Morning toute la journée si ça nous chantait ? Dans un caniveau, un tout petit chien levait un regard désespéré sur sa maîtresse tandis qu'il chiait péniblement une grosse merde jaune. Je me suis dit que ça devait être ça avoir une « vie de chien » : faire caca jaune devant tout le monde sans même avoir la possibilité de dissoudre un Smecta pour soulager son ventre. J'ai ignoré la première pharmacie pour une seconde un peu plus loin. Si j'avais eu le matos de ce bon vieux Michael, je n'aurais pas non plus hésité à redécorer les vitrines de toutes les pharmacies du pays qui refusent de vendre des Stéribox. À quoi ça servait de fabriquer un kit du parfait petit tox si neuf pharmacies sur dix refusaient de les stocker ? Pareil pour les insulines vendues à la pièce, pourquoi se croyaient-ils toujours obligés de faire traîner avant de vous les donner, allant même parfois jusqu'à passer dans l'arrière-boutique pour donner l'impression qu'ils appelaient les flics ? Qui croyaient-ils dissuader, on perdait juste du temps. Mauvaise démarche psychologique en plus : moins on prend la tête à quelqu'un d'accro et moins on réveille l'énervé qui sommeille en lui. La pharmacie où je suis entrée allait jusqu'à délivrer les boîtes de Néocodion par trois. Réelle solidarité, ou pas vraiment le choix vu la faune qui traînait dans le quartier ? En tout cas c'était cool de leur part. Quand je devais acheter un Stéribox, j'étais toujours légèrement mal à l'aise de le demander à haute voix devant les autres clients, même si en général ils ne connaissaient pas. Ce pharmacien était jeune et il a mis la boîte dans un petit sac, ça changeait de ceux qui la poussaient sur le comptoir comme si ça risquait de leur salir les mains.

De retour à la cabine de la fontaine, il n'y avait plus la queue, juste deux grosses filles compressées dedans. Une drôle de jungle, le monde des cabines téléphoniques. Il y en avait, on les voyait enchaîner les petites annonces d'une interminable page de journal sans un regard autour d'eux, prenant même le temps de mastiquer un début de sandwich avant de redécrocher le combiné. Étonnant qu'il n'y ait jamais de meurtres dans le monde des cabines. Il faudrait une sorte de milice spéciale, une grue qui se poserait sur le toit de la cabine, qui la soulèverait du sol et trimbalerait l'enfoiré au ras des trottoirs pour qu'il se paie bien la honte devant tous les passants, avant d'atterrir dans un hangar où serait dressé un tribunal de réinculcage de conscience collective, avec visionnage d'images pénibles façon *Orange mécanique*. Les deux à l'intérieur, anglaises à en juger par leur accent, elles étaient de la race intermédiaire, pas pressées de sortir mais me faisant de grands sourires pour s'excuser. Elles, c'était pas les petites annonces qu'elles faisaient, c'était leur carnet d'adresses entier. Elles parlaient à tour de rôle, répétant la même chose à chaque nouvel interlocuteur : « Nous sommes à Paris ! Oui, Paris en France ! Et nous sommes devant une fontaine avec un éléphant ! Oui, un éléphant avec une trompe ! Non, il pleut ! Et vous, quel temps avez-vous ? » Allez les filles, je songeais en souriant malgré moi, achetez la carte postale et tirez-vous... J'ai fini par repartir vers la rue Saint-Denis, histoire de me trouver un bandana pour le garrot.

Le type ne se rappelait pas de moi. J'essayais de sortir de la cabine pour qu'il puisse me voir depuis sa fenêtre. Il était surtout hypersurpris que j'appelle sur ce numéro-là. Ça m'a pris du temps avant de comprendre que depuis un an, il s'était mis au portable comme tout le monde, et cette ligne-là ne devait plus servir qu'à sa maman qui l'appelait une fois par mois pour voir s'il n'avait besoin de rien. C'est pénible de discuter avec un dealer par téléphone, surtout quand on ne lui a pas parlé depuis longtemps et qu'on ne sait pas quel nouveau code il utilise :

« Tu comprends, je répétais, je me disais que je pourrais passer te voir une heure.

— Une heure ?

— Ben ouais, juste une heure, quoi.

— Une heure ?

— Ouais, une heure.

— Tu veux venir chez moi *pendant* une heure ?

— Ouais, une heure. Pas un quart ni une demie, *une heure*.

— Ah, une heure... »

Ça y est ? Un gramme ? T'as saisi, pauvre con ?

Dans son salon il y avait déjà une fille sur le canapé. Une blonde toute fade à la Gweneth Paltrow, genre jeune mannequine fraîchement débarquée de son Estonie natale, pâle et demeurée comme un veau qui sort de l'étable. Tandis que j'attendais assise à côté d'elle, je me demandais si le type l'avait ramassée en boîte la veille, ou si elle avait eu l'adresse par son agence en même temps que sa liste de *go and sees* pour la journée... Elle avait les yeux rivés sur MCM où passait *Dieu m'a donné la foi* d'Ophélie Winter. Dieu merci, c'était pas Britney Spears – déjà ça de gagné –, mais la fille hochait doucement la tête sur le rythme en fredonnant encore plus doucement les paroles, et c'était si surréaliste de la voir triper sur cette chorégraphie pimpante, ici, que j'ai eu envie de m'écrier « Ophélaille ! No soussaille ! ». Le type m'a fait signe de rappliquer dans l'autre pièce. Généralement, ça voulait dire qu'on allait être mieux servi que les autres, mais là ça devait juste être un truc de coquetterie, réaction aberrante du gros naze que la fraîcheur d'une gamine faisait momentanément oublier qui il était, c'est-à-dire un vendeur de came qu'on ne venait voir *que* pour acheter de la came. J'aurais d'ailleurs pu être vexée qu'il ne cherche pas à me donner le change à moi aussi, mais je dégageais trop l'urgence, je n'étais qu'une entité transparente venue mendier sa dose. J'ai dit que je voulais voir avant de payer. Il a répondu que j'étais chiante, qu'il avait pas le temps, mais il a tout de même commencé à défaire le petit paquet. De la marron bien marron, pas de doute là-dessus.

« OK, j'ai fait, je t'en prends un quart pour la goûter et si c'est cool, je t'en prends un gramme.

— Je fais pas de quarts, il a répondu froidement.

— Bon ben alors tant pis, à la prochaine, j'ai lancé en faisant mine de m'éloigner.

— OK ça va, il a lâché, mais tu vas dans la salle de bains et tu traînes pas. »

Il croyait quoi, que je projetais de faire une O.D. ici ?

Assise en tailleur sur le carrelage, le dos contre la baignoire, j'avais les mains qui tremblaient un peu. Mais ces gestes-là c'est comme le vélo, ça se perd pas, ça déconne trois secondes puis tout se remet en place. J'avais envie d'aller aux toilettes, l'habituelle excitation mêlée d'angoisse en sentant l'odeur de la poudre qui chauffait. Le Stéribox était décidément l'invention du siècle : les deux seringues, les deux petites bouteilles d'eau distillée et les deux compresses d'alcool pour nettoyer comme une jolie petite prise de sang toute clean, sauf que là y avait un truc nouveau : un autre petit sachet sous vide appelé « Stéricup » et dans lequel j'ai découvert une cuiller. Mais pas n'importe quel genre de cuiller. Un minuscule récipient en inox qui ressemblait à s'y méprendre à la gamelle de camping d'un Big Jim. J'ai alors lu les instructions sur le plastique et là j'ai tout bonnement halluciné : en prenant le capuchon de la seringue et en l'accrochant à la cuiller, on se retrouvait avec une poignée pour éviter de se brûler ! Il y avait aussi un nouveau petit carré de coton pour « stopper le sang ». Mais ça allait pas bien dans leurs têtes, on jouait pas à la poupée... « Stéribox 2 » ça s'appelait. Ben voyons, même les Stéribox avaient des générations. C'était naze ce truc, la boîte était tellement grosse qu'après fallait de toute façon tout transvaser dans les poches. Et puis ça voulait dire quoi de mettre une seule capote alors que tout le reste venait par deux ? On n'avait le temps de baiser qu'une fois avant de crever ? D'un tour de main j'ai enroulé le bandana autour de mon bras, et j'ai remonté mes lunettes sur mon front pour voir ce que je faisais. Les extrémités du foulard serrées entre les dents, j'ai percé une belle veine bleue à la pliure. Ça a piqué un peu mais Dieu que c'était bon. La sueur perlait dans mes yeux. J'ai fait remonter un peu de sang pour m'assurer que j'étais bien dans la veine, puis j'ai desserré le foulard et j'ai commencé à envoyer. « Comment je pourrais te mentir quand tu me regardes comme ça ? » Tout le mois dernier à l'héro... c'était pas possible, c'était un truc que mon cerveau refusait d'enregistrer. J'ai replié le bras en laissant ma tête aller en arrière contre la baignoire. La bouffée de chaleur s'est répandue. J'ai allumé une cigarette, puis avec des gestes lents, apaisés, j'ai commencé à ramasser les trucs éparpillés entre mes jambes.

2

Chez Jessie, j'ai eu beau frapper longuement, j'entendais bien qu'il n'y avait pas un bruit à l'intérieur. Je voulais pas rentrer à la maison. Je n'avais peut-être pas su comment réagir sur le moment, mais maintenant que je n'étais plus sous le choc, je sentais une pure violence monter, une pure envie de foutre la tête de Pallas dans un mur. Les grosses marches de pierre de l'escalier me tendaient les bras. Solides, enveloppantes, elles appelaient doucement mon corps qui n'aspirait qu'à se recroqueviller. Alors c'est ce que j'ai fait, je me suis blottie dans le coin de l'avant-dernière et j'ai pris mes genoux dans mes bras pour y reposer mon menton. J'étais fière de ne pas encore avoir appelé Inès. Je savais que je finirais par le faire, mais je m'efforçais de repousser ce moment le plus possible. S'il y avait une chance sur un million que je lui manque, fallait pas que je la foute en l'air en appelant sans arrêt. Pourtant, perdue dans l'immensité de cette cage d'escalier, j'aurais tout donné pour entendre sa voix. Pour l'entendre me dire calme-toi, je vais y réfléchir. Rien que ça, ça m'emplirait d'une force phénoménale, d'un truc de calme qui la ferait peut-être douter. Et qui sait, si je tenais suffisamment longtemps, peut-être qu'elle finirait par venir sonner en disant c'est pas possible, je peux pas être sans toi... J'aurais tout donné pour ça. Mes cent mille francs, mes machines, mes disques, tout. Ma main est machinalement remontée défaire le bouton de la poche de ma veste en jean. Je savais que ça prenait une sale tournure, faire ça là, dans un escalier, comme si j'étais de retour dix ans en arrière, mais qu'est-ce que j'y pouvais ? Tout ce que je pouvais faire, c'était régulièrement en rajouter une couche en attendant de retrouver un peu de force pour faire face. J'allais avoir de quoi, j'avais pris deux grammes finalement. Le pire, je songeais, alors que je faisais chauffer en prêtant l'oreille au silence de l'immeuble, c'était que si quelqu'un s'était pointé en disant qu'il avait de quoi ne plus penser du tout, je n'aurais peut-être pas dit non... Et ça me mettait en colère tandis que la cage d'escalier s'estompait dans le brouillard. Parce que c'était de vivre qu'il était question entre nous. De vivre comme on n'en avait encore jamais eu l'occasion. Tout le mois dernier à l'héro...

Inès est apparue, montant en tenant la rampe d'une main. Dans l'autre elle avait une grosse fleur. « Regarde, elle a dit en s'asseyant à côté de moi, c'est un iris. » En prenant avec précaution la tige, j'ai aussitôt senti la sève qui montait doucement, cette palpitation infinitésimale de l'énergie végétale. « Regarde », elle a redit en refermant ses mains sur les miennes. Les petits bourgeons supérieurs étaient d'un blanc semblable à une porcelaine d'une grande finesse, imperceptiblement veinés dans leur longueur. Je ne pouvais pas sentir ces nervures sous mon doigt, mais en approchant doucement mes lèvres pour les effleurer, j'ai perçu le relief délicieusement fin. « Regarde », a continué Inès, désignant d'un doigt les pétales inférieurs qui se déployaient de côté. D'un bleu qui tirait sur le violet, ils se composaient d'un grain si serré qu'on aurait dit une microfourrure, comme la texture des ailes d'un papillon. La base était constituée de pétales tigrés, et au centre pointaient les petits bitoniaux génitaux. « Regarde », poursuivait Inès en prenant mon doigt pour que je les suive. Ceux-ci étaient presque transparents, leur corps comme recouvert de poils glacés, givrés. « Cette fleur, a murmuré Inès en entourant de nouveau mes mains des siennes, c'est la perfection de ce qu'on ressent toi et moi : la beauté absolue », et elle l'a rapprochée lentement de mon visage pour que je puisse la respirer. Généralement, les iris dégagent une sorte d'odeur verte, fraîche et délicate, qui à mesure qu'on inspire un peu plus devient sucré, puis de plus en plus, comme un fruit éclaté, jusqu'à violemment saturer le nez. Mais celle-ci n'avait aucune odeur. Pas même celle du plastique artificiel. Car c'est ce qu'elle est brusquement devenue alors qu'il n'y avait plus que mes mains pour la tenir : une fleur en plastique. Toujours assise à côté de moi, Inès regardait maintenant ailleurs, vers les vitres inondées de lumière. J'ai approché mes doigts pour caresser sa joue mais sa peau s'est mise à fondre, de grosses coulures blanches et visqueuses comme de la peinture qu'on verse dans un seau. J'ai rouvert les yeux sur le chien qui me léchait de partout en haletant.

« Naze, arrête ! T'étais partie où ? Ça fait longtemps que t'es là ? »

J'ai discrètement ramené ma veste entre mes pieds pour masquer le matos resté éparpillé, puis j'ai rempoché le tout pendant que Jessie ouvrait la porte, avant de me relever avec peine pour pénétrer à mon tour dans l'appartement.

« J'suis allée voir un nouveau magasin de disques, a lancé Jessie en se dirigeant vers la cuisine, et le vendeur, mais carrément, y connaissait rien. J'avais envie de lui dire : casse-toi blaireau, va à la Fnac, écoute les Points Verts ! »

Je me suis laissée tomber dans un des canapés et j'ai retiré mes lunettes de soleil pour les essuyer avec le bas de mon tee-shirt.

« Sers-toi si tu veux, a dit Jessie en désignant la table basse sur laquelle se trouvait un plateau avec des croissants et des pots de confiture.

— J'ai pas très faim là, j'ai répondu en repliant les branches de mes lunettes pour les déposer sur la table. »

Jessie s'est penchée pour bien regarder dans mes yeux.

« Ah ouais d'accord... elle a fait. Putain tu commences tôt, toi. Elle est bonne au moins ? »

Je l'ai interrogée d'un regard surpris. Et voilà, encore une qui touchait à ça...

« Je peux rester encore un peu ? j'ai demandé.

— Tu peux rester tout le temps que tu veux, elle a répondu, me souriant d'un air sincèrement désolé.

— Et euh... est-ce que je peux téléphoner ?

— Elle est pas là, a soupiré Jessie, elle passe son bac, là. »

Son bac, c'est vrai...

« Putain j'vais pas y arriver, j'vais pas y arriver bordel ! », et j'ai écrasé mes paumes contre mes paupières.

Jessie est venue s'asseoir.

« Mais si, elle a fait en commençant à me masser énergiquement le dos. On va t'en trouver une autre, une toute gnougnou, une qui sera rien que pour toi. »

Mais j'en veux pas d'autre ! j'ai eu envie de crier. Mais ça c'était le genre de chose qu'on pouvait penser très fort, pas qu'on pouvait dire à une fille de vingt-cinq ans quand on en avait soi-même trente et un passés.

« J'peux utiliser la salle de bains ? j'ai demandé en reniflant.

— Tu veux pas attendre un peu avant de remettre ça ? »

J'ai fait signe que non.

« Ben vas-y alors, a soupiré Jessie, mais laisse la porte ouverte. »

Ça m'a fait tout bizarre de la voir s'inquiéter que je puisse faire une O.D. ou quoi. Mais pas parce qu'elle montrait de la sollicitude alors qu'on se connaissait si peu. Non, ce qui m'a ébranlée, c'était que si elle avait refusé, je me serais cassée ailleurs, c'est tout. Plus rien ni personne n'avait de prise sur moi. Et ça me foutait la trouille.

3

« Comment tu te sens ?

— Dans le gaz », j'ai répondu en me redressant laborieusement.

Le temps de constater que je me trouvais toujours ici, et les larmes sont revenues. Le magnétoscope indiquait 17 h 35. J'avais dormi presque tout l'après-midi sur le canapé et j'aurais continué si la porte n'avait pas claqué.

« Tiens, j'ai récupéré ça, a dit Jessie en glissant une cassette dans le magnétoscope. C'est un mix que j'ai fait pour MCM, c'est passé le week-end dernier, y m'ont même pas prévenue ces enfoirés. Tu l'as pas vu, toi, si ? »

J'ai fait non de la tête en m'étirant, puis j'ai allumé une cigarette avant de commencer à ramasser mon matos qui traînait en évidence sur la table basse. Jessie a fait mine de ne pas remarquer. Sur l'écran est apparue sa silhouette penchée sur des platines dans les studios de MCM. Techno de Detroit, comme d'hab, mais les visuels qui ont commencé à venir se superposer étaient franchement pourris. Des pauvres images de synthèse fluo qui s'enroulaient autour de son corps passé en négatif, avec effets de zoom en rythme sur la musique et ralentis débiles sur ses mains en train de caler les disques. Ça faisait genre « on vous décore un peu le tableau parce que sinon vous allez trouver ça chiant ». S'ils trouvaient ça chiant, pourquoi ils s'emmerdaient à filmer des deejays ? C'était bizarre cette musique. Suffisait que j'entende un rythme à plus de 110 pour avoir envie de sortir. M'habiller devant une glace, débarquer en boîte, faire un rapide tour pour dire bonjour et puis m'y mettre. Me coller juste devant la cabine et me laisser emporter... Est-ce que je pourrais dire ça d'un truc des Stones ? Nan *Gimme shelter*..., ça me donnait envie de descendre une rue avec un groupe de mecs sapés superclasses... Aussi fort en même temps. Différent. Fallait-il *vraiment* choisir ?

« J'peux téléphoner ? j'ai demandé.

— Écoute, j'te propose un truc : on se regarde un film, et si dans deux heures t'as encore envie de l'appeler, ben tu le feras.

— Qu'est-ce que ça change ?

— Écoute, elle est même pas encore rentrée, ou alors elle vient juste d'arriver et ça va la saouler. »

J'ai détourné les yeux.

« Franchement, a repris Jessie en allant s'accroupir devant un *flight-case* dont elle a commencé à sortir des disques, je l'ai vue, moi, tout à l'heure, et crois-moi, tu devrais laisser tomber.

— Tu l'as vue ?

— Mais ouais, a poursuivi Jessie en fouillant dans le fond du flight-case avant d'y remettre les disques. Elle m'a appelée pour prendre un café, c'était à côté son bac. »

À côté... Jessie est revenue s'affaler dans l'autre canapé. Elle a déplié un petit paquet qu'elle a déposé sur la table basse, le temps d'extraire sa Carte Bleue de sa poche. Je l'ai regardée tracer deux lignes, puis se pencher pour se les envoyer l'une après l'autre. Je revoyais Inès assise au bord de mon lit avec sa coke. Tout le mois dernier à l'héro...

« Comme dirait Alex, a fait Jessie en s'essuyant du revers de la main : un trait danger, deux traits sécurité !

— T'en prends souvent ? j'ai demandé, soudain prise de dégoût.

— Nan, c'est juste comme ça, quoi. Pour me détendre, quand j'ai bien mixé, ou comme ça, pour être cool avec toi, quoi.

— Elle a parlé de moi ?

— Qui ça, Inès ? Ouais...

— Qu'est-ce qu'elle dit ? Qu'est-ce qu'elle dit putain ?

— Elle dit qu'elle y a cru un moment, parce que c'était cool tout ce que tu lui disais, mais en fait, après elle s'est rendu compte que c'était ce qu'elle avait envie d'entendre d'Alex, et pas de toi.

— C'est vrai, elle dit ça ?

— Ouais mais t'emballe pas. C'est uniquement parce qu'elle veut pas passer pour une salope. Parce que tu t'doutes bien que j'me suis pas gênée pour lui dire ce que j'pensais de sa façon de faire.

— Attends mais c'est pas mauvais signe, ça...

— Ce qui est mauvais signe, c'est qu'elle est allée s'acheter un putain de gros gode chez TTBM pour se la donner avec Alex. »

J'ai ramassé ma veste en jean pour me relever.

« Tu vas à la salle de bains ? a demandé Jessie. T'es pas obligée tu sais, moi je m'en fous. »

Évidemment que j'étais pas obligée, mais je voulais plus la voir. J'en avais marre qu'elle me parle aussi brutalement. Marre de me sentir comme si j'avais quatre ans et demi devant elle.

Assise sur la cuvette, les larmes débordaient tandis que je fermais les yeux pour mieux sentir l'aiguille entrer. Les larmes revenaient quand ça leur chantait et je savais même plus pourquoi je pleurais. Je savais plus si c'était à cause d'Inès, à cause de tout ce qui partait en couilles – Pallas, tout ça – et qui ne faisait que commencer, ou à cause de ce que j'étais en train de faire, pour la cinquième ou sixième fois de la journée, c'est-à-dire beaucoup trop. Je ne savais plus grand-chose, de toute façon, tellement j'étais dévastée à l'intérieur, et raide, et épuisée de ressentir tout ça à la fois. Je savais juste qu'Inès continuait d'exister. Qu'elle continuait d'avoir une vie, et de faire partie de celle des autres, de Jessie qui l'avait vue, peut-être même dans le café juste en face pendant que moi j'étais là, six étages plus haut, à suffoquer du manque d'elle. Là dans un appartement où je n'avais aucun repère, rien qui puisse servir de garde-fou au gouffre qui m'aspirait – rien à part la carte postale que je sentais pliée dans la poche arrière de mon jean –, au point qu'il n'y avait rien d'autre à faire que de continuer de remplir la cuiller.

Je suis restée inconsciente un moment dans la salle de bains, ce qui m'a valu une pure gueulante de Jessie : « Putain mais c'est pas vrai ! Mais t'es complètement malade ! Tu sais la trouille que tu viens d'me foutre ? – C'est rien, j'ai répondu, je m'étais juste endormie. – Ouais ben tu refais jamais ça sans déconner ! Putain t'es nulle de t'mettre minable à ce point ! J'te jure, si tu la voyais, l'autre, comment elle en a rien à foutre, comment elle dit qu'au lit tu fais tout comme Alex en mille fois moins bien ! Putain mais réagis, merde ! » Mais je ne pouvais que me marrer, ouais, je ne pouvais que me marrer en songeant que le Bon Dieu, là-haut, c'était vraiment un vicelard de me forcer à entendre tous ces trucs pour lesquels j'avais pas les épaules...

4

« Eh, réveille-toi. Allez, réveille-toi. »

J'ai ouvert un œil. Il faisait grand jour, j'étais toujours à plat ventre dans le canapé, c'était Jessie qui était penchée sur moi à me toucher l'épaule, et ce que je sentais me piétiner le dos, c'était le chien qui me grimpait dessus.

« Allez, a répété Jessie, secoue-toi, on va acheter tes trucs. Naze, dégage... », et elle a pris place dans l'autre canapé.

Le chien est redescendu et je me suis péniblement redressée pour m'asseoir. Le temps d'embrasser la pièce du regard, et les larmes sont venues piquer.

« Mes *quoi* ? j'ai fait, constatant avec stupeur que l'horloge du magnétoscope n'indiquait que 10 h 03.

— Ton G4, tout ça. Faut pas que tu restes comme ça à déprimer. Naze, fous-lui la paix.

— Je déprimais pas, j'ai fait en repoussant le chien qui essayait de s'asseoir sur mes pieds. Je dormais...

— C'est bien ce que je disais. Tiens, a ajouté Jessie en désignant la table où deux tasses de café fumaient.

— Je bois pas de café, j'ai répondu en reniflant.

— Ouais ben t'en as besoin, elle a rétorqué en s'allumant une clope avant de me lancer le paquet et le briquet.

— Ah bon ? j'ai fait, amusée.

— Ouais.

— Bon.

— Ouais.

— Oh ta gueule », et j'ai esquissé un sourire.

J'avais l'impression d'être comme dans ce film où le type se lève tous les matins et c'est chaque fois le même jour qui recommence. J'ai allumé une cigarette, repoussant le chien qui m'écrasait les mollets.

« Bon alors », a commencé Jessie en se penchant vers la table pour reposer sa tasse. Elle a pris un feutre, puis un magazine dont elle a arraché le coin d'une page où il y avait un peu de blanc. « Alors on va te prendre le G4 et ça va être trop top. Naze, pousse-toi. Et alors avec Cubase, c'est mortel parce que t'as tout dedans, toutes les boîtes à rythmes que tu veux, tous les synthés ! »

Je *savais* tout ça.

« Alors le G4 c'est dans les quinze mille – NAZE, DÉGAGE BORDEL ! – Et puis va te falloir un écran. Moi j'te conseille de prendre le... Eh ! Mais faut le dire si j'te gonfle ! »

Je me souvenais maintenant vaguement d'avoir dit à Jessie qu'avec l'avance j'avais l'intention de racheter un tas de trucs. J'appréciais l'énergie qu'elle mettait là-dedans. Non, sincèrement, j'appréciais. C'est juste que c'était pas tout à fait le moment... Mais comme si elle lisait dans mes pensées :

« Si, faut que tu te reprennes là, ça suffit. »

Dieu merci, Jessie était partisane du taxi, et de celui qui vient vous chercher juste devant la porte. En traversant la place de la République, j'ai demandé au chauffeur qu'on s'arrête au Mac Do. Jessie lui a dit de pas faire attention. « Putain il est onze heures moins vingt ! je me suis exclamée. C'est la première fois que j'ai l'occasion d'essayer le Mac Morning, merde ! » Jessie a soupiré et a dit au chauffeur de s'arrêter (et pourquoi c'était elle qu'il écoutait, d'abord ?). J'y suis allée en courant et pareil pour revenir. Je savais même pas comment je tenais sur mes jambes tellement j'étais dans le cirage. En remontant dans le taxi, j'étais en sueur et complètement lessivée mais j'ai aussitôt attaqué. J'ai commencé par le salé. « Bon alors, a repris Jessie en relisant son bout de papier. Le G4, l'écran, le Vocoder, le micro, le Mini Moog, le Prophet 5... T'es sûre que tu veux racheter des synthés ? Non parce qu'y a déjà tout ça sur Cubase. » Je me suis essuyé la bouche avec la serviette, puis je suis passée au sucré. C'était pas mal. Pas vraiment ce que je croyais – un peu sec, pas aussi appétissant que sur les affiches – mais j'avais une sacrée faim. « Bon, poursuivait Jessie, mais t'es sûre que t'as un plan pour Cubase ? Non parce qu'avec tous les *plugs-in*, y en a bien pour soixante mille, alors ça m'étonne, quand même, que quelqu'un soit prêt à te filer ça entièrement gratos. » J'ai longuement bu du Coca pour faire descendre tout ce que je venais d'engouffrer. « Non parce que sinon, moi le mec que je connais... » Il faisait de nouveau super-beau mais déjà beaucoup trop chaud. L'air compact malgré toutes les vitres baissées. L'odeur des pots d'échappement. L'odeur du chien qui haletait aux pieds de Jessie, langue pendante, bavant sur son jean tandis qu'il louchait sur les emballages que j'avais toujours sur les genoux. Le chauffeur n'a pas réagi tout de suite quand je lui ai crié de se garer, et j'ai bien cru que j'allais lui repeindre son siège. J'ai juste eu le temps d'ouvrir la portière et c'est parti sous le nez d'une bonne femme qui attendait pour traverser. Quand j'ai fini par relever la tête, j'ai voulu balbutier un mot d'excuse mais je l'ai vue qui s'éloignait à grands pas. « J'savais que c'était pas ça qu'y te fallait, a soupiré Jessie en me tendant un Kleenex. – Nan, c'est le café », et on est repartis. « Bon alors Cubase... », a repris Jessie. Moi j'évitais de regarder le chien qui continuait de baver, et le chauffeur, lui, gardait un œil dans son rétro, probablement inquiet que je remette ça sur sa banquette.

5

On est allées directement chez Backstage, place Pigalle, le meilleur endroit pour ce qu'il me fallait, mais à peine est-on rentrées que j'ai été prise de vertige. Trop de hauteur de plafond, trop d'allées à perte de vue, trop de différence entre la clim et la fournaise du dehors. Et la foule du samedi devant laquelle on devait sans cesse s'effacer pour laisser passer les bras chargés de paquets. Et Jessie qui gueulait au chien de se tenir tranquille. On a fini par trouver un vendeur et il a tout de suite compris qu'on allait lui prendre la tête, ou du moins que

Jessie allait lui prendre la tête, parce que moi, si je restais là une minute de plus j'allais tourner de l'œil. Alors j'ai filé ma Carte Bleue à Jessie, mon code et j'ai hérité du chien. L'enfoiré tirait comme un malade tandis que je commençais à rebrousser chemin. J'avais l'impression que les gens faisaient exprès de rester dans le passage. Je sentais de moins en moins mes jambes, j'avais chaud jusque dans la gorge, j'allais de nouveau gerber, ça faisait pas un pli. J'ai presque couru sur les derniers mètres qui me séparaient du hall, accueillant avec gratitude la tache de lumière que projetait le soleil. Je suis restée un moment sur le trottoir à reprendre mon souffle, puis je suis rerentrée dans le hall pour m'adosser à un mur. Il n'y a que dans les films que les chiens obéissent, celui-là n'en avait rien à foutre d'être avec moi, il voulait sa maîtresse, tirant sur sa laisse en se cabrant pour essayer d'aller de l'avant. J'ai fini par glisser le long du mur pour m'asseoir sur mes talons, et j'ai appuyé sur le cul du chien jusqu'à ce qu'il fasse de même. Il avait une haleine de chacal, sa gueule béante au ras de mon visage. En face de moi se dressait l'immense robot qui accueillait les visiteurs. Trois mètres au moins, le Surfer d'Argent revu par Gotlib ou le Penseur de Rodin version cyber – une grosse merde futuriste. C'était d'une vieille Buick dont il était question, une Buick blanche pour débarquer dans la baie de San Francisco... et le chien de tirer de nouveau sur sa laisse, et moi d'écraser ma main libre sur mon visage pour l'empêcher de partir en morceaux. Dans la rue... qu'est-ce qu'elle était belle, dans la rue, quand elle s'accrochait à mon bras. « Tu crois que je vais pas la quitter, c'est ça ? Mais j'y vais tout de suite si tu veux, j'y vais là maintenant ! » Pourquoi je l'avais pas laissée faire ? Le chien a fini par bondir, la laisse m'échappant aussitôt de la main. Je me suis hâtée de me remettre sur pied, mais en fait ça allait, il était parti à la rencontre de Jessie qui revenait enfin avec le vendeur, tous les deux chargés de cartons et de sacs plastique jusqu'au menton. Le type a déposé le tout à mes pieds puis est reparti sans un mot. Jessie avait dû le saouler pour le reste du mois. « Ouais ouais, j'suis là », elle répétait au chien qui bondissait autour d'elle tandis qu'elle se penchait pour poser les paquets. Le duvet de son crâne et son front brillaient de sueur. Elle a passé son poignet dans la laisse du chien, a sorti de sa poche ma Carte Bleue qu'elle m'a rendue puis elle a mis ses mains sur ses hanches pour souffler. En plus du G4, de l'écran, du clavier, du Vocoder et du micro, il y avait un tas de manuels mais surtout une tonne de câbles. La chaudière dans *Brazil*, quand elle se met à déconner et que les tuyaux commencent à respirer en projetant de la merde partout... Jessie a dit que maintenant on allait rue de Douai pour essayer de trouver le Moog et le Prophet 5. J'ai fait signe que pour moi ça s'arrêtait là.

« Mais c'est juste à côté ! s'est exclamée Jessie.

— Putain je sais très bien où elle est la rue de Douai ! C'est là que mon mec achetait toutes ses guitares ! »

Jessie est sortie sur le trottoir, a levé sa main, un taxi a pilé, et j'ai été forcée de m'incliner.

L'autre con, là-haut, devait vouloir se racheter parce que dans le premier magasin où on est entrées on est tout de suite tombées sur un Prophet 5, et dans le second on a trouvé le Moog. Au total, malgré les divers marchandages de Jessie, j'avais dépensé quarante-huit mille sept cent quarante francs et j'étais pétrifiée. Dans le dernier taxi qui nous ramenait chez moi, Jessie se taisait enfin, caressant doucement son chien qui haletait entre ses pieds, et moi je regardais les trottoirs défiler, n'en revenant pas d'avoir laissé filé tout ce fric en une seule fois.

À la maison, on est tombées sur Pallas, charmante avec Jessie mais qui a décrété que celle-ci ne pouvait pas rester parce qu'elle était allergique aux poils de chien. J'ai insisté, disant qu'on fermerait la porte de ma chambre, mais Pallas n'a rien voulu savoir.

« Non mais tu plaisantes, là ! j'ai explosé. Tu veux pas non plus que j'te demande la permission pour rentrer ? »

Pallas m'a jeté un regard noir, genre t'es nulle de me parler comme ça devant Jessie, puis elle a disparu dans sa chambre. En réponse je suis passée dans la mienne, attendant que Jessie y pénètre à son tour avant de claquer violemment la porte. Le voyant de mon répondeur n'indiquait aucun message.

« Ambiance 2000, a chuchoté Jessie.

— Sans déconner tu restes là », je lui ai dit.

Elle a fait la grimace.

« Nan, j'y tiens pas.

— Bon ben je repars avec toi alors.

— Tu veux pas rester pour installer tout ça ? »

Elle embrassait du regard l'ensemble de mon matériel toujours sous tension, et je savais ce qu'elle ressentait : en plus de ne pas avoir d'appart où déballer ses machines restées dans le sud pour le moment, elle n'avait pas la moitié de ce matos. Je suis allée dans le salon où Pallas se trouvait devant les placards ouverts. Pas un mot tandis que je fouillais dans mes tee-shirts. Pas un mot non plus quand elle a constaté que j'en enfilais un qu'elle m'avait offert. Un petit tee-shirt bleu électrique avec l'encolure et la bordure des manches orange, au milieu duquel s'inscrivait « 17 » en gros chiffres de velours orange. Je suis restée les yeux baissés à lisser du doigt le chiffre. L'âge d'Inès... Et Pallas a claqué la porte du placard avant de quitter la pièce.

En arrivant chez Jessie, j'ai dit « OK, maintenant j'appelle », et sans tenir compte de ses protestations j'ai emporté le sans-fil dans la cuisine. Mon cœur battait à cent mille. Ça sonnait dans le vide chez les parents. J'ai ressayé, puis je suis revenue lentement vers le salon.

« Y a personne, j'ai fait en évitant de croiser le regard de Jessie. T'as son portable ?

— Laisse tomber, elle est partie.

— Quoi ? Mais quand ?

— Là, tout à l'heure.

— Mais pourquoi tu me l'as pas dit ?

— T'allais faire quoi, aller à la gare ?

— Mais... et son bac... elle l'a eu au moins ?

— Elle sait pas encore, mais elle pense que ouais. »

Alors comme ça elle était vraiment partie dans le Sud... Même pas un message sur mon répondeur. Même pas un simple message pour dire que ça s'était bien passé. Et il ne restait plus rien des deux grammes achetés la veille.

6

J'ai tenu le coup toute la soirée. Je n'ai pas redemandé le numéro du portable à Jessie. Je n'ai pas appelé chez ses parents pour l'obtenir. Je n'ai pas appelé chez les parents d'Alex, dans le sud, en raccrochant, juste pour vérifier que le numéro était toujours le même. Pourtant, le simple fait de savoir que je pourrais la joindre là-bas si je le voulais, ça m'aurait calmée. Je n'ai pas non plus appelé la gare pour demander à quelle heure son train arriverait à Montpellier. Pourtant, pouvoir suivre au moins mentalement ses gestes, ça aussi ça m'aurait calmée. Je n'ai pas non plus sorti la carte postale de ma poche pour la relire. Je me suis forcée à manger les pâtes de Jessie. Et je me suis forcée à discuter avec les deux autres colocataires que je n'avais pas encore vus, rentrés bronzés de je sais pas où et qui ont dîné avec nous. Mais quand ils sont tous allés se coucher (y compris Jessie qui a profité de la chambre du troisième parti en week-end), et que je me suis retrouvée seule avec un oreiller posé sur une couette pliée, j'ai pas pu. Cette nuit-là allait être trop longue. La panique me gagnait à l'idée qu'elle soit dans un train qui s'éloignait de Paris, de moi. Alors je suis allée fouiller dans le *flight-case* de Jessie. Il restait un demi-gramme, j'en ai pris la moitié et j'ai griffonné « désolée » au feutre sur le paquet avant de le remettre en place. Tandis que je repliais le bras, les choses se sont tout de suite éloignées de moi, devenant plus supportables, moins dramatiques. Je suis restée assise là le temps de fumer une clope, songeant à Charlie Parker, dans *Bird*, quand il dit à Dizzie qu'il ne comprend pas pourquoi il devrait aller voir un docteur pour son foie, un autre pour ses reins et encore un autre pour sa tête, alors qu'il lui suffit d'aligner dix sacs pour une jolie petite dose qui règle tout à la fois...

Je suis partie à pied dans la nuit et l'air était doux. L'image d'Inès allongée sur une couchette était ancrée dans mes yeux, mais la panique avait disparu. J'étais connectée à son esprit et je lui faisais voir ce que je voyais. Des rues presque vides un samedi soir, des rues où je marchais seule mais où je marchais, d'un pas régulier, pas du tout perdue sans elle. Je lui disais que je comprenais qu'elle soit dans ce train. Tout ça n'était finalement qu'une question de temps. Elle partait retrouver Alex qu'elle avait eu peur de perdre, mais quand elle serait rassurée, elle se rendrait compte qu'elle s'était trompée. Ce qui venait de se passer n'allait rien changer entre elles. Ça adoucirait les choses quelques jours, mais une fois qu'Alex serait rassurée elle aussi, elle redeviendrait rapidement elle-même, je connaissais le schéma pour y avoir eu droit cent fois. Et maintenant qu'Inès avait entrevu comment ça pourrait être avec moi, elle ne pourrait pas l'oublier. Il lui fallait simplement trouver le courage de sauter le pas. Quant aux avantages qu'elle avait peut-être cru perdre, la question ne se posait plus avec l'avance. Alors je marchais et je lui parlais dans ma tête. Je lui disais : « Regarde, je suis solide, je suis capable de m'occuper de toi parce que je suis capable de m'occuper de moi-même. Et puis moi je suis réglo, je donne autant que je reçois. Moi je cherche pas à te tenir, je cherche à partager. Moi je te donnerai la main, alors que celle d'Alex restera toujours au fond de sa poche. Réfléchis à ça, pendant que tu te tournes et que tu te retournes sur ta couchette sans trouver le sommeil. Réfléchis à ce que tu veux faire de ta vie. Réfléchis à si tu veux avoir une vie. »

À République, tout est devenu beaucoup plus vivant. Les néons des enseignes, le brouhaha aux terrasses des brasseries, les queues devant les distributeurs, les voitures en double file devant le Mac Do, et la racaille. La racaille tout du long. À République, ils squattaient la sortie de l'arcade de jeux vidéos pour essayer de ramasser de quoi faire des parties. À Strasbourg-Saint-Denis, ils squattaient la sortie de l'autre Mac Do pour essayer de ramasser « de la fesse », et à partir de Bonne-Nouvelle, ils essayaient de fourguer des ecstas bidons. Aux abords du Rex et du Pulp ils se faisaient plus rares, tenus à distance par les videurs, mais bon nombre de la clientèle des deux boîtes préférait quand même arriver en taxi. Moi je n'avais jamais de problème avec ces mecs-là : ils sifflaient, parfois ils vannaient, je vannais en retour avec le sourire, mais quand il arrivait que l'un d'eux me suive sur quelques mètres, ça n'allait jamais au-delà de « eh reste un peu quoi, bon ben bonne nuit alors ». La seule raison qui faisait que je ne m'arrêtais pas pour discuter un peu, c'était qu'avec eux un simple salut prenait toujours trois heures. Mais la plupart des passants, eux, se raidissaient en les repérant, se hâtant de ranger leur portable ou de jeter leur clope, habitués à ce qu'au moment où ils s'arrêteraient pour en céder une, ce soit la moitié du paquet qui y passe, quand les mecs ne le leur prenaient pas tout bonnement des mains. Ces types étaient pourtant toujours trop raides pour être dangereux. La défonce, maintenant, c'était plus une question d'argent. Tous ceux qui zonaient dehors étaient déchirés à quelque chose : ecsta, pétard, bière, héro parfois, ou encore éther, eau écarlate ou colle... Le seul truc bizarre, c'était qu'il n'y avait jamais le moindre flic sur toute la longueur de ce boulevard.

À l'entrée du Rex, Valéry B., le physio, m'a embrassé sur la joue puis m'a retenue par l'épaule pour me demander si ça allait. Ça se voyait tant que ça que j'étais raide ? Il était là pour la baffe l'année dernière... « Mais ouais, j'ai répondu, chagrin d'amour, rien de bien méchant ! » J'allais danser jusqu'à l'épuisement physique, jusqu'à la désorientation spatiale totale. Eh ouais, c'était ça l'histoire : s'éclater à porter des fringues fun pour se démarquer des dégaines sinistres des autres, faire passer la semaine aussi vite que possible pour ceux qui n'avaient pas la chance d'avoir un boulot qui leur plaisait, et quand le week-end arrivait enfin, on se lâchait. On avalait un truc qui transportait ailleurs – pour devenir plus sociable, draguer, supporter la foule ou tout simplement danser sans honte – et c'était parti. Before, boîtes, raves, free parties, soirées privées, afters, tea-dance, et ainsi de suite, comme ça jusqu'au dimanche soir. Et tant pis pour la descente du lundi matin. Tant pis pour le trou sur le compte en banque. Tant pis pour les risques de « troubles de la mémoire, de l'attention, de la vue, les dérèglements psychiatriques, la déshydratation, l'hypothermie et la neurotoxicité ». Allez vous faire foutre avec votre envie de vivre vieux... qui voulait attendre de voir quel cancer allait se déclencher en premier ? Arrivée dans la salle, j'ai gravement déchanté. On était pas vendredi, on était samedi, alors pas de techno qui tapait dans les baffles, juste de la house bien groove. Impossible de foutre le camp dans sa tête avec des trucs comme ça. Vu le style, il n'allait donc pas y avoir un seul visage que je connaîtrais, et je ne savais pas si ça me soulageait ou si ça me faisait me sentir abandonnée. J'ai commencé par aller faire pipi. Un type m'a souri alors que je ressortais des toilettes et que lui y entrait. Assez mignon, blond, taille moyenne, vingt-huit ans par là, avec un tee-shirt bleu marine sans rien dessus. L'air pas très à l'aise, genre je viens là pour la première fois. J'ai souri en retour mais j'ai pas fait de vieux os, la dernière chose dont j'avais besoin c'était d'un grand timide. Je suis allée au bar où j'ai commandé un Coca. Le type des toilettes s'est planté sous mon nez. Il m'a offert une cigarette que j'ai acceptée, puis il a tenu à payer le Coca qu'on venait de déposer devant moi. Je l'ai laissé faire et je l'ai écouté parler tout seul. Il disait qu'il allait généralement en banlieue (dans ces grosses boîtes qui bordaient les nationales, ces grosses usines à eurodance ?), aussi ici, la musique était un peu trop *bizarre* pour lui. Il était donc en train de se demander s'il allait pas rentrer se coucher, ce qu'il trouvait un peu con parce que pendant le dîner un copain lui avait filé de la coke, et comme il avait pas l'habitude, il aurait bien voulu en profiter. Un débile, c'était bien ma veine. Comme je le dévisageais sans rien dire, il a aussitôt ajouté : « Oh non, je suis pas en train de te parler pour que tu rentres avec moi ! Je te parle parce que t'as l'air triste. T'es pas du tout mon genre de fille. »

J'ai levé un sourcil amusé. « J'aime les filles dociles », il a ajouté, eh ouais, forcément, il avait une tête de brave petit soldat qui baise traditionnel, « toi t'as l'air d'être le genre à distribuer des baffes ! Enfin peut-être pas ce soir vu que t'as l'air triste ! » Qu'est-ce qu'il s'imaginait, là, que j'allais lui raconter ma vie ?

Eh bien c'est exactement ce que je me suis retrouvée à faire, une demi-heure plus tard, adossée à une voiture garée. Je lui ai tout déballé. Depuis Nikki treize ans plus tôt, jusqu'à maintenant. Cette nuit. Inès dans le train. Quand il a dit qu'on n'avait qu'à y aller, je me suis marrée : « C'est ça, huit cents bornes pour me faire jeter !

— Tu rigoles, il a rétorqué, hyper-sérieux. Moi une fille elle me fait ça, je tombe à genoux ! »

J'ai baratiné que je ne connaissais pas la route pour aller dans le sud. Il a répondu qu'il avait des cartes plein sa boîte à gants, il était représentant. J'ai baratiné qu'une fois là-bas, il y aurait peu de chance que je retrouve l'endroit. Il a répondu que dans les petites villes, tout le monde sait toujours où tout le monde habite. J'ai baratiné que je n'avais pas d'argent pour l'essence ni rien. Il a sorti une Carte Bleue. J'ai baratiné que j'étais toxico et que je ne pouvais pas m'éloigner de Paris sans dope. Il a répondu qu'il connaissait quelqu'un qui savait où en trouver, même à cette heure-ci.

« Mais pourquoi tu ferais ça ? j'ai fini par demander en croisant les bras. Hein ? Pourquoi tu ferais ça pour moi ?

— Parce que j'ai pas eu les tripes de rattraper ma copine quand elle s'est barrée avec un autre mec.

— C'était quand ? » j'ai demandé.

Il a soupiré en détournant les yeux.

« Quoi ? j'ai fait en me marrant. C'était y a dix ans et tu t'en es toujours pas remis ?

— Six. »

Ça a été mon tour de détourner les yeux. J'ai décroisé mes bras pour laisser courir mes mains sur le capot de la voiture derrière moi. OK, j'étais là à parler avec un parfait inconnu, à deux heures du mat devant le Rex, lui sous coke et moi raide à l'héro, et ce mec pourrait être un malade qui allait me violer ou me découper en morceaux. C'est vrai quoi, Ted Bundy était d'apparence complètement normale... Plus simplement, il pourrait nous foutre dans le décor s'il conduisait comme un pied ou s'il avait pris trop de coke. Mais bon... Dans ma vie d'avant, je faisais un peu de musique et beaucoup de pas grand-chose, et dans ma vie de maintenant je ne faisais plus rien du tout. Alors rouler huit cents kilomètres pour aller chercher une gamine qui ne voulait plus de moi, c'était une chose comme une autre pour cette nouvelle vie...

7

On s'est arrêtés à la grande station de la Porte d'Orléans pour faire le plein. La voiture, c'était je sais pas quoi, marron, le genre bagnole d'adulte pas belle mais solide. Dedans ça sentait la vanille pour absorber l'odeur de tabac. Tout était nickel à part de la paperasse sur la banquette arrière. Pas ce qu'il y avait de plus classe pour débarquer au Cap d'Agde, mais pas de quoi avoir honte non plus, pas un truc immatriculé 93 ou un vieux tas de boue avec des grosses plaques de rouille sur les portières. De toute façon, le Cap c'était tellement moche... Lui – il s'appelait François – était dehors à remplir le réservoir. Il était livide sous le néon et avait la mâchoire un peu crispée avec la coke, mais dans l'ensemble il était calme.

Voilà, on allait vraiment le faire. On allait s'engager sur le périph, guetter le panneau direction Chartres-Orléans, et on serait partis pour plus de huit cents kilomètres. On allait commencer par rouler de nuit, sur une ligne droite noire comme l'encre, nous contentant de devoir deviner un paysage que moi je connaissais par cœur pour avoir souvent fait le trajet avec Alex. Lui conduirait le visage tranquille, sans trop parler probablement, comme ça venait d'être le cas depuis le Rex. Pour commencer on écouterait FG, puis une fois qu'on ne capterait plus, on mettrait une de ses cassettes s'il en avait, sinon on chercherait d'autres stations. Comme toujours sur Autoroute FM et les radios de ce genre, on aurait alors droit à tout un éventail de vieilles ringardises françaises genre *On dirait le sud* ou *L'Été indien*. Ces chansons qui foutent gravement les boules quand on prend la peine d'en écouter les paroles... Et si le vieil enfoiré là-haut voulait vraiment me mettre à l'épreuve, ce serait Céline Dion avec *Pour que tu m'aimes encore*, ou Britney Spears. Bien calée dans le siège, je piquerais régulièrement du nez, avant de m'endormir pour de bon. Ma tête irait reposer contre les vibrations de la vitre et je ferais alors des rêves magnifiques, ou terrifiants, selon que ma certitude demeurerait ou commencerait à faiblir... Plus tard, il fatiguerait peut-être un peu et je lui ferais signe de me céder la place. Sans ralentir il me laisserait passer par-dessus lui, mon pied commencerait par se gourer de pédale, nous faisant freiner légèrement, et je ne dirais pas que je n'avais pas le permis. Je ne dirais pas qu'en dehors de cette acrobatie à laquelle Alex m'avait initiée, je n'avais conduit qu'une seule fois dans ma vie, l'été de mes neuf ans, sur du plat et pendant quelques secondes avant d'aller emboutir un massif de l'allée. Je ne dirais pas que je savais juste tenir le volant d'une bagnole une fois qu'elle était lancée, et je suppose que ça me plairait, de me retrouver derrière le sien. Ce n'est pas tant la destination qui compte, c'est le fait de rouler qui est grisant... On devrait sans doute faire un autre plein vers Clermont, et la station-service serait comme toutes les stations-service du monde, avec des néons fluorescents et une tenace odeur d'essence. On descendrait se dégourdir les jambes parmi des familles d'étrangers cherchant les toilettes, des motards vérifiant la pression de leurs pneus et des couples de jeunes, hagards avec des sacs à dos, tandis qu'un peu plus loin, sur une aire de repos, des trente-cinq tonnes seraient garés avec leurs petits rideaux tirés sur leurs chauffeurs prenant leur heure de pause réglementaire. On entrerait certainement pour faire pipi, puis on parcourrait les allées de bouffe, hésitant d'abord entre des chips et des gâteaux, puis devant les frigos de canettes parfaitement alignées, à moins qu'on ne préfère glisser une pièce pour un faux cacao, un faux thé-citron ou une fausse soupe de tomates. Ici la lumière serait encore plus blanche que les néons du dehors, contrastant drôlement avec le noir de la nuit. Une lumière sale et crue qui accentuerait nos cernes et nos teints blafards. On achèterait peut-être une cassette pour la voiture, un truc de Michel Delpech ou de Joe Dassin pour rester dans l'ambiance de la radio. Peut-être même qu'on trouverait Mort Shuman, genre la B.O. de *L'Hôtel de la plage*. Comment c'était déjà le morceau, *Un Été de porcelaine* ? Ces saloperies étaient construites pour vous faire chialer dès l'intro... Au petit matin, on devrait refaire un autre plein et peut-être que François aurait besoin de dormir un peu. On viendrait alors se ranger entre deux monstres à rallonge et je descendrais me dégourdir les jambes. Je fumerais en marchant dans l'herbe humide de rosée, et j'aurais le cœur étreint par la sensation d'évasion, mais pas en bien, juste comme si j'étais perdue au milieu de nulle part. Après ce serait une espèce de paysage lunaire, avec des collines désertes et arides comme du granit. Ensuite on traverserait une succession de hauts plateaux de pâturages sans un seul arbre, puis ce serait la fin de l'autoroute, la nationale jusqu'à Lodève, et enfin la direction de Sète. À partir de Pézenas ça commencerait à sentir l'iode, et brusquement on déboucherait sur l'océan. Il serait là, devant nous, immobile dans son immensité, et peut-être qu'on s'arrêterait un instant, pour respirer et contempler les vagues déferler doucement sur la plage encore déserte. On repartirait en proie à une excitation intense, et à partir de là ce serait la côte tout du long sur notre gauche. La côte bordée par le sinueux ruban de sable à perte de vue. Une petite demi-heure plus tard, on arriverait au Cap, avec le réservoir de nouveau presque vide et le teint grisâtre, je me dirais « putain, je sais pas comment on a fait mais on y est » – et puis alors quoi ?

On garerait la voiture sur le bord de la route et on emprunterait un des petits chemins qui passaient entre les maisons pour gagner la plage. On déboucherait alors à quelques mètres seulement de l'emplacement où Alex installait sa serviette, et on pourrait se tenir derrière un bloc de rochers sans être vus. Il y avait des rochers partout dans ce coin-là, à tel point qu'on ne pouvait pas entrer dans l'eau sans sandales de plastique. Alex en avait l'habitude, mais moi ça me déstabilisait toujours de sentir ce poids incongru au bout de mes pieds, je préférais marcher jusqu'à un coin plus dégagé, finissant chaque fois par me baigner seule car Alex était trop feignante pour me suivre. La maison se trouvait en hauteur, avec un jardin au bout duquel un petit escalier de pierre descendait à la plage. C'était toujours un dilemme pour décider d'où s'installer. Dans le jardin peu abrité par les arbres, le soleil brûlait, et en bas le vent était infernal. En général, on restait en haut à rôtir aussi longtemps qu'on pouvait, puis on descendait se tremper, et parfois quand même, si le vent n'était pas trop fort, on restait un petit moment en bas. Il faudrait donc espérer qu'elles y soient, et que par miracle, Inès s'y trouve seule. C'était possible, Alex remontait sans arrêt chercher des trucs dans la maison. Mais quand bien même, qu'est-ce qu'Inès allait faire ? Me sourire d'un air triomphant en s'exclamant « quelle bonne idée d'être venue me kidnapper, bouge pas je vais chercher mon sac ? » Elle pourrait dire ça, ouais. Après tout, si quelqu'un venait de s'enfiler près de mille bornes pour venir me chercher, je crois que j'irais, juste pour le romantisme de la chose. Mais il y avait plutôt de grandes chances qu'elle commence par me regarder bêtement, me voyant sans me reconnaître, trop loin d'imaginer que ça puisse réellement être moi qui me tiens là. Puis que ce soit moi qui m'avance, ou elle qui se lève pour venir à ma rencontre, elle risquerait surtout de me dire que c'était sympa d'avoir fait tout ce chemin mais que sa décision était prise. Elle pourrait aussi éclater de rire, si c'était vraiment la garce que tout le monde voulait me faire croire...

Et là je ferais quoi ? Je me mettrais à la supplier, ou je m'éloignerais sans un mot ? Je repartirais en sens inverse, sans m'arrêter devant François qui serait toujours tapi derrière les rochers avec un air sincèrement navré. De dos j'aurais l'air d'une ivrogne avec mes pieds qui s'enfonceraient dans le sable mou. Je finirais peut-être par retirer mes chaussures et mes chaussettes, et le sable serait brûlant, me faisant dévier vers le bord, là où il devient dur et se rafraîchit. Autour de moi ce serait le fracas des vagues qui viendraient se briser sur les rochers en projetant leur écume, puis au bout d'un moment il n'y aurait plus que du sable que des vagues plus calmes viendraient lécher. Je serais là comme une conne, avec mes pompes dans une main et le bas de mon jean roulé sur mes mollets, à marcher droit devant moi en priant d'être déjà hors de la vue d'Inès. François finirait par me rattraper et il se mettrait à marcher à côté de moi en silence. Mais peut-être aussi que tout d'un coup il se mettrait à parler, à dire que je devrais arrêter les filles, que c'était pas bon pour moi, que je devrais aller avec lui, par exemple. On bifurquerait vers un chemin pour retrouver la route et il continuerait de parler. On arriverait en vue de la voiture et il continuerait de parler. On remonterait dans la voiture et il continuerait de parler. Et brusquement, saoulée par le monologue, je l'attraperais par les cheveux pour lui fracasser la tête contre le volant. Le sang commencerait à couler mais je continuerais, encore, et encore, jusqu'à ce que ça gicle à gros bouillons de sa bouche et que ça le fasse la fermer. Je me pencherais ensuite pour ouvrir la portière de son côté, sur le point de le pousser avec mes pieds, puis je me souviendrais que c'était dans sa voiture que je me trouvais, et alors je descendrais, m'éloignant simplement. Mais vers où ? En stop jusqu'à la gare de Montpellier ? Et puis quoi encore...

La portière a claqué.

« Prête ? il a fait en tirant sur sa ceinture de sécurité.

— Pas prête, non, j'ai répondu en détournant les yeux. On laisse tomber. »

Chapitre XI

Ce qui ne tue pas rend plus fort ?

1

Quand je suis rentrée à la maison, le lendemain après-midi, j'ai introduit la clé dans la serrure, j'ai tourné, la porte s'est imperceptiblement entrouverte puis a résisté. Pallas n'était quand même pas appuyée contre pour m'empêcher d'entrer ?! Non, un groupe de quatre mecs l'obstruait, dont un brun genre héritier fin de race qui portait à sa bouche une tasse que mon épaule a heurtée, lui faisant renverser le contenu sur ses mocassins. Rien que d'entrevoir la tasse j'ai compris que je débarquais en plein vernissage d'Alice. Je me suis excusée platement pour les pompes et me suis engouffrée dans ma chambre. Le voyant de mon répondeur ne clignotait toujours pas. J'ai retiré ma veste en jean dont j'ai sorti mes cigarettes avant de la balancer sur le lit, puis je me suis approchée de la fenêtre ouverte sur les volets fermés. Une forte odeur de merde de chien montait du trottoir brûlant de soleil. J'ai allumé une cigarette, puis j'ai retiré mes lunettes de soleil pour me masser les sinus, mes yeux évitant de glisser vers les cartons rapportés avec Jessie. À travers la cloison du salon on ne percevait que la musique, *Beautiful people* de Suede, l'habituelle obsession d'Alice. Du temps où elle habitait encore là, elle avait une PLV grandeur nature de Brett Anderson, le chanteur. Tellement sexy... La sonnette de l'entrée a retenti. Ça allait défiler tout l'après-midi. Je n'en revenais pas que les gens continuent de venir à ces vernissages. Les premiers arrivés avaient le temps de détailler ce qui était présenté, mais dès que ça commençait à affluer, Alice exigeait des gens qu'ils s'asseyent par terre pour ne pas masquer ce qui était accroché, et pas n'importe où, alignés le long des murs. Si bien que ceux qui arrivaient ensuite se retrouvaient face aux paires d'yeux silencieux, et plutôt que de jeter ne serait-ce qu'un rapide coup d'œil à l'expo, ils se grouillaient de se trouver une place à côté de quelqu'un qu'ils connaissaient pour échapper au poids des regards. Je me suis plu à imaginer qu'une fille squattait les toilettes, comme moi quand Alex me traînait chez des gens que je n'avais pas envie de voir. Ouais, c'était là que je disparaissais longuement, passant en revue les flyers qui tapissaient invariablement les murs, avant de m'attaquer aux étiquettes des produits d'entretien que je lisais dans leur intégralité. Et cette fixation qu'Alice faisait sur ses thés : Ceylan, jasmin, vanille, thé de Chine, thé russe, impossible de refuser au risque de la vexer. Elle était la seule debout, à se balader avec ses deux Thermos et à faire des allers-retours à la cuisine pour remettre de l'eau à chauffer. Elle servait ça dans tout ce qui lui tombait sous la main – tasses dépareillées, bols, verres, j'en ai même vu qui lapaient ça dans les ramequins à fromage de Pallas – et qui devait ensuite se taper toute la vaisselle ? Pas cette fois, j'ai songé en défaisant la ficelle du volet pour balancer ma clope dehors.

Il fallait que je me change, mais je ne me voyais pas entrer dans le salon. Je suis allée entrebâiller ma porte. Le type fin de race était accroupi à frotter la moquette avec une éponge. Brave garçon. Ça se perdait, n'empêche.

« Eh, tu peux aller chercher Pallas ? Tu sais qui c'est Pallas ? OK, vas-y s'te plaît. »

J'ai repoussé la porte pour retirer mon tee-shirt. Elle s'est rouverte sur Pallas, visage fermé, nouvelle robe noire.

« Salut, j'ai fait en essayant de sourire, ça va ? Écoute, tu pourrais aller me prendre des trucs dans le salon ? Allez, s'te plaît. Ma chemise prune, ma veste noire et mes boots. Et une culotte aussi. »

Elle m'a regardée l'air de dire que vraiment je poussais.

« OK, oublie la culotte. »

J'ai allumé une autre cigarette en attendant qu'elle revienne.

« Je vais chez Nikki, j'ai fait en prenant les fringues et les boots qu'elle me tendait du bout des doigts. T'en as rien à foutre, je sais, mais au cas où. »

Cette fois elle m'a dévisagée avec une profonde indifférence, ou du mépris, mais le temps que je décide elle était déjà repartie. J'ai retiré mon jean, viré ma culotte que j'ai fourrée sous un oreiller, puis je me suis hâtée de m'habiller. Avant de rouvrir la porte, je me suis assurée que j'avais bien mes cigarettes, ma Carte Bleue, mes lunettes, puis je suis sortie dans le couloir en achevant de rentrer les pans de ma chemise dans mon jean.

Ils étaient maintenant tous assis dans le salon, une trentaine bien alignés le long des murs dans un silence que la musique n'allégeait pas. Tandis que je jetais un œil au courrier sur la tablette, empochant une enveloppe à l'en-tête de Virgin, mon regard s'est posé sur Jessie, Eva puis Julia assises parmi les autres. Le leur s'est détourné. Celui d'Alice aussi. En fait j'ai eu l'impression que la totalité de ces gens regardaient ailleurs. Que tout venait de se figer et qu'il n'y avait plus que moi qui respirais. Mais ça m'a pas ébranlée, j'avais la classe avec mes fringues *seventies* et je les emmerdais tous profond. En sortant sur le palier, je me suis souvenue des disques de Nikki et je suis retournée chercher le tas dans ma chambre.

Par la porte entrouverte de la chambre de Pallas, j'avais eu le temps de voir les sacs sur son lit. Elle avait l'air d'être partie pour ne plus s'arrêter. C'est fou comme vos conseils ne sont plus à suivre dès l'instant où vous n'êtes plus là. J'ai décacheté la lettre de Virgin en dévalant l'escalier, songeant que si c'était une super-mauvaise nouvelle, je n'en aurais probablement pas grand-chose à foutre. Je l'ai parcourue en même temps que j'ouvrais la porte sur la rue inondée de soleil. C'était juste pour prévenir que le virement avait été effectué. Sans blague, j'ai marmonné en sortant mes lunettes de soleil, et j'ai collé ça dans la première poubelle verte que je croisais.

2

J'ai passé toute la semaine chez Nikki. Le dimanche, quand je suis arrivée, on a longuement discuté. Pas vraiment d'Inès – de ça il ne pouvait que dire : sale plan, ça passera –, on a surtout parlé musique. Enfin disons qu'il parlait de la sienne pour me donner envie de me remettre à la mienne. Le lendemain il entrait en studio, et c'est vrai que c'était excitant de le voir préparer son Vox, sa Junior et sa douze cordes. Ça donnait envie de rentrer à la maison pour retrouver mes machines et mes nouveaux trésors. Canaliser ce qu'on ressent, disait Nikki, en faire quelque chose. Ouais, ça me parlait, je crois. J'avais juste besoin de souffler un peu avant.

Je suis donc restée la semaine. Les journées je les passais sur le canapé, devant la télé, puis le soir, quand Nikki rentrait, j'allais me coucher dans la chambre avec lui. On dormait collés mais on n'a pas fait l'amour une seule fois. On s'est juste embrassés de temps à autre, et encore, chaque fois on arrêtait parce que ça me faisait pleurer ! Nikki rentrait vers deux ou trois heures du matin, il traînait un peu dans la pièce à musique, puis le matin il partait sitôt son café avalé. À peine j'avais passé la porte qu'il avait capté que je carburais. Mais s'il était parvenu à la conclusion que pour lui ça devait changer, il n'était pas du genre à prendre la tête aux autres. Ça l'a pas dérangé d'appeler son vieux dealer pour moi. Bon, il a tourné deux ou trois fois avec moi et j'ai culpabilisé, mais je me doutais que ça devait lui arriver occasionnellement. Le dealer, j'y suis allée dès le lundi et c'est le seul jour où j'ai mis le nez dehors. Le plan était au-delà de tout ce que j'aurais pu espérer – de la blanche à quatre cents le gramme – et j'en ai fait une sacrée provision. J'en ai aussi profité pour acheter une réserve de clopes, de Coca et toutes sortes de plats surgelés, mais évidemment je n'ai touché à rien d'autre qu'au Coca. Semaine de tox de base, à shooter et à piquer du nez, mais je m'étais quand même fixé une règle : pas question de laisser traîner la pompe dans un verre. C'était pas par respect pour Nikki que je faisais chaque fois l'effort d'aller dans la salle de bains, c'était pour moi, pour pas complètement lâcher la rampe.

Nikki avait le câble, mais sa télé était si vieille qu'il n'y avait que les six boutons des six premières chaînes, pour les autres il fallait aller régler les canaux à la main, *vintage* oblige. Je restais donc essentiellement sur les premières, avec la télécommande dont les piles devaient être nazes tant il fallait appuyer sur les touches, mais il n'y avait pas grand-chose que je puisse regarder. Je ne pouvais même plus voir deux personnes s'embrasser. Même les couples qui se félicitaient dans les jeux télévisés, ça me foutait les boules. Alors je zappais sans arrêt. À un moment je suis tombée sur une interview grotesque à *Nulle Part Ailleurs*. Nagui recevait la fille censée représenter Lara Croft dans le monde. Il lui demandait si elle avait une vie très chargée, et la fille, habillée et coiffée comme dans *Tomb Raider* avec jupette et queue de cheval, répondait sans ciller : « Vous savez, je voyage beaucoup, je suis toujours en mission et c'est vrai que c'est très prenant. Quand j'arrive quelque part, je ne peux jamais savoir à l'avance où va se trouver l'ennemi, ou de combien de munitions je vais disposer. » Interview virtuelle de la schizophrénie... J'ai aussi vu un bout de téléfilm où une aveugle vivait dans un appart aux murs couverts de photos... Et puis une pub pour Lactel dans laquelle un petit garçon demandait à sa grand-mère : « Dis mamie, qu'est-ce que tu bois ? » Et la grand-mère de répondre : « Je bois pas, je fixe. »

J'ai revu des bribes de *Cocksucker blues* dont j'avais moi aussi encore une copie à la maison. Ce documentaire des Stones dans lequel on voit, pour de bon, des roads baiser des filles dans un avion, des groupies se fixer dans des chambres d'hôtel et Keith Richards qui pique du nez en permanence. Il y a surtout ce passage où il fait semblant de se toucher à travers son taille-basse argenté, avant de carrément glisser sa main à l'intérieur. Ça, bizarrement, ça ne m'a pas fait penser à Inès. Ça m'a fait penser à Nikki que je revoyais se préparer pour le studio, le premier matin, avec son Levi's en velours, sa chemise noire et ses boots. J'étais de nouveau habillée comme ça moi aussi, affalée là dans ma chemise prune, avec ma veste sur l'accoudoir et mes boots par terre. Comme les Stones, quoi. Ça revenait de nouveau dans ma tête. Je savais vraiment plus où j'en étais.

Un mec... ouais, c'était ça qu'il fallait que j'espère, après tout... Sur M6 passaient les frères Hanson. Il était magnifique celui du milieu. Le chanteur, Taylor. Seize ans ? Une perfection dans les traits qui frisait l'obscène. J'imaginais que Nikki le ramenait ici pour lui prêter une guitare, et pendant qu'il redescendait acheter à boire, le gamin restait adossé au mur à s'amuser comme Keith Richards... J'ai fait ça sur le canapé, sans hâte, en regardant des portions de nuages blancs dériver lentement dans le bleu pâle du ciel. Au bout d'un moment je ne voyais plus le petit Hanson, juste un mec plus âgé et plus costaud mais dont je ne distinguais pas vraiment le visage. Qu'est-ce que ça voulait dire quand on le faisait sans penser à personne en particulier ? Ces entités, se pouvait-il que ce soient des morts, ou des esprits qui n'avaient pas eu la chance de pouvoir s'incarner ? Des *choses* qui, ayant besoin de jouir comme tout le monde, venaient prendre possession de nos corps pour y parvenir ? Une bande d'ectoplasmes en chasse permanente de gens en train de se tripoter pour venir leur pomper leurs sensations. Comme dans *Liquid sky*, ce film new-yorkais 1980 où une soucoupe volante se posait sur le toit de l'appart d'une dealeuse, pour se nourrir de la substance que sécrétaient les cerveaux des mecs qui venaient se défoncer chez elle. Sans déconner : où partait l'énergie qu'on libérait au moment de l'orgasme ?

3

Quand je redescendais un peu, je me posais un tas de questions. Des questions pas franchement profondes mais qui me travaillaient, comme : pourquoi la cendre reste-t-elle bien droite tant qu'elle est rattachée à la cigarette, alors que dès qu'elle tombe elle part en couilles ? Ou comment le réseau d'égouts parvient-il à se glisser dans chaque toilette de chaque appartement, de chaque étage, de chaque immeuble, de chaque rue, de chaque quartier, de chaque ville, de chaque pays ? Ou pourquoi, contrairement à plein de gens, je ne savais ni siffler, ni claquer des doigts, ni faire des bulles avec un chewing-gum ? Ou si je pouvais être ailleurs et en train de faire autre chose, je serais où et en train de faire quoi ? À cette question-là je trouvais encore moins de réponses. J'aurais voulu que mon cerveau puisse rester entièrement sur pause. Chaque pensée au-delà du quart d'heure suivant me paraissait dérisoire.

Le mercredi, jour de la Fête de la Musique, je n'ai pas bougé. Pourtant je savais qu'Alex avait dû rentrer, elle devait mixer quelque part dans les Halles. Je n'ai pas non plus cherché à appeler Inès chez ses parents ou sur son portable. J'avais plus envie d'entendre sa putain de voix expirante... Le soir, je ne bougeais toujours pas, alors que la moitié de la ville devait être au Dépôt pour Alex et Jessie, tandis que l'autre devait se presser au Rex pour Plastikman et Laurent Hô. À cinq heures du matin, alors que j'étais toujours à attendre le retour de Nikki, je n'ai pas non plus eu envie d'aller faire un tour au Gibus où tout le monde avait dû se rabattre pour l'after hardcore. Aucun désir d'aller me mêler à des zombies déchirés à l'ecsta ou au MDMA en train de danser mécaniquement.

Je n'arrêtais pas de penser au début de la soirée, quand Nikki était repassé se changer. Un vrai cadeau du ciel qu'il m'avait fait. Il n'y avait pas d'autre mot pour qualifier ça, et je n'avais même pas été foutue de le prendre comme tel... C'était pas le petit Hanson qui était venu lui emprunter une guitare, c'était cent fois mieux que ça. On aurait dit Nikki treize ans plus tôt, quand il était descendu dans la rue après mon *Opéra de Quat' Sous*. La trentaine, une gueule d'ange, brun aux cheveux longs évidemment, avec un costume noir sur une chemise grenat et des boots Annelio. Un simple signe de tête avant de suivre Nikki dans l'autre pièce, mais il avait eu le temps de noter ma tenue à moi et la position de mes jambes sur le canapé. Je pouvais les entendre parler guitares à côté. Le temps que je me décide à me lever, ils revenaient déjà. Le type tenait un *flight-case* à deux mains et il m'avait de nouveau clairement calculée tandis que j'allumais une cigarette. Un rapide trouble, puis le naturel était revenu au galop : « Bon faut qu'on speede, mec, je joue, là, moi. » Foutu guitariste ! Mais au lieu de leur demander de m'attendre pour aller avec eux, j'étais bêtement restée plantée là à leur souhaiter une bonne soirée. Nikki était remonté deux minutes plus tard pour prendre un truc qu'il avait oublié, et pendant qu'il mettait la pièce à musique sens dessus dessous, j'avais eu le temps de l'interroger. Le type – Julian il s'appelait, et voilà comment le rock'n'roll transformait les Nicolas en Nikki et les Julien en Julian – s'était fait voler sa guitare à l'aéroport. Une Gibson TV de 1959, *forcément*. Il habitait Londres mais était français et venait jouer avec David Hallyday. Ouais, bon, c'est vrai que son dernier morceau n'était pas si mal, ça sonnait comme *Knockin' on heaven's door* de Dylan et les amplis du clip étaient chouettes. Son visage me disait quelque chose en fait, et tout d'un coup j'ai eu envie de m'énerver, de demander à Nikki pourquoi il avait attendu tout ce temps pour me le présenter ? Mais je connaissais la réponse, Nikki ne pensait jamais à rien d'autre que ce qu'il avait sous les yeux, et ce mec-là vivait de l'autre côté de la rivière... Avant de passer la porte, il avait demandé une dernière fois si je ne voulais pas venir, et comme je mettais trop de temps à me décider, il avait dévalé l'escalier en criant qu'au cas où, le concert était sur la place de la République.

Mais voilà, je n'étais allée nulle part. Ce Julian avait beau être exactement ce pour quoi j'aurais tout donné deux semaines plus tôt, la voix expirante de la petite salope résonnait de partout dans ma tête.

4

Le vendredi soir j'ai craqué, je me suis pointée à la soirée pré Gay Pride du Dépôt.

Tout avait changé à l'intérieur : la cabine se trouvait maintenant sur une petite estrade au-dessus de l'escalier de la backroom, on ne voyait plus la passerelle dissimulée par des tas de drapés sombres, et l'endroit était bourré à craquer. C'était Alex qui mixait et Inès a été la première que j'ai repérée avec son tee-shirt d'un blanc aveuglant. Elle était assise toute seule sur les quelques marches qui menaient à la cabine, et en me voyant elle s'est aussitôt levée pour venir à ma rencontre. Elle s'est collée contre moi de tout son corps, avec ses bras autour de mon cou, exactement comme la première fois, dans l'entrée, à la maison, et j'ai bien cru qu'elle allait m'embrasser devant toutes les autres que je venais de remarquer plus loin et qui ne nous quittaient pas des yeux. Mais au dernier moment, sa bouche a dévié vers ma joue, après quoi elle a pris ma main pour m'entraîner tranquillement. On s'est frayé un chemin dans la foule. L'air était saturé de CK One, CK Be et autres parfums de pédés. On s'est rapprochées du bar où la musique semblait un peu moins forte et on s'est adossées à un mur pour s'asseoir sur nos talons. On a sorti nos cigarettes et j'ai allumé la sienne. La lueur du briquet qui a illuminé le bas de son visage a laissé voir plusieurs boutons près de sa bouche. Des boutons de fièvre qui allaient avec les règles trois fois de suite dans le même mois... Elle a timidement dit qu'elle était contente de me voir, que je devais bien être la seule à encore lui adresser la parole. Toutes les autres lui prenaient la tête à cause de ce qui s'était passé. Mais elle faisait même plus gaffe. Des jours qu'elle avait pas dormi. Qu'elle suivait. Qu'on la posait quelque part et qu'elle n'en bougeait plus, trop à la masse pour décider de quoi que ce soit. Et avec Alex ? Ça allait comment ? Elle a répondu que c'était cool tant qu'elles étaient seules, ça merdait dès qu'elles retrouvaient les autres. J'ai aussitôt fait remarquer qu'elle aurait du mal à se débarrasser de l'entourage d'Alex, alors qu'avec moi elle n'aurait pas eu ce problème. Elle a souri pour répondre qu'elle y avait pensé. Putain, elle hésitait... ? « Écoute, j'ai commencé à dire. Moi je peux encore oublier. Tu peux revenir et on en reparlera jamais. – Je sais pas, elle a fait, je sais plus rien, là. » J'ai dit qu'elle devrait au moins venir dormir pour commencer, se reposer. On pouvait y aller tout de suite : où elle voudrait, un endroit où personne ne viendrait la faire chier. Elle regardait devant elle en se triturant les mains. La basse du DJ Rush a commencé à se faire entendre. Son regard, son corps ne portaient plus aucune trace de moi. Elle était complètement barrée ailleurs. Encore plus étrangère que lorsque je la connaissais à peine. Elle a demandé si j'avais commencé le disque. J'ai pas répondu. Elle devait être raide. Mais si j'avais essayé de voir je n'aurais rien distingué dans ses yeux noirs, et de toute façon je voulais pas savoir. Je regardais les gens passer et je comprenais enfin : les pédés s'aiment trop et les gouines pas du tout. La bande s'était rapprochée pour danser en bas des marches de la cabine. Eva avec un tee-shirt blanc qui disait en noir *Sharon t'es bonne*, Gayle de nouveau à Paris avec un *Sharon Stoned* rose sur du bleu, Julia avec un *Tintin Tattoos* blanc sur du noir et Jessie avec un *Enjoy Me* blanc sur du rouge comme le *Enjoy Coca-Cola*. Pallas était en robe, occupée à parler avec une fille que je ne connaissais pas. J'ai cru voir passer Bruce Willis, puis j'ai réalisé que c'était Tintin. J'avais jamais remarqué à quel point il lui ressemblait. Ça m'a ramené une image de Brad Pitt dans l'asile de *L'Armée des douze singes*. DJ Rush y allait avec son *I wanna fuck you all night*, et je voyais le moment où j'allais péter un câble et me mettre à déblatérer comme Brad Pitt en prenant tout le monde à partie... « Viens avec moi, j'ai redit à Inès. Tu restes deux ou trois jours, tu te reposes, tu vois comment c'est, et si t'es pas bien tu repars. – Pas ce soir en tout cas. Demain on doit faire des trucs avec Alex. Mais peut-être je t'appellerai ? » Je me suis redressée. Elle a fait de même. « J'y vais, j'ai dit. Viens avec moi. – J't'appelle », elle a répété en mettant ses mains sur ses reins. Une étrangère. J'ai écrasé ma cigarette sous ma chaussure puis je me suis éloignée vers les autres pour leur dire bonjour et au revoir. J'ai embrassé Eva, Gayle, Jessie, Julia, chacune se laissant faire avec un sourire à la fois triste et gêné. J'ai ignoré Pallas, et j'ai détourné les yeux en remarquant qu'Alex me fixait depuis le haut de la cabine. J'avais juste eu le temps de voir que son tee-shirt disait *Heroin Kills Only Rock Stars*, et l'espace d'une seconde ça m'a donné envie de monter lui foutre mon poing dans la gueule d'avoir initié Inès à l'héro. La main d'Inès est revenue prendre la mienne dans la foule, « je t'accompagne jusqu'à la porte ». Malgré le monde, on se rapprochait trop vite de la sortie. J'essayais d'avancer le plus lentement possible, certaine que si je m'étais arrêtée pour la serrer, ou l'embrasser, elle ne m'aurait pas repoussée. Au vestiaire, elle a cru que j'avais quelque chose à récupérer et elle a attendu à côté de moi. J'ai fini par demander si elle allait vraiment appeler. Il m'a semblé qu'elle était de nouveau *là* alors qu'elle me dévisageait d'un air totalement désespéré. C'était maintenant, fallait que je joue ma dernière cartouche maintenant. « Écoute, j'ai dit en la prenant par l'épaule pour qu'on se décale un peu du monde qui se bousculait au vestiaire. Toi et moi c'est un vrai truc. C'est le bordel autour qui fait que tu sais plus. Faut pas que tu balances tout ça, faut que tu nous donnes une chance, on la mérite bordel. Tu peux pas me laisser, j'ai ajouté, j'peux pas être sans toi. » Pallas est apparue et elle l'a aussitôt prise par le coude, disant qu'elle poussait de se comporter comme ça devant tout le monde. « Mais on parle ! je me suis exclamée. – C'est ça », a rétorqué Pallas et elle a entraîné Inès qui faisait signe qu'elle n'y pouvait rien.

Je ne pouvais pas partir comme ça. Pas tout de suite du moins. Alors je suis revenue vers la salle moi aussi, sentant mes jambes mal assurées se dérober, essayant de donner l'impression d'aller quelque part. La bande avait bougé de place et Inès n'était évidemment pas retournée s'asseoir près du bar. J'ai fait un grand tour. Je suis tombée sur Eva. « T'as pas une nouvelle blague ? » je lui ai crié en m'efforçant de paraître euphorique. Elle a fait non de la tête, puis elle s'est approchée de mon oreille pour ne pas crier en retour : « Je crois que j'vais avoir besoin d'un peu de temps pour oublier » et elle s'est éloignée. J'aurais pu lui demander en quoi tout ça la concernait, mais je le savais : vu de l'extérieur ça ressemblait à un plan de gouine de base et elle était déçue que j'en ai été capable. J'ai fini par monter dans la cabine, où je me suis adossée près d'une table sur laquelle étaient installés les deux *flight-cases* d'Alex. J'ai dû rester là-haut une bonne demi-heure, à la regarder mixer de dos. Régulièrement, elle se tournait pour ranger un disque puis en sortir un autre, et régulièrement elle me faisait signe de lui allumer une de ses clopes. Mais pas une fois elle n'a cherché à croiser mon regard. Je savais qu'elle ne m'en voulait pas. Elle l'avait trop fait à d'autres pour ne pas avoir l'élégance d'encaisser. Mais ça se voyait qu'elle était affectée par la chose, un truc qui ralentissait ses gestes, qui donnait l'impression qu'elle avait juste hâte de finir de bosser pour rentrer se coucher. On m'a touché le bras et c'était Inès qui se tenait juste en dessous sur les marches. Elle m'a fait signe de me pencher, je me suis exécutée et elle a demandé si je voulais pas descendre dans la backroom. Elle a ajouté que ce soir c'était ouvert aux filles. Je serais allée au bout du monde avec elle, mais pas là, dans le dos d'Alex qui travaillait et avec n'importe laquelle de la bande qui pourrait se pointer. Alors j'ai répondu que non. Chez moi oui mais pas ici. Elle a baissé les yeux et elle est repartie. Je suis encore restée un petit moment à regarder la foule devant la cabine. Une personne sur deux devait être défoncée – ecstas, MDMA acids, poppers, lignes de coke... Nombre d'entre eux devaient avoir une petite bouteille de Stérimar au fond de leur sac, le spray d'eau de mer miracle qui nettoie les narines. Comment disait Alex, déjà : quand t'as trop sniffé, Stérimar et ça repart ? Il était où son tatouage d'Inès ? J'attendais qu'elle se tourne pour dire au revoir de la tête, mais elle ne le faisait pas, aussi j'ai fini par redescendre.

Je ne m'étais encore jamais aventurée au sous-sol, je savais juste que c'était immense. En bas des marches, un couloir partait de chaque côté. J'ai emprunté celui de gauche. Il était bordé de filles qui discutaient par groupes, des verres à la main. Elles rêvaient si elles pensaient qu'elles allaient voir quoi que ce soit, aucun mec ne serait là si on était admises. Je suis passée devant une succession de petites cabines sans portes, faiblement éclairées de lumières jaunes et vides à l'exception de la dernière où deux filles s'embrassaient. Ensuite il n'y a plus rien eu dans le couloir qui tournait à droite, puis encore à droite, et ce n'est qu'en tournant encore une fois que je suis tombée sur deux ouvertures sombres. J'ai pénétré dans la première, me retrouvant alors dans une large pièce circulaire. Au centre, des portes alignées. Je me suis approchée pour tourner doucement une poignée, découvrant une cabine dont la glace sans tain donnait sur un espace encore plus restreint et rond, où un seul mec pouvait tenir, pour se faire mater à faire je sais pas quoi. Je suis ressortie pour essayer l'ouverture suivante qui était un bar plongé dans une pénombre rouge. Une dizaine de filles déambulaient, genre visite de musée. Il y avait encore une autre ouverture dans le fond mais celle-ci était barrée d'une chaîne. Si Inès était descendue faire un tour, je l'avais ratée. Je suis ressortie et j'allais regagner l'escalier quand j'ai remarqué une dernière ouverture. La seule lumière venait du couloir – la backroom. Je pouvais juste distinguer trois silhouettes à quelques mètres devant moi, tout le reste était dans le noir. Je me suis approchée, cherchant à voir ce qu'elles regardaient, et là, j'ai aussitôt fermé les yeux par réflexe, tandis que quelque chose se rompait en moi. C'était mon bébé. Mon bébé de dix-sept ans écartelé à poil en train de se faire bouffer.

Torse nu avec le pantalon baissé aux chevilles, elle était tenue par deux filles tandis qu'un mec rasé était à genoux devant elle. Les filles la tenaient en arrière, leurs mains se baladant sur ses seins, sa gorge, sa bouche, tandis que le mec, lui, la tenait par les hanches. Elle, elle avait la tête rejetée de côté à s'en faire péter le tendon du cou et elle suçait avidement la langue d'une des deux filles. Ses mains, elle s'en servait pour les caresser toutes les deux. Direct dans les jeans ouverts. Il n'y avait pas de musique, juste celle du couloir et on l'entendait clairement gémir. Une des deux filles devait aussi avoir un doigt derrière vu comment elle fléchissait les jambes. Elle se tordait, comme si ça se passait contre son gré, mais ça se voyait qu'elle n'en pouvait plus. J'étais complètement pétrifiée à l'idée que ses yeux reviennent regarder devant elle et qu'ils me découvrent là, mais j'étais comme paralysée. Elle a poussé un cri spectaculaire tandis qu'elle jouissait, avalant quasiment la mâchoire de la fille qu'elle embrassait. Le mec s'est redressé et il a sorti sa bite. Les filles continuaient de la tenir et l'une d'elles a glissé sa main entre ses cuisses avant de venir l'essuyer sur son visage. Inès a aussitôt léché sa main, puis elle a sorti une des siennes d'un des pantalons pour venir prendre la bite du mec. Il aurait suffi qu'elle lève les yeux pour me voir à un mètre derrière lui, mais elle regardait en bas. Elle regardait la bite qu'elle commençait à branler doucement. C'était clair qu'il était hétéro et maintenant il y avait plusieurs possibilités : il allait la prendre par-devant, par-derrière, ou se faire sucer et lui gicler soit dans la gorge, soit en travers de la figure. Mais je suis pas restée là à attendre.

En remontant l'escalier je suis tombée sur Pallas et la fille assises sur les marches. Pallas pleurait, tout son rimmel avait coulé.

« Qu'est-ce qu'elle a ? j'ai demandé d'un ton plein de dégoût.

— Elle s'est fait percer la langue, a répondu la fille, alors elle a mal. »

Tiens donc...

Le rimmel qui dégoulinait lui faisait une tête pas possible, on aurait dit Frank-N-Further dans le *Rocky Horror Picture show*, quand Riff Raff est sur le point de le tuer. Pallas a relevé les yeux et elle a eu un mouvement de recul de me découvrir plantée là. Comment c'était déjà, la scène, quand le Docteur Scott débarque au moment où tout le monde vient de surprendre Susan Sarandon qui s'envoyait l'apollon ?

« Janet ! Doctor Scott ! Janet ! Brad ! Rocky ! »

J'ai répété ça trois fois de suite, comme dans le film. Je l'ai fait avec un truc de pure démence tandis que l'horreur se peignait lentement sur le visage de Pallas. Démasquée, connasse ! j'ai voulu ajouter. On a compris que t'es aussi amoureuse d'elle ! Mais je n'ai pas pris la peine d'en dire plus. J'ai achevé de grimper les marches, je suis restée calme tandis que le flot me ramenait vers la sortie, j'ai passé la porte, j'ai tourné le coin du boulevard Sébastopol, je me suis approchée d'un caniveau, je me suis penchée et j'ai vomi.

Chapitre XII

Gay Pride, Sinead O'Connor & autres complications

1

« Alors Cubase, bon Cubase tu connais, mais avec la 24, tu vas voir, t'as un tas de trucs en plus. »

Et voilà, c'était reparti comme avec Jessie. Est-ce que les gens s'imaginaient *vraiment* que j'entassais du matériel dont je savais pas me servir ? Je me suis contentée de hocher la tête. Si on comptait le « bonjour » quand il avait sonné et le « magne-toi » adressé à Pallas qui squattait les toilettes au réveil, je n'avais prononcé que deux mots depuis que j'étais ressortie de la backroom, et c'était très bien comme ça.

Le type qui était assis à mon ordinateur – ma super-belle unité G4 translucide et argent avec l'écran assorti –, je ne l'avais jamais vu. C'était un copain de copain de copain, un type d'un collectif de Lille de passage à Paris pour le week-end et qui avait gentiment accepté de perdre quatre heures pour m'installer cinquante mille balles de *plugs-in* à l'œil. Pourquoi, alors qu'il ne cherchait même pas à me draguer, je n'en avais pas la moindre idée. Mais j'avais l'habitude, maintenant, du côté boy-scout de la techno : ça dansait sur de la musique qui donnait envie de baiser en se gavant d'ecstas qui décuplaient tout ça, mais ça draguait pas. Lui, il ressemblait à tous les autres, des cheveux courts en pétard et des fringues informes à la Daft Punk. C'était ça, désormais, avec les home-studios : au réveil on s'emmerdait plus à se coiffer et à s'habiller, on prenait juste le temps de mettre le café en route et on s'y collait.

Affalée à côté de lui, je regardais de temps à autre vers la télé restée allumée sur LCI. Tous les quarts d'heure, le journal parlait de la progression de la Gay Pride, mais pour le moment c'était encore chaque fois les images du départ quelques heures plus tôt. Aux infos de 13 heures, toutes les chaînes avaient ressorti des montages de celles de l'année dernière, en particulier les chars du Pulp et du Dépôt avec un tas de visages familiers. Moi je n'allais jamais à la Gay Pride. Rien à foutre de la démarche. Jamais été amoureuse de la boulangère d'un petit village que je ne pouvais voir qu'en cachette. Jamais travaillé dans une entreprise où il faut s'inventer un mec pour se débarrasser des gros lourds à la machine à café. Et jamais subi d'agressions physiques ou verbales parce que j'embrassais une autre fille dans la rue. Je ne vivais pas non plus dans le mensonge avec mes parents et je ne les avais pas non plus perdus quand ils avaient compris. Rien à foutre, donc.

Sauf que cette fois j'allais y aller. J'avais rendez-vous chez le dealer de Nikki à six heures, mais j'allais y passer après, sur la fin, à République. Alex devait mixer sur la place et je voulais voir Inès. Ce serait la dernière fois, normalement elles repartaient le lendemain. Ce que ça pourrait bien changer ? Il fallait que je la voie, c'est tout.

2

À République, ça grouillait de flics et de cars de CRS. J'ai failli m'en payer un de plein fouet alors que je slalomais dans un brouillard total, et d'un coup il m'est venu à l'esprit que même si je n'avais plus une pure dégaine de défoncée, je n'étais pas à l'abri d'une fouille. J'ai bifurqué pour gagner une rue adjacente où balancer ma seringue et ma cuiller, mais la dope, pas question. Même entouré d'un millier de keufs, personne ne bazarderait un gramme de blanche à quarante sacs et une coke excellente. J'ai donc retiré une de mes boots pour fourrer les paquets dedans.

J'avais toujours envie de voir Inès, mais la dope et la chaleur aidant, c'était déjà un peu moins urgent. J'ai donc décidé de faire trois fois le tour de la place, et si je ne tombais pas sur elle, ce serait un signe que je ne devais pas la voir aujourd'hui. Le cortège n'était pas encore arrivé, mais les deejays avaient déjà commencé à mixer sous le chapiteau dressé face à l'entrée du boulevard du Temple. Alex n'allait pas tarder d'après l'horaire donné par FG. Je reconnaîtrais instantanément le début de son mix, et comme Inès n'était pas du genre à squatter les platines, elle serait fatalement en train de se balader.

La place était déjà impraticable. Les gens s'interpellaient, couraient pour se rejoindre. L'air était saturé d'odeurs de merguez et de frites émanant de petites roulottes qui disparaissaient dans d'épais nuages de fumée. Des types de Techno Plus distribuaient des prospectus de prévention, d'autres vendaient les vilains petits drapeaux gays. Les haut-parleurs crachaient pour l'instant une house pas terrible, mais la puissance du son et la masse de gens faisaient quand même battre le cœur plus vite. J'avais des sueurs froides à chaque fois que mes yeux se posaient sur un uniforme. Au troisième tour, j'allais laisser tomber quand j'ai reconnu le premier disque d'Alex, et presque en même temps j'ai repéré le tee-shirt d'un blanc violent derrière la barrière.

J'ai pris mon temps pour venir vers elle. Plantée dans son habituelle posture d'oiseau, elle souriait en regardant ma veste et mes boots, puis son sourire s'est fait timide comme pour dire « regarde, on est encore séparées ». Ses lunettes de soleil étaient remontées dans ses cheveux mais je n'ai pas retiré les miennes. J'ai levé une jambe pour escalader la barrière, mais un gros black avec un talkie-walkie est aussitôt venu demander où je croyais aller comme ça. C'était vraiment bizarre d'entendre un truc pareil quand j'avais passé trois ans à aller où je voulais avec Alex.

« J'peux rerentrer si je sors ? » lui a demandé Inès, et je lui ai donné la main pour l'aider à passer par-dessus la barrière.

Elle est passée devant pour commencer à se frayer un chemin dans la foule. Elle a fini par attraper ma main. La sienne était très moite, mais pour rien au monde je ne l'aurais lâchée. Ses bras n'avaient pas bronzé, elles avaient dû passer leur temps à se *retrouver*... Aux abords de la rue du Gibus, on s'est lâchées et on a tourné dans la première à droite. La musique faiblissait derrière nous tandis qu'on s'est mises à marcher lentement, nos mains dans nos poches de derrière de nos pantalons. On gardait les yeux par terre. De temps à autre je ralentissais le pas au point de presque perdre l'équilibre. J'aurais voulu m'arrêter pour la serrer. J'aurais voulu qu'on entre dans un hall d'immeuble pour s'embrasser. Mais j'étais incapable du moindre geste. Au bout de la rue, on avait le choix entre tourner à gauche et s'éloigner encore plus, prendre à droite et retomber sur la place, ou repartir en sens inverse. On est reparties en sens inverse. C'était débile de rester comme ça en silence, alors j'ai fini par parler. J'ai dit que j'avais eu l'intention de ne faire que trois fois le tour de la place et de me barrer si je la voyais pas. J'ai dit que j'étais descendue dans la backroom et que j'avais pas aimé ce que j'avais vu. Mais je n'ai pas osé tourner la tête pour voir l'expression dans son regard. J'ai dit que j'avais failli venir dans le sud. Que j'avais vraiment été sur le point de le faire et que j'avais laissé tomber alors qu'on faisait le plein. Là non plus je n'ai pas osé la dévisager. J'ai fini par lui demander si elle savait où on se trouvait, et là j'ai tourné la tête vers elle. Elle s'est arrêtée, ne comprenant pas la question. J'ai expliqué qu'en continuant droit devant, on était à cinq minutes à pied de chez moi. J'ai soutenu son regard en demandant si elle voulait y aller, elle a soutenu le mien en demandant doucement pour quoi faire. Pour pouvoir se prendre dans les bras tranquillement, pour s'embrasser, pour discuter, peu importe. C'était de nouveau elle, de nouveau son corps que j'avais tenu, de nouveau ses yeux qui plongeaient dans les miens. Elle a souri pour dire que ce ne serait pas une bonne idée. Je me suis remise à marcher, puis me rendant compte qu'elle ne suivait pas, je suis revenue sur mes pas où elle attendait, tendant sa main que j'ai reprise et on est reparties, de nouveau en silence en regardant par terre. Sa main était toujours moite et par instants, ses doigts glissaient un peu, cherchant aussitôt une meilleure prise autour des miens. La musique est redevenue tonitruante alors qu'on redébouchait sur la place. Je l'ai lâchée pour me diriger vers une barrière, me demandant combien de temps elle aurait continué de me tenir si je ne l'avais pas fait. Je me suis adossée à la barrière et son corps est venu s'immobiliser à seulement quelques millimètres du mien. Ça faisait du bien de s'appuyer à quelque chose, j'avais trop chargé. Elle aussi elle était raide. Maintenant j'arrivais à distinguer ça dans le noir de ses yeux. Moi je l'étais comme quelqu'un qui doit y aller pour sentir quelque chose, mais elle, c'était encore les débuts, quand une simple ligne fait tenir toute une journée. J'étais jalouse de ça, mais en même temps j'éprouvais une vraie sensation d'angoisse à l'idée qu'elle connaisse cet état.

« T'es belle », elle a murmuré.

Moi j'étais belle ? Elle, elle était tout simplement magnifique. De nouveau une vraie gamine malgré ce dont j'avais été témoin la veille. Mais elle dégageait tout de même désormais quelque chose de différent, quelque chose d'à la fois écœurant, et sexy au-delà du soutenable.

« Viens chez moi, j'ai dit doucement. Tu reviendras après, j'te promets que j'te laisserai repartir.

— À quoi ça servirait ? elle a soupiré. Tu sais bien que si je viens, je vais avoir besoin d'être collée à toi et ce serait pas bien.

— Mais pourquoi tu t'en empêches si t'en as envie ? Tu voulais, hier, non ?

— T'es belle », elle a redit.

Son visage était si près du mien que je pouvais sentir son souffle sur ma bouche. Ses lèvres étaient toujours aussi molles. J'étais comme un bébé devant ça, comme devant un foutu biberon. J'étais perdue sans la chaleur de ses bras, sans l'odeur de sa peau. J'avais des larmes plein les yeux, et putain, les siens fixaient ma bouche, ils la fixaient comme la toute première fois, implorants. Pourquoi elle faisait tout ça si elle ressentait finalement quelque chose ? C'était ridicule. On se retenait de s'embrasser, alors que quiconque nous voyait de loin devait être persuadé que c'était ce qu'on était en train de faire. J'aurais voulu demander depuis combien de temps elle touchait à l'héro. Et aussi ce que c'était que ce mec, la veille, mais rien que d'y penser...

« De quoi on a l'air ? j'ai fini par lâcher. Toutes les deux défoncées à six heures de l'après-midi. »

Elle a eu un froncement de sourcils comme pour nier, puis ses lèvres ont semblé sur le point de remuer, et j'ai su que pendant une fraction de secondes elle avait eu envie de me demander s'il m'en restait. Son regard est parti au loin derrière moi. La musique venait de changer et elle devait se dire qu'Alex allait bientôt se mettre à la chercher. Je me suis vue lui dire que si elle me suivait, je lui filerais tout ce que j'avais dans ma chaussure. Mais j'ai imaginé Jessie me gueuler « putain t'es pathétique ! » et mes orteils se sont crispés très fort autour des paquets pour me donner la force de fermer ma gueule.

« Va falloir que j'y retourne, elle a dit.

— Tu sors ce soir ? j'ai banalement demandé.

— Ben Alex mixe au Dépôt, au Bataclan, au Pulp, et puis encore un autre truc mais j'ai oublié où. Tu vas venir ? »

J'ai haussé les épaules.

« Je crois que Pallas est sur toutes les listes, elle a ajouté, essaie de venir avec elle. »

Ben voyons, rien ne serait plus simple.

« Faut que j'y aille, elle a fait en approchant doucement ses lèvres de ma joue.

— C'était bien le sud ? j'ai demandé en m'efforçant de ne pas faire attention à la douceur de sa bouche.

— Ouais génial ! elle a laissé échapper, puis se rendant compte qu'elle venait de montrer un peu trop d'enthousiasme, elle a ajouté : J'avais besoin de me reposer, ça m'a fait du bien. »

C'est alors que je me suis souvenue. J'ai attrapé son poignet tandis qu'elle commençait à se détourner.

« Vous repartez toujours demain ?

— Ouais », elle a murmuré d'un air désolé.

Je me suis éloignée en premier, me répétant cette phrase entendue mille fois qui dit « te retourne surtout pas », mais arrivée au trottoir, je n'ai pas pu m'en empêcher. Elle repartait tranquillement, les mains sur ses reins avec ses coudes qui pointaient. Elle est entrée dans la foule et j'aurais pu continuer de voir longtemps le blanc de son tee-shirt. Jusqu'aux barrières du chapiteau au loin, jusqu'à

Alex. Mais je me suis forcée à repartir, longeant les Abribus pour ne pas être vue d'Alex au cas où elle chercherait dans cette direction. Parfois, les conséquences de nos actes prennent du temps avant de se mettre en place, et puis parfois elles sont immédiates. Je venais de me faire mal. Je n'aurais pas dû l'emmener à l'écart si c'était pour ne rien en faire. Je n'aurais pas dû rester aussi longtemps près de la barrière. Et puis je n'avais dit que des choses que je ne voulais pas dire et rien de ce que je voulais. Maintenant je m'éloignais de cette place où elle, elle restait. Exactement comme j'aurais eu à le faire si j'étais descendue dans le sud... Je venais de me faire super-mal et j'aurais pas dû.

3

J'ai fini par appeler Pallas sur son portable, et comme si de rien n'était, j'ai demandé quel était son programme. « C'est une plaisanterie ? » elle a fait d'une voix zozotante. La langue, c'est vrai, j'avais oublié... Ignorant le ton infect, j'ai calmement rétorqué que j'avais faim et que je voulais simplement qu'elle me dise où elle dînait. Elle a répondu qu'elle ne voyait vraiment pas ce que ça pouvait me foutre. J'ai répété que j'avais faim et qu'on ne serait pas obligées de parler, une trêve, OK ? Elle a lâché qu'elle se trouvait à l'habituel japonais où on allait, dans le Marais, avec Alice mais que si je débarquais elles se casseraient. « Ben tant mieux alors, j'ai fini par soupirer, ça libérera une table. »

Quand je suis arrivée là-bas, une vingtaine de minutes plus tard, elles étaient en train de décider où se rendre après. Alice voulait aller au Bataclan pour écouter Alex qui ouvrait pour Green Velvet, et

Pallas disait qu'il n'était pas question qu'elle rate Jessie qui faisait le Rex avec Jeff Mills. Elle qui n'en avait jamais rien eu à foutre du Rex ou de Jeff Mills – quelle conne, elle croyait quoi ? Elle avait *encore* une nouvelle robe, noire au dos ouvert jusqu'à la raie des fesses. Mais le plus insensé, c'était que Guillaume était là. *Mon* Guillaume. Alice n'avait peut-être pas saisi que je ne le voyais plus, mais Pallas... J'attendais donc de capter son regard pour lui signifier ma consternation, mais elle ne me donnait évidemment pas cette satisfaction. Alice non plus ne cherchait pas trop à me regarder. Et Guillaume non plus d'ailleurs. Il se contentait juste de jeter des coups d'œil furtifs à mon tee-shirt sous ma veste de velours. Je l'avais fait en rentrant, un simple tee-shirt blanc avec écrit en noir :

Life's a bitch
And then you die
And you know it

Dire qu'à peine un an plus tôt... ça me semblait il y a des siècles. Je sentais que bientôt, très bientôt, j'allais acheter le journal et prendre le premier appart venu. J'allais planter Pallas, sans lui laisser le temps de se retourner. Il n'y avait que comme ça que ça pourrait se terminer, je le savais et je ne pouvais rien y faire.

En attendant, chacun triturait le contenu de son assiette du bout de sa fourchette, sauf moi qui n'avais finalement rien commandé. Ce qui m'a enfin valu un regard de Pallas – plein de dégoût – qui devait penser que j'avais encore pris de la dope, et elle avait foutrement raison, j'avais au moins cet avantage ! Guillaume questionnait Pallas sur son style de voix. Apparemment elle lui avait parlé du morceau de trip-hop qu'elle avait fait l'année dernière, et elle avait l'air d'avoir décidé de se consacrer à ça maintenant. Ah bon. J'avais envie de dire à Guillaume que ça me faisait plaisir de le voir, mais j'ai fini par constater avec stupeur que Pallas le draguait. Elle draguait ce mec qu'elle avait passé son temps à critiquer quand moi je le voyais : plouc de banlieue, face de bouledogue demeuré et j'en passe... Lui se laissait faire, juste mal à l'aise que ça se passe devant moi. J'aurais pu dire quelque chose, mais entendre le son de ma propre voix était au-dessus de mes forces. Je préférais m'accrocher à cette distance vertigineuse que je ressentais depuis la veille, depuis le Dépôt. Pourtant je me serais quand même bien vue dire à Pallas qu'elle avait vraiment un problème. Un sérieux problème, même. Elle était devenue un vrai paquet de merde et elle était à moins dix-sept mille, je le savais pour avoir vu son relevé dans l'entrée. Alice aussi avait un problème. Elle foutait la trouille aux gens tellement son manque d'affection la consumait vivante. Et puis sa boulimie la faisait tellement gonfler, qu'elle commençait à avoir une tête de triso avec sa frange qu'elle venait de couper encore plus court que celle de Pallas. Pathétiques, l'une comme l'autre. J'ai senti mon sang se figer, me demandant si je venais de dire ça à voix haute ou si je l'avais juste pensé. Mais Pallas continuait de parler à Guillaume, et Alice me regardait sans me voir. Je me suis levée pour aller aux toilettes, songeant à cette scène dans *Pandora*, quand James Manson écoute Ava Gardner chanter au piano : il vient de boire du poison, il sait qu'il n'en a plus que pour quelques secondes, il se retourne vers les autres attablés, et juste avant de s'écrouler il lance : « Enfin j'échappe à vos bavardages ! »

À mesure que je descendais l'escalier des toilettes, j'ai découvert le bas des jambes puis le dos d'une fille penchée sur le lavabo en train de boire, et j'ai eu un coup au cœur. Pas tout à fait la même coupe de cheveux, ni le même visage quand elle s'est redressée en s'essuyant la bouche du dos de la main, mais elle avait le même genre de fringues, la même nonchalance d'ado. Elle s'est écartée avec un timide sourire pour me laisser entrer dans les toilettes. J'ai doucement refermé la porte derrière moi, comprenant qu'il y en avait des tas comme Inès, des vraiment mignonnes, sympas, et jeunes. Des tas ouais. À toutes les sorties de lycées. Et cet été elles seraient partout, dans toutes les raves, sur toutes les plages, de Biarritz à Montpellier. J'allais devoir m'en trouver une autre, ou alors renoncer à ce genre-là, parce qu'elle, je l'avais vraiment perdue. Je me suis accroupie pour vider les poches de ma veste sur le carrelage, à la recherche d'un bout de papier dont je pourrais faire une paille. Peut-être que Pallas et Alice étaient aussi en train de se dire que j'allais mal. Mais j'allais très bien. Juste hâte d'être le lendemain. Juste un peu secouée à l'idée que cette nuit, Inès allait se trouver dans quatre endroits différents et que je n'allais me rendre à aucun. Ça ne servirait à rien, ça n'apporterait rien de plus que l'après-midi, et peut-être même le savais-je déjà en quittant la République. J'avais été con de balancer le matos, c'était évident qu'après les pharmacies allaient fermer. C'était du gâchis, et en plus ça allait me faire gerber. La dope m'a laissé un sale goût dans la gorge, mais je me suis fait une deuxième ligne, puis un gros trait de coke par-dessus. J'ai ensuite remballé le contenu de mes poches, et assise sur mes talons dos au mur j'ai allumé une cigarette, insouciante de la personne qui avait l'air de s'impatienter de l'autre côté de la porte. J'ai attendu près de la cuvette, j'ai attendu que tout ce qui n'allait pas en dedans remonte. Et après je me suis sentie mieux, ouais, un peu mieux.

4

Devant les backstages du Rex, j'étais adossée au mur pour ne pas me casser la gueule tellement j'étais raide, et d'un œil franchement lassé, je considérais Pallas qui venait de s'évanouir aux pieds du type de la sécurité, toute disloquée dans sa nouvelle robe qui ne cachait plus grand-chose.

On avait d'abord patienté un bon moment devant l'entrée principale, et tout comme les deux cents autres qui attendaient, on avait eu du mal à admettre qu'ils ne laisseraient plus entrer quiconque parce que la salle était déjà pleine. Guillaume nous a foutu la honte en gueulant qu'on était sur la liste, et les deux cents autres derrière de répondre en chœur « NOUS AUSSI ! » Puis il a recommencé à l'entrée des backstages un peu plus loin :

« Non mais vous savez *qui* on est ? »

Alice répétait au type qui gardait la porte d'aller chercher Jessie mais il ne voulait rien savoir, et tout d'un coup, Pallas a pété un câble. Elle s'est mise à vociférer de sa voix zozotante que c'était pas possible d'être abruti à ce point, qu'il avait qu'à vérifier qu'on était attendus, que c'était aussi simple que ça. Sur le trottoir d'en face, une bagarre a éclaté. Deux types qui en lattaient un troisième par terre. Aucun des videurs de l'autre entrée n'a traversé pour intervenir. On pouvait entendre des craquements d'os, Pallas continuait de gueuler, et là il s'est produit une chose aussi comique que terrifiante. Le même genre de chose que ce qui était arrivé à Sinead O'Connor pendant un concert en hommage à Dylan : sommée de dégager par le public, elle s'était mise à déballer un monologue insensé, puis choquée par sa propre violence elle s'était alors gerbé dessus. C'est ce qui est arrivé à Pallas. Ses sushis sont ressortis à l'horizontale. Après quoi on a vu ses genoux fléchir et son corps s'affaisser comme une marionnette dont on relâche brusquement les fils.

À présent, le type de la sécurité lui filait des baffes pour la faire revenir à elle, et je commençais à en avoir ras le bol de ces conneries. Le portable d'Alice a sonné. Elle s'est mise à fouiller précipitamment dans son sac et j'ai eu envie de lui demander ce que ça pourrait bien foutre que pour une fois il continue de sonner tout seul. Quand j'ai compris que c'était son frère, j'ai lâché mon mur pour venir lui prendre le téléphone des mains. Nikki était à une performance. Je lui ai dit de ne pas bouger, de ne surtout pas bouger, j'ai refilé le portable à Alice et j'ai rassemblé tout ce qui me restait d'énergie pour me diriger vers la station de taxi un peu plus loin, me retournant pour crier à Pallas que Sinead O'Connor, elle au moins, elle savait chanter ! Alice m'a rejointe alors que je me laissais tomber sur la banquette.

Alice gardait le visage tourné vers les trottoirs qui défilaient, mais je voyais qu'elle avait les yeux tout brillants. J'aurais dû dire quelque chose, mais quoi ? Qu'elle aurait mieux fait de s'abstenir le soir où elle m'avait ramassée à L'Entracte ? Quelle heure pouvait-il être ? Où se trouvait Inès en ce moment ? Est-ce qu'elle savait que je ne me montrerais pas ? Est-ce qu'elle le savait déjà aussi en quittant la Gay Pride ? La radio passait *Everybody hurts* de REM. Cette chanson ne me rappelait rien ni personne, pourtant ça m'a foutu un cafard monstre.

5

La salle était plongée dans l'obscurité. Sur une petite estrade à peine éclairée, un type rasé était allongé à poil dans un fauteuil de dentiste. Le fond sonore ressemblait à un ronflement de salle des machines. J'étouffais avec ma veste de velours que je ne voulais pas retirer de peur de la perdre. Alice avait disparu et Nikki se tenait derrière moi, les bras autour de ma taille avec son menton sur mon épaule pour m'expliquer à l'oreille : c'était l'histoire d'un type qui se faisait renverser par un train et débarquait au paradis. Il rencontrait alors une fille qui lui offrait une pomme, bien entendu il mordait dedans, ça lui déclenchait une méga-rage de dents, et la fille (une crête verte), qui n'était autre que l'assistante d'un dentiste, proposait de le soulager – on en était là.

La crête verte était en train d'accrocher une sorte de bavoir au type qui se tordait de douleur en recrachant moult morceaux de pomme. Une phrase entendue je ne sais plus où n'arrêtait pas de me revenir : « Tout va tellement vite que tout ce qu'on peut faire c'est profiter du voyage. » Je ne pouvais pas croire qu'Inès se soit vraiment foutue de ma gueule, personne n'avait du temps à perdre à ce point... Sur la scène, un autre type rasé habillé en dentiste est sorti de l'ombre. Il était armé d'une seringue de la taille d'un avant-bras. Quand l'autre l'a remarqué, il s'est aussitôt redressé mais en un rien de temps la crête lui a sanglé chevilles, poignets et tête. Le type s'est mis à hurler alors que l'aiguille démesurée s'enfonçait dans son estomac, faisant jaillir du sang à la verticale. La crête lui a bouché le nez, le contraignant à se taire pour respirer. J'ai tourné la tête vers Nikki pour lui demander si je pouvais encore dormir chez lui. Il a chuchoté que oui. Un simple oui ni hésitant ni rien, qui m'a fait du bien. Le dentiste fouillait la bouche du type avec une tenaille, le sang continuait de jaillir. Il n'arrivait à rien avec la tenaille, il l'a balancée à l'écart et s'est emparé d'une perceuse. Bruit de perceuse dans la bande-son. Je me suis doucement dégagée de l'étreinte de Nikki et suis partie à la recherche des toilettes.

Alors que j'étais assise sur la cuvette à tracer une ligne sur mon paquet de cigarettes, une image d'Inès s'est formée dans le lointain. Elle enfonçait des portes avec le pied et elle pleurait. Elle sanglotait qu'Alex pouvait se bousiller la santé si elle voulait, mais pas moi. Elle ratissait la ville entière, enfonçant des rangées de portes de chiottes en répétant « pas toi », mais à chaque porte qui rebondissait mollement contre la mince cloison, l'écho de sa voix étranglée planait tout seul au-dessus des carrés de carrelage qu'elle découvrait chaque fois déserts... Des larmes sont venues brouiller mes yeux, en fait c'était moi qui enfonçais ces portes... Je me suis hâtée de retourner vers la salle.

Sur le fauteuil le type s'était évanoui. Il avait les cuisses écartées au maximum et le dentiste avait un bras plongé jusqu'au coude dans les profondeurs de ce qui devait être un trou dans le fauteuil, mais qu'on était censé prendre pour l'anus du type. Le sang continuait de jaillir à la verticale, des gerbes régulières qui commençaient à former une sacrée marre. Le dentiste a fini par extraire une énorme molaire toute cariée. Un gros truc dégueu qui devait bien faire la taille d'un ballon de foot et le public a poussé un puissant « HAAAA ». Nikki riait fort près de mon oreille. Ses bras me serraient de trop près. La crête verte a détaché le type qui revenait lentement à lui. Elle et le dentiste l'ont aidé à se relever, puis brusquement ils l'ont précipité par terre et se sont mis à le rouer de coups de pied. Le type essayait de ramper, laissant sous lui de larges traînées de sang. J'ai revu le tee-shirt *Reservoir Dogs* de Jessie et je me suis demandée si elle était toujours au Rex ou déjà partie à la Loco, il me semblait qu'elle devait y faire l'after. Aucune idée de l'heure. J'ai tourné la tête vers Nikki pour dire que je voulais rentrer. Un mouvement de foule nous a déportés et Nikki m'a retenue de justesse. Le type venait de se jeter dans le public, il s'agrippait aux manches, aux cols, suppliant qu'on lui vienne en aide, couvrant de sang tout ce qu'il touchait. La bande-son a laissé entendre l'amorce d'un sifflement de train et la lumière est revenue. Sur la scène, la crête passait une serpillière. Alice s'est plantée devant nous :

« Un peu de ménage avant l'arrivée du prochain ? »

J'ai pas compris. J'ai redit à Nikki que je voulais y aller. Les mains sur les hanches, Alice a rétorqué qu'on venait à peine d'arriver, qu'il restait encore d'autres performances à voir. Puis sentant que j'allais *peut-être* l'envoyer chier, elle s'est tournée vers son frère et lui a demandé s'il voulait l'accompagner dire bonjour à Sylvain, le type de la performance. Nikki a passé son bras autour de mon cou, « Viens, y en a pas pour longtemps ». À ce stade, je n'avais même plus l'énergie de protester et je me suis laissé entraîner vers un rideau tendu dans le fond.

Le Sylvain en question était à genoux, toujours nu et couvert de sang, en train de se tenir la gorge. La crête a annoncé qu'il venait de boire de l'eau de Javel par erreur. Elle a désigné un gobelet de plastique sur la table de maquillage.

« Et *comment* peut-on boire de l'eau de Javel par erreur ? j'ai marmonné pour moi-même.

— Ça a dû servir pour la perfo d'avant, a froidement lâché la crête. Pour désinfecter le matos de piercing. »

Quelqu'un est venu prévenir que le Samu était en route. Nikki empêchait les curieux de soulever le rideau. Alice avait disparu. J'ai dit à Nikki que j'allais rentrer, mais je suis restée plantée là. Mes yeux glissaient sur le corps du Sylvain qui s'était assis sur une chaise et essayait de respirer. Sa peau était incroyablement blanche sous tout ce sang. J'ai reculé pour m'adosser au mur. Ce type était percé de partout. Aux sourcils, entre les yeux, entre les narines, tout le long des oreilles, au menton et aux deux seins, mais bizarrement pas au sexe. Alex avait successivement été percée à la narine, à la langue, au menton, au sexe et maintenant il ne lui restait que celui du nombril. Inès était percée à la langue et au nombril. Pallas était percée au nombril et maintenant à la langue. J'ai revu Julia en train de se faire tatouer le début de son dragon. Eva qui exhibait son « Gayle ». Mon prénom sur le ventre d'Alex. Le sien sur le mien. Le sien sur l'aine d'Inès. Celui d'Inès quelque part sur elle... La pièce s'est mise à tourner et je me suis laissée glisser pour m'asseoir sur mes talons. Nikki m'a prise sous le bras pour me relever, il a dit que le Samu tardait trop, on allait prendre sa voiture. J'ai voulu protester, dire que j'en avais rien à foutre d'aller avec eux, mais rien n'est sorti. Je me suis fait distancer dans la foule. Nikki et le dentiste soutenaient le Sylvain sous les aisselles tandis que devant, la crête gueulait de dégager. À l'entrée, Nikki a demandé qu'on rappelle le Samu pour au moins savoir vers quel hôpital aller. Une fille a sorti un téléphone de sous le comptoir, un poste à cadran avec un cadenas dessus, voilà pourquoi le Samu... Le dentiste a dit qu'il nous rejoindrait après s'être fait payer. Sur le trottoir, Nikki ne se souvenait plus où il avait garé sa voiture et ça ne le faisait pas rire. Moi je me marrais, parce que si on devait prendre un taxi, je voyais d'ici que tous ceux qui commenceraient par ralentir à notre hauteur accéléreraient à la vue du Sylvain ruisselant de sang !

6

On s'est retrouvés à Bichat, c'est ce que j'ai vu d'écrit quand la voiture a pilé devant l'entrée des urgences. Le hall était plein. Une dizaine de chaises occupées et autant de types adossés aux murs. Des émigrés pour la plupart, arcades ou mains en sang. Personne n'a offert son siège. Tous évitaient soigneusement de regarder Sylvain, comme si la vue de tout ce sang risquait d'aggraver plus encore leur état, mais quand une infirmière a rouvert une porte, ils ont tous été d'accord de le laisser passer en premier. J'aurais bien voulu savoir comment il allait expliquer tout ce faux sang. Nikki est parti à la recherche d'un distributeur de bouffe, me laissant seule avec la crête. Je me suis éloignée de quelques pas, j'ai sorti mon paquet de coke, mon bout de paille, et sans même regarder si c'était cool de faire ça là, j'ai sniffé à même le tas.

« T'as de la coke ? a chuchoté la crête quand je suis revenue vers elle.

— Y a plus », j'ai répondu, sans même faire l'effort de paraître convaincante.

J'ai embrassé du regard la salle d'attente, me demandant si dans les hôpitaux de quartiers moins excentrés les urgences regorgeaient de pédés qui s'étaient pris des coups. Ici, rien ne laissait supposer qu'on était un soir de Gay Pride. J'ai revu Pallas rentrer de celle de l'année précédente couverte de sévères coups de soleil qui l'avaient clouée au lit trois jours. Où est-ce qu'elle était maintenant ? Toujours au Rex, ou de retour à la maison à déchiqueter tous mes vêtements avec des gros ciseaux comme dans je ne sais plus quel film ? ! Nikki est revenu en faisant la gueule, agacé par du Crunch nouvelle formule avec des carrés qui ne se coupaient pas droit. L'infirmière est réapparue et a prévenu que ça ne servait à rien de rester, ils allaient le garder. On a attendu que son pas s'éloigne dans le couloir et on s'est faufilés dans la pièce. Sylvain était sous perfusion, relié à un appareil qui visionnait l'intérieur de son œsophage. Il avait l'air abattu. Mes yeux ont glissé sur le drap de la civière déjà tout rouge, et je me suis de nouveau demandée comment il avait justifié ça.

« Y veulent que je voie le psy, il a fini par dire. Y croient que c'est une T.S. »

À la façon qu'il a eue de détourner son regard du mien, il m'a semblé que c'en était peut-être bel et bien une. Il avait une voix toute douce, ça contrastait drôlement avec ce qu'on l'avait vu faire pendant la performance.

« Quelle bande de nazes », a fait la crête, et ça m'a manqué de ne pas voir le chien de Jessie se dresser en entendant son nom.

La porte s'est rouverte dans notre dos, mais ce n'était que le dentiste, accompagné d'un autre type rasé. « Pu-tain ! Dé-ment ! » a fait le dentiste en s'approchant de l'appareil auquel était relié Sylvain. Il a sorti un caméscope et l'autre s'est mis à éteindre et rallumer la lampe d'observation pour faire stroboscope. J'ai chuchoté à Nikki qu'on ferait mieux de se tirer.

« Écoute, il a répondu en me prenant à part, sois patiente cinq minutes, c'est un pote, merde. »

J'ai voulu ouvrir la bouche pour le traiter de je sais même pas quoi, mais mes yeux se sont de nouveau arrêtés sur le drap de la civière couvert de sang. J'ai revu les miens tachés de celui d'Inès, et ça m'a suffi pour m'arracher de là.

Dans l'allée que je suivais à la lueur des lampadaires, je me suis planquée entre deux voitures garées avec l'idée de reprendre un peu de coke, histoire de me réveiller assez pour retrouver le chemin de la maison. Mais c'est une autre ligne d'héro que je me suis envoyée, accroupie, puis encore une autre, jusqu'à ce que je laisse couler un mince filet de bile.

Mon cœur déconnait, on aurait dit qu'il ratait des battements. Je me suis agrippée à un parcmètre, la bouche sèche. J'ai fixé des faux plats de sushi dans la vitrine d'un japonais. On n'avait même pas été dans un restau... J'entendais des gens rire, des racailles m'interpeller. Je suis repartie en chancelant et mon genou a cogné dans le pare-chocs d'une voiture garée. L'onde de douleur a irradié dans toute ma cuisse, me coupant le souffle et faisant instantanément jaillir des larmes. Je me suis penchée pour refermer ma main autour, réflexe débile mais rassurant, comme si le contact pouvait apporter un soulagement. Le jour se levait dans un brouillard bleuté. Je savais que ça correspondait à une heure précise, mais je ne savais plus laquelle. Je venais de descendre d'un taxi, ce qui était bizarre parce que je ne me rappelais pas y être montée. Il me semblait être tout près de la Loco, mais peut-être que Jessie n'était pas encore arrivée, ou alors c'était déjà fini depuis longtemps.

« Putain fait chier ! » a lâché une voix.

Je connaissais cette voix. Un groupe s'amenait, Eva s'en est détachée. Je me suis redressée en poussant une grimace de douleur.

« Putain, fait chier ! » Elle a retiré son sac à dos, a fouillé dedans, en a sorti sa lampe de poche qu'elle a allumée puis a de nouveau fouillé. Elle m'a offert une cigarette que j'ai refusée, me rendant compte que j'en avais déjà une. « Fait chier, Jessie tapait trop bien et ces abrutis viennent dire que ça ferme ! Ça devait pas fermer avant dix heures ! »

Le reste du groupe s'est approché. Que des mecs. J'ai reconnu des visages souvent croisés mais personne que je connaissais vraiment. Eva a dévissé le bouchon d'une petite bouteille d'eau. « C'est une blonde qui se fait... », le reste de la phrase est resté en suspens pendant qu'elle buvait. Le soleil perçait dans le ciel maintenant clair. J'ai laissé tomber mon mégot qui me cramait les doigts.

« ... qui se fait licencier le soir de Noël. Elle rentre chez elle et là... » Eva s'est de nouveau interrompue, mais cette fois c'était parce qu'elle se souvenait brusquement d'avoir dit ne plus vouloir me parler pendant un temps... J'ai haussé les épaules, trop dégoûtée pour faire un commentaire. Elle a souri d'un air triste.

« Elle rentre et là son mec la quitte. Alors elle prend sa bagnole pour aller faire un tour, et là elle a un méga-accident, la bagnole elle est mais pliée, quoi. Alors elle décide de marcher jusqu'à la Tour Montparnasse et de monter tout en haut pour se foutre en l'air, parce qu'elle se dit que là, sa vie elle est quand même un peu pourrie. Et au moment où elle va pour se balancer, elle entend une voix derrière elle qui lui dit de pas le faire. Elle se retourne, et ô stupeur, c'est le Père Noël. Alors elle lui explique : vous vous rendez pas compte, j'ai perdu mon travail, mon fiancé, ma voiture et tout ça dans la même journée. Alors le Père Noël y fait : bon, comme c'est Noël, je vais vous faire un cadeau. En bas vous allez trouver une voiture toute neuve, chez vous votre fiancé va vous retomber dans les bras, et demain, au bureau, ça sera comme si y s'était jamais rien passé. Alors la blonde elle est sciée, mais c'est merveilleux, qu'est-ce que j'peux faire pour vous remercier ? Ben vous savez, là-haut, avec mes rennes, j'me sens un peu tout seul, alors si vous pouviez me faire une petite gâterie. Bon la blonde elle a pas trop envie, mais vu tout ce qu'il vient de faire pour elle, et vu qu'il y a personne puisque c'est en haut de la Tour, elle se dit qu'après tout... Alors elle se met à genoux et elle passe sous la robe du Père Noël. Lui il commence à lui caresser les cheveux et il lui demande : au fait, comment tu t'appelles ? Alors la blonde, la bouche pleine, elle répond : j'm'appelle Pamela. Le Père Noël continue de lui caresser les cheveux et il demande : et tu as quel âge, Pamela ?

Et la blonde, toujours la bouche pleine, elle répond : j'ai trente-deux ans. Et là, le Père Noël y fait : et à trente-deux ans, Pamela, tu crois toujours au Père Noël ? »

Eva riait tellement qu'on n'entendait qu'elle dans la rue. Puis tout d'un coup elle est devenue toute blanche, se rendant enfin compte que son truc s'adressait un peu trop à moi... Elle s'est approchée pour me serrer, « essaie de passer des bonnes vacances », et elle s'est éloignée pour rejoindre les autres qui avaient continué d'avancer.

Je voyais Inès de retour à la mer avec Alex... Je voyais la surface de l'eau nacrée, ruisselante de soleil, et Inès immergée jusqu'aux épaules, tenant Alex qui enlaçait sa taille de ses cuisses, toutes deux riant aux éclats en s'aspergeant allégrement. On a eu le temps de rien, ON A EU LE TEMPS DE RIEN BORDEL.

J'ai sorti de ma poche de derrière la carte postale que j'ai déchirée en deux avant de la laisser tomber par terre.

Je me suis retrouvée avec le bras d'une fille passé sous le mien. J'ai d'abord cru que c'était Jessie qui sortait à son tour de la Loco, mais en fait non, celle-là avait des cheveux et était toute maigre.

« Putain Inès, j'ai imploré.

— Laisse tomber, a fait la fille, elle est pas là Inès. »

Pourtant tout le haut de mon corps essayait de se tourner vers la grande façade de la Loco qu'on laissait derrière nous. J'étais sûre qu'elle était là-dedans, que d'un instant à l'autre j'allais la voir sortir. Mais la fille m'a gentiment poussée sur la banquette, mon genou m'arrachant une grimace de douleur en se pliant, elle s'est laissée tomber à côté de moi et le taxi a démarré avec une légère secousse.

Chapitre XIII

Special K

1

C'est peut-être juste une question d'odeur. Pas la moindre idée de ce dont il s'agissait, mais c'est la phrase que j'avais dans la tête en ouvrant les yeux. J'étais toujours dans la même position que celle dans laquelle il me semblait m'être écroulée. Je gisais sur le dos, sur le matelas peu épais d'une sorte de canapé-lit déplié à même le sol, toute habillée sous un bout de sac de couchage de Nylon bleu, avec rien sous ma tête et ma jambe droite hors du lit. Je l'ai légèrement remuée et la douleur s'est aussitôt réveillée. La pièce transpirait de soleil. Par une fenêtre ouverte montait un air de piano d'une troublante beauté. Ça sentait aussi délicieusement bon les pommes de terre sautées. Mais c'était pas ici. Ici ça sentait juste vaguement le café. J'ai longuement fixé de biais le voyant d'un magnétoscope, jusqu'à ce que je déchiffre 15 h 09, puis je me suis redressée sur les coudes pour considérer la silhouette un peu plus loin. Derrière un bar un peu comme chez Jessie, une brune aux cheveux courts fouillait de dos dans un placard en hauteur. Le bas de son tee-shirt kaki lui remontait sur les reins, laissant voir une peau bronzée. Elle s'est retournée avec deux tasses qu'elle a déposées sur le bar et son visage ne m'a rien dit du tout. Le salon de cet appartement m'était tout autant inconnu, sinon que ça ressemblait à chez Jessie, en beaucoup plus petit, avec l'amorce d'un couloir sur la droite au lieu de la gauche. Je me suis redressée complètement pour m'asseoir et mon genou m'a aussitôt arraché une grimace de douleur.

« T'as bien dormi ? » a demandé la fille en s'approchant avec les tasses fumantes.

J'ai fait signe que oui en la regardant les déposer sur la table basse. En fait de table, c'était juste une palette de livraison même pas repeinte, laissée telle quelle dans sa couleur jaune pisseux avec des filaments de bois qui devaient coller des échardes. C'était le seul meuble de la pièce avec le canapé. Tout le reste – de la télé au magnétoscope en passant par le ghetto blaster, quelques CD et quelques vidéos – était posé au hasard sur la moquette beigeasse. Au mur, un petit poster de festival hardcore allemand tenait avec une seule punaise, affichant une sinistre photo couleur d'un champ vide et boueux. Mais le détail qui déprimait encore plus, c'était les tasses de café. Elles étaient toutes les deux à l'effigie de Lady Di, et son sourire n'avait vraiment rien à foutre dans un décor pareil. Mes yeux sont revenus se poser sur la fille qui avait pris place sur un tas de coussins et qui laçait des baskets noires. D'origine turque ou quelque chose comme ça, elle avait le teint cireux sous sa peau mate. Elle n'était ni moche ni bien, juste très masculine avec un visage trop émacié, pas de seins du tout sous son tee-shirt kaki trop moulant sur lequel s'étalait en noir *Clit Control*, et des cuisses comme des allumettes dans un jean serré et délavé. Elle devait avoir dans les vingt-deux ans et à part faire vraiment homo, ou plutôt totalement asexuée, elle ressemblait à ces gamines qu'on croise souvent dans les teknivals, celles qui font crades à force d'enchaîner les nuits blanches en gobant sans discontinuer. Comment je m'étais retrouvée à dormir chez elle – ou là où elle squattait vu qu'on avait dormi sur le canapé –, je n'en avais pas la moindre idée.

Elle a pris une des tasses en désignant l'autre du menton.

« Merci mais je bois pas de café, j'ai fait en m'étirant avec précaution.

— Ouais ben pourtant t'en aurais bien besoin » elle a rétorqué d'une voix pas belle non plus.

Qu'est-ce qu'elle me faisait là, un remix de Jessie ? En plus de la douleur de mon genou, le simple fait de me pencher de côté pour essayer d'attraper mes boots m'a donné le tournis. J'ai décidé d'attendre deux secondes avant de retenter le geste. Rien que de me redresser pour m'asseoir, la douleur m'avait bouffé toute mon énergie. La fille fixait mon tee-shirt. Elle devait le trouver superclasse et elle pouvait, il avait tout compris ce tee-shirt. Mais ça commençait déjà à me peser qu'elle m'adresse la parole. J'ai considéré le paquet de Craven A sur la table, me demandant s'il restait des cigarettes dans ma veste, et où elle se trouvait d'abord ? J'ai dû fixer le paquet de clopes longtemps, parce que la fille a fini par tendre le bras pour en sortir une qu'elle m'a coincée au coin des lèvres, avant de me l'allumer. Qu'est-ce qu'elle s'imaginait là, que parce qu'elle m'avait ramassée sur un trottoir elle allait me nourrir à la petite cuiller ?

« Excuse-moi, j'ai fait, amusée, mais t'es *qui* ?

— Ariane, elle a répondu, visiblement vexée. J'suis la meilleure amie d'Inès. Y te reste quelque chose ?

— Comment ? j'ai fait, ne voyant pas de quoi elle voulait parler.

— Ben t'avais l'air d'avoir ton compte ce matin... »

Je n'avais pas besoin de fouiller dans ma poche pour savoir qu'aussi bien le paquet de coke que celui d'héro étaient ratissés, mais même s'il était resté quelque chose, je ne le lui aurais certainement pas dit.

« Y doit bien y avoir quequ'chose qui traîne, elle a fait en se relevant. Tu peux prendre une douche si tu veux », elle a ajouté avant de s'éloigner.

Je l'ai regardée disparaître dans le couloir, essayant de me souvenir si c'était la même fille que j'avais vue venir dire bonjour à Inès au Pulp. Sa meilleure amie... mais qu'est-ce que... j'ai décidé de ne pas même chercher à comprendre. Je me suis de nouveau penchée pour attraper mes boots que j'ai enfilées en évitant de trop plier mon genou, puis je me suis levée en prenant appui contre le mur. Quand j'ai senti que je pouvais lâcher, j'ai lentement traversé la pièce vers ma veste que je distinguais sur une chaise.

« T'es vachement belle », elle a dit.

Du moins il m'a semblé entendre ça derrière moi. Mais quand je me suis retournée alors que j'achevais d'enfiler ma veste, elle ne regardait pas dans ma direction. Elle s'était rassise sur les coussins en reprenant sa tasse qu'elle s'était remise à boire.

« Bon faut que j'y aille, j'ai dit en ajustant le col sur ma nuque. Merci pour ce matin. »

Elle a reposé sa tasse mais elle ne levait toujours pas les yeux sur moi. Elle s'est allumée une cigarette, avec cet affreux geste masculin si moche sur une fille, de rentrer la tête dans les épaules en même temps qu'elle entourait la flamme de sa main, après quoi elle s'est laissée aller en arrière sur les coudes, et voici ce qu'elle a dit :

« Ça te dirait que j'aille nous chercher de quoi se taper une vraiment bonne défonce ? On se loue plein de films, on se commande une super-pizza et on se fout devant la télé. »

Elle a dit ça avec assurance, genre grande habituée de la chose, et peut-être bien que c'était le cas, elle avait un putain de sale air malsain. J'aurais pu répondre que j'en avais franchement rien à foutre de passer du temps avec elle. J'aurais aussi pu dire que je n'étais pas vraiment en état de prendre quoi que ce soit de plus. Mais je crois qu'une sorte d'énergie fiévreuse me faisait tenir. Et puis je savais à quoi elle pensait. Elle pensait *Special K*. Kétamine, ni plus ni moins. Ça me revenait maintenant : Inès avait dit que sa meilleure amie avait un plan pour ça. Seul problème, je n'avais pas ma Carte Bleue sur moi.

« Eh ben tu vas la chercher, a fait Ariane, j'avance la tune et on se retrouve ici dans deux heures. »

Avant de passer la porte, j'ai décroché un téléphone et j'ai composé le numéro du portable de Pallas. Un de ces quatre, à continuer de refuser de prendre une ligne comme tout le monde, plus personne ne l'appellerait tellement ça coûte cher. Mais au fond de moi, je savais bien que ça allait être l'inverse : tout le monde allait finir par se contenter d'un portable, et tant pis pour les pauvres cons qui n'en auraient pas et auxquels ça coûterait la peau du cul.

« Salut. T'es à la maison ?

— Pourquoi ?

— Parce que je vais passer et j'ai pas envie de te voir.

— Ben c'est con pour toi. »

L'ironie dans mon ton de voix s'était voulue espiègle, mais celle de Pallas était glaciale.

En sortant de là, je me suis retrouvée en haut de Belleville, à côté de cette saloperie de place des Fêtes tellement sinistre. Je ne me voyais pas revenir plus tard, au diable la Kétamine. Enfin disons que je ne reviendrais que si à la maison ça craignait vraiment trop.

2

À la maison c'était Ambiance 2000 comme dirait Jessie. Claquements de portes et soupirs d'exaspération, le tout avec Guillaume qui se tenait les mains dans la cuisine, super mal à l'aise que je le trouve là. L'attitude de Pallas ne m'a pas atteinte plus que ça, je trouvais juste qu'elle avait l'air de se forcer. C'est vrai quoi, la veille elle ne m'avait peut-être pas adressé la parole de toute la soirée, mais elle ne s'était pas non plus tirée à mon arrivée.

Quand j'ai sonné chez Ariane, elle s'était changée, elle portait une chemise blanche rentrée dans son jean sans ceinture. Elle avait essayé de se faire belle pour moi, c'était gravement raté et je n'ai même pas réussi à trouver ça touchant. Elle a noté avec satisfaction le sac de canettes de Coca que j'ai déposé sur la table basse, et j'ai eu envie de lui demander ce qui lui laissait penser qu'elle allait en boire une seule. Elle avait loué quatre films dont je ne pouvais déchiffrer les titres à l'envers, à part *Le Silence des agneaux* que je connaissais par cœur – encore une qui passait à côté d'Anthony Hopkins, obnubilée par Jodie Foster censée aller avec des filles – et elle avait préparé le dépliant de Pizza Hut avec le téléphone à portée de main. Elle avait aussi refermé le canapé et rangé un peu le bordel, mais ça restait moche. Mes yeux se sont posés sur un magazine où étaient disposés des bouts de pailles de Mac Do coupées et deux petits paquets. Le premier, transparent à glissière hermétique avec de la poudre blanche, devait être la Kétamine (qui m'avait dit que ça se présentait sous forme de cachets ?), mais l'autre en papier blanc, coke ou héro ? Elle a dit que ça faisait cinq cents chacune et j'ai sorti mes billets. Les parents qui paient des studios ou des colloc' à leurs gosses après leur bac auraient quand même les boules, s'ils savaient que le fric du ravitaillement part le plus souvent en défonce.

J'ai sorti le Stéribox que je venais d'acheter, j'ai retiré ma veste que j'ai déposée sur le dossier du canapé et je me suis assise en prenant soin de plier doucement mon genou. À la vue du contenu du petit paquet blanc qu'elle venait de déplier, je n'ai pas su si ça me procurait un grand soulagement ou une inévitable déception : c'était bien de l'héro, mais de la marron de l'apparence la plus dégueulasse qui soit. Elle a proposé qu'avant de mettre le premier film, on regarde un peu d'un Party Zone qu'elle avait enregistré sur MTV. Ça m'a fait penser à Jessie et son mix pour MCM. Je la connaissais depuis beaucoup moins longtemps que les autres mais elle allait me manquer tout autant. Je me suis relevée pour aller chercher un verre d'eau et une vraie cuiller. L'évier était rempli de vaisselle sale, et le temps de laver un verre, je m'attendais à voir un cafard me cavaler sous le nez. Ce qu'elle venait de mettre en vidéo n'était rien d'autre que de la mauvaise transe avec des images de synthèse à deux balles, façon intestins de couleurs qui s'enroulent, molécules qui tournoient et déserts géométriques en douze mille dimensions qui dégueulent des enchaînements de collines et de plaines toutes vilaines. Mais bon, bientôt on n'a plus été conscientes que de notre petite cuisine. Ariane semblait avoir du mal à obtenir la bonne proportion, traçant et retraçant avec une carte de téléphone. Moi j'ai aspiré, garrotté, et envoyé. Après quoi j'ai mis la seringue à tremper dans le verre et j'ai replié le bras en me laissant aller en arrière sur le canapé. Ariane n'arrivait toujours pas à tracer sa ligne comme elle voulait. Elle a fini par se lever et s'est dirigée vers la cuisine, d'où elle est revenue avec un bout de papier alu. Ben voyons, les gens faisaient toujours des dragons de nos jours ? Je n'aurais pas dû fixer devant elle, ça lui avait donné envie d'y aller plus fort. Elle a transvasé la poudre dessus, mais ça non plus elle savait pas faire, sa main qui tenait le briquet sous le papier en était beaucoup trop éloignée. Pourquoi j'avais fixé devant elle d'ailleurs ? Pour la mettre mal à l'aise ? Elle a quand même fini par y arriver et ses yeux se sont aussitôt mis à larmoyer, en même temps que ses mâchoires se resserraient à cause de la gerbe qui devait rappliquer au galop. Eh ouais ma vieille, cette méthode-là elle déchire clairement, mais faut pouvoir l'encaisser.

« On attend combien de temps ? elle a demandé d'un air parfaitement maître de la situation.

— Je sais pas, j'ai fait, amusée. Un petit quart d'heure ? »

On est restées là, à fumer et à se frotter le visage en regardant vaguement la télé, on attendait le quart d'heure. Ariane était assise un peu trop droite sur les coussins, les mâchoires toujours crispées, et juste comme je me demandais combien de temps elle allait encore tenir, elle s'est levée brusquement et a disparu au coin du couloir. Pourquoi les choses se passaient comme ça ? Pourquoi j'étais pas tombée sur une fille sympa avec qui ça aurait pas été glauque ? J'aurais dû rentrer à la maison au lieu de rester là. Mais bon, un plan de Special K, ça se refusait pas. J'attendais juste de profiter un peu de la dope avant, ne sachant pas de quelle manière la Kétamine allait en modifier l'effet. Ariane est revenue verdâtre, puis j'ai piqué du nez... Je suis partie sur une plage de sable blanc. Un pays tropical mais sans végétation ni soleil meurtrier. J'étais assise sur un bout de rocher, mes bras autour de mes genoux ramenés contre ma poitrine et je regardais un ballon courir doucement sur la crête des vagues. Un gros ballon gonflable à tranches de couleur. Je n'avais pas besoin d'essayer de les compter pour savoir qu'il y en avait douze, comme les douze maisons en astrologie. Chaque tranche était d'une couleur qui n'existe pas, du moins pas d'elle-même (topaze, aigue-marine, rubis), et sur chacune de ces tranches, émergeant d'entre les reflets cristallins de ces couleurs, se formait un mot. Je ne pouvais en distinguer aucun, mais j'ai compris qu'ils portaient chacun le titre d'un morceau qu'il fallait que je mette sur le disque. Dès l'instant où j'ai pris conscience de ça, le ballon a décrit un brusque arc de cercle et a mis le cap vers le large...

J'ai rouvert les yeux sur Ariane qui s'était rallongée sur les coussins. Je me suis redressée pour me mettre bien en face de la table, grimaçant légèrement en sentant mon genou, puis j'ai tiré à moi le magazine pour vider le paquet de Kétamine dessus. Ariane a eu une moue écœurée. J'ai soigneusement divisé le petit monticule en deux, puis j'ai commencé à chauffer. Ça tournait au blanc laiteux mais ça avait l'air de bien se dissoudre. Ariane a fini par se redresser et a commencé à tracer une ligne. Elle persistait dans le besoin de m'en mettre plein les yeux, quelle conne !

« T'es sûre que tu veux le faire comme ça ? elle a timidement demandé.

— Ouais ouais », j'ai marmonné.

Quand on a shooté du sirop pour la toux, on peut tout shooter. J'ai laissé tomber la boulette de coton, elle a aussitôt absorbé. Apparemment ça le faisait. J'ai de nouveau enroulé le foulard, j'ai serré le poing, la veine a gonflé, je me suis dit que quand même, je ne connaissais personne qui ait déjà fixé ce truc, mais j'ai percé, j'ai fait remonter un peu de sang et j'ai commencé à envoyer doucement. J'ai à peine eu le temps de retirer l'aiguille que le truc s'était déjà rué partout en moi, heurtant violemment mon cœur.

J'ai gardé le bras plié, le souffle court. J'ai essayé de me lever, je tremblais.

« Ça va ? a fait la voix d'Ariane dans le lointain.

— Ouais ouais, je... passe... passe le sac », j'ai gargouillé.

Le sac bon Dieu, le sac dans lequel j'avais apporté les canettes. La nausée me submergeait jusqu'aux lèvres. Putain. Je suis partie à quatre pattes. Le coin qui craignait le moins.

Je me suis retrouvée dans la voiture d'Alex, dans des embouteillages. Inès était derrière, penchée entre les deux sièges avec les bras autour des appuis-tête. Alex était tellement raide qu'elle devait sans arrêt freiner pour éviter d'emboutir la voiture de devant. Inès aussi était raide. En fait elles avaient fixé toutes les deux. Elles restaient bras nus pour régulièrement admirer la petite bulle de sang qui avait séché à la pliure. Quand vraiment je n'ai plus tenu, j'ai gueulé à Alex de se ranger. De couper le contact. De descendre. Toi aussi, Inès, descends. J'ai ouvert le coffre, j'en ai sorti les deux *flight-cases* puis j'ai contourné la voiture pour aller empocher les clés. Alex tenait à peine debout. Mais kestufous, je vais mixer là. Ce que je fous ? j'ai éructé. J'ai un putain de disque à faire alors il est pas question que je meure ce soir. Et Inès a que dix-sept ans alors elle non plus, il est pas non plus question qu'elle meure ce soir, vous avez qu'à prendre un taxi ! Non mais t'as pété un câble ou quoi, rends-moi les clés. Sur le bas-côté, Inès était morte de rire. C'est pas drôle Inès. Putain de merde rends-moi ces clés tout de suite. Inès tu remontes pas dans cette voiture. Non mais tu la laisses tranquille putain, c'est pas ton problème. Si justement, C'EST MON PROBLÈME – le son de ma propre voix m'a fait rouvrir les yeux.

Les larmes coulaient jusque dans mes oreilles. Une douleur vrillait mon cœur. J'essayais d'aspirer l'air, mais seule une infime quantité parvenait à passer. La pièce était dans la pénombre de la télé à faible volume. Moite, pas un souffle d'air. Ariane sur les coussins, sur le dos. Son profil baigné de bleu. Les yeux ouverts, il me semblait.

« Hé », je suis parvenue à articuler.

Elle a dégluti avec difficulté, a passé sa langue sur ses lèvres.

« Hé, tu m'entends ? »

J'ai levé un bras de plomb dans sa direction. Un poids d'une tonne pesait sur ma cage thoracique. Le canapé était tellement mou que j'étais enfoncée dedans au point de voir le bord remonter plus haut que moi. J'ai de nouveau levé le bras, vers la table, vers une canette. Je l'ai ouverte, puis j'ai essayé de la porter à mes lèvres sans avoir à relever ma tête. La gorgée que j'ai avalée était tiède. J'ai bu encore un peu et un violent spasme m'a tordu l'estomac, me faisant me plier en deux. Je me suis tenu le ventre d'une main, tâtonnant de l'autre pour reposer la canette par terre. Un flot de Coca a reflué dans ma gorge. J'ai gardé les lèvres serrées, la langue collée au palais pour bloquer ce qui pourrait continuer de remonter. J'essayais de respirer doucement par le nez. Quand ça a fini par s'estomper, j'ai ravalé. Les yeux baissés sur ma poitrine, je pouvais voir l'inscription à l'envers sur mon tee-shirt que je n'avais pas eu le temps de changer à la maison : la vie est une pute... J'avais envie de l'enlever. Mais après tout, n'était-ce pas la vérité ? La vie n'était-elle pas une sacrée pute pour m'avoir attirée dans cet appart à chier, avec cette fille à chier, pour une défonce encore plus à chier ? La vie n'était-elle pas la plus grosse pute qui soit pour me cloîtrer ici alors que j'avais juste envie de tenir la main d'Inès sur une plage, sans défonce ni rien ? Sur l'écran, les Stones se penchaient de toute leur taille sur des blocs de rues miniatures. J'ai commencé à rire, songeant que Keith Richards avait pigé le truc en allant se faire changer le sang en Suisse. Tout le monde croyait que c'était pour rester jeune, mais en fait c'était pas ça du tout : c'était pour pas sentir le manque quand il décidait de décrocher ! Putain je savais même plus si les larmes qui continuaient de me couler dans les oreilles venaient des rires ou des pleurs. Je l'entendais de nouveau fredonner les paroles de Marilyn Manson, quand ça dit que les petites beautés vous font décoller très haut pour mieux vous regarder vous péter la gueule... Elle avait même pas dû se rendre compte, pas assez maligne pour chanter ça sciemment ! Elle était pas digne d'être un scorpion, elle savait qu'être conne. Pas un poil de subtilité dans le jeu, juste une ado paumée. Et moi qui voulais me tatouer son prénom ? J'ai ri encore, songeant que ça devait être vrai ce que j'avais entendu dire sur la Kétamine : tranquillisant pour chevaux !

3

De temps en temps, la lumière de la cage d'escalier venait éclairer la cour. Un radioréveil n'en finissait pas de sonner dans le lointain. J'avais l'impression d'être chez Jessie avec ce bar dans le fond de la pièce, j'avais l'impression d'être là-bas comme quand on avait comaté devant la télé. Sauf que là-bas j'étais bien... J'aurais voulu pouvoir me redresser pour trouver la télécommande et virer le clip de Britney Spears qui passait. Mais à peine je parvenais à m'appuyer sur un coude que le poids de ma tête me réentraînait en arrière. Je revoyais Guillaume à la maison, tout fier d'avoir expédié la vaisselle. Pallas trouverait toujours quelqu'un pour faire son sale boulot. Elle se tapait le mec qu'elle trouvait si nul quand j'étais avec ? Grand bien lui fasse. Elle pouvait même se taper Inès si elle y parvenait. Mais ça c'était pas gagné ma vieille, pas gagné du tout ! Et l'autre elle pouvait bien se faire passer dessus par tout Paris si ça lui chantait. Prenant mon visage dans ses mains : comment je pourrais te mentir quand tu me regardes comme ça ? Je t'aime je t'aime j'la quitte demain. La douleur pointait de nouveau dans ma poitrine. J'ai remarqué Ariane à quatre pattes devant la télé. Elle essayait d'introduire une cassette dans le magnétoscope. Pour ça, il aurait fallu qu'elle commence par retirer celle qui s'y trouvait déjà. Elle a fini par repartir en rampant vers les coussins où elle s'est de nouveau écroulée. Inès qui baissait les yeux pour donner de l'importance aux mots : quelque chose est à sa place en dedans, je le sens. Je sais que j'ai que dix-sept ans mais j'veux rester avec toi. Longtemps. Des années. Toute la vie, même, peut-être. Je t'aime, je t'aime, j'la quitte demain... Elles devaient être sur la route, là. C'était quoi, ce type au Dépôt ? Où est-ce qu'elles allaient comme ça ? Elle était foutue leur histoire. J'ai tourné la tête vers Ariane :

« Y avait un mec avec Inès au Dépôt...

— Un mec rasé ? David ? C'est juste un mec qu'Alex voulait voir se taper Inès. Tu sais, Alex, quand elle a envie qu'Inès fasse un truc, elle lui file un trait et Inès elle y va. Et David elle lui a filé cent sacs. Moi j'ai baisé plein de fois avec elles, mais bon, moi pour me taper Inès j'ai pas besoin qu'on me paie ! »

Avec un puissant effort, ignorant l'élancement dans mon genou, je me suis retrouvée assise. Un autre effort, et j'ai tiré la table vers moi. Je me sentais comme engluée dans du plomb, et en même temps j'avais l'impression d'être détachée de mon enveloppe corporelle. J'ai senti le métal de la cuiller entre mon pouce et mon index qui la tenaient, mais le reste de mon corps était comme absent. Ça m'a pris un petit moment avant d'arriver à faire le point sur le regard d'Ariane. Elle souriait vaguement :

« Écoute, elle a commencé à dire. Inès elle m'a raconté les trucs qu'elle a faits avec toi, alors si ça t'intéresse, moi j'suis libre en ce moment et...

— Écoute comme tu dis, je l'ai coupée. T'as une putain de sale gueule et j'y crois même pas que t'essaies quand même, alors ferme-la tu veux ? »

J'ai versé tout ce qui restait d'héro dans la cuiller, en prenant soin de ne rien renverser. Ouais je sais, j'y allais un peu fort, mais celle-là elle méritait pas que je reste polie. Se pouvait-il qu'elle soit d'ailleurs une des deux filles qui tenaient Inès dans la backroom ? Il faisait si chaud que mes veines saillaient toutes seules. J'ai pensé à Inès. À rien en particulier. Juste son visage en train de rire avec des gens. Un jour je la croiserais et mon indifférence me stupéfierait moi-même. Je t'aime. Je t'aime. J'la quitte demain. Je t'emmerde, j'ai marmonné, sentant le monde s'éloigner de moi.

« Je t'emmerde », j'ai répété plus fort, cette fois à l'attention d'Ariane, et la pièce a viré au blanc.

Chapitre XIV

Au revoir et merci

1

À mon réveil, la pièce était froide comme le gris du ciel au-dehors, et il n'y avait pas un bruit dans l'appartement. Rien que la pluie qui ricochait sur les toits. Ariane n'était plus sur les coussins. Je frissonnais, recroquevillée dans la position du fœtus. Le magnétoscope indiquait 6 h 35. Rien ne pressait, mais je savais que plus j'attendrais et plus j'aurais du mal à me lever. Comme quand l'eau du bain est devenue tiède et que bêtement, on attend encore et encore avant d'enfin en sortir. Je me suis assise avec précaution pour évaluer les dégâts, mais il semblait n'y en avoir aucun. Hormis mon genou qui continuait de se souvenir du pare-chocs, je n'avais ni nausée, ni incroyable mal de crâne, ni la moindre courbature. Juste un léger goût de sang dans la bouche, et une forte odeur de nicotine sur mes doigts jaunis. Je me suis levée pour aller enfiler ma veste qui avait atterri plus loin. Au passage j'ai remarqué le petit renfoncement où j'avais gerbé, rien de dramatique, juste du liquide que la moquette beige n'avait pas encore complètement absorbé. Je suis revenue m'asseoir pour mettre mes boots que je ne me rappelais pas non plus avoir retirées. À part la tache heureusement inodore, le bordel de la table basse n'était pas plus apocalyptique que n'importe quel autre lendemain de défonce. Des cendriers qui débordaient, la demi-douzaine de canettes dont deux renversées sur la moquette, les bouts de pailles, de la cendre partout et la seringue qui trempait avec la cuiller dans le verre d'eau rosie. Ça, c'était quelque chose que j'avais perdu l'habitude de voir... Il restait un peu de coke. J'ai hésité à l'empocher, j'en avais pas envie, elle avait qu'à se la garder, l'autre. Elle avait dû trouver la force d'aller jusqu'à une chambre, mais une petite voix dans ma tête est venue me glisser qu'elle pouvait tout aussi bien être par terre dans la salle de bains, ou à mi-chemin dans le couloir. Elle avait pu se cogner la tête en tombant, ou tout simplement faire un arrêt cardiaque. J'ai souri pour chasser la vague angoisse, songeant que si c'était une nouvelle vie qui commençait, ce serait quand même bien dégueulasse que la précédente se termine comme ça. Est-ce que ça me perturberait ? Bien sûr, je trouverais ça triste vu son âge, mais j'avais vécu trop d'accidents de défonce pour avoir maintenant bien assimilé que dans ces histoires-là, c'est chacun sa merde. Il avait l'air de faire froid dehors. Mes yeux se sont posés sur un haut de survêt gris et j'ai retiré ma veste pour l'enfiler. J'ai ensuite empoché le foulard, puis la seringue histoire que l'autre ne s'amuse pas avec. Je me suis assurée que ma Carte Bleue était bien toujours dans la poche arrière de mon jean, j'ai mis mes lunettes de soleil, j'ai ramassé mes cigarettes et j'ai mis les voiles.

Dehors la pluie pissait sur tout. J'ai collé la seringue dans une poubelle, le foulard aussi et j'ai remonté la capuche du survêt. Je me sentais con avec ce truc sous ma veste. La capuche était gigantesque et j'avais cette mélodie débile de la pub « Chaussée aux moines » dans la tête. Le truc sentait aussi un Calvin Klein quelconque, et ça me rappelait une malade, en boîte, qui une fois avait essayé de me foutre son poing dans la gueule parce que j'avais pas voulu rentrer avec elle. Soi-disant je l'avais matée toute la nuit alors j'avais un sacré culot de l'avoir fait attendre pour rien. J'y pouvais rien si elle s'était tenue des heures dans l'axe où je regardais Alex mixer. Pauvre demeurée. Ça arrivait sans arrêt des plans comme ça.

Je suis rentrée chez le premier marchand de journaux que j'ai croisé, j'ai attendu qu'il ait terminé de couper les ficelles des liasses, j'ai pris le *Figaro* et *France Soir*, puis je suis allée m'installer dans un café. J'ai commencé à faire des croix en buvant un Coca, puis un second. Ensuite j'ai cherché un tabac pour acheter une carte de téléphone, puis j'ai poussé la porte de la première cabine qui se trouvait sur mon chemin. Les deux premiers numéros sonnaient déjà occupés, le troisième a répondu. Le type a dit que je pouvais passer tout de suite.

J'ai pris mon temps pour gagner République. Je commençais à avoir des crampes dans les épaules et mon nez coulait, mais j'ai ignoré les pharmacies que je croisais. Une malheureuse semaine de dope n'allait pas me faire me ruer sur de la codéine. Mon genou me lançait aussi bien plus que la veille, il avait dû doubler de volume. Les premiers coups de klaxon retentissaient dans les embouteillages. Les gens qui attendaient aux arrêts de bus reculaient d'un pas chaque fois qu'une voiture passait en soulevant des grosses gerbes d'eau. J'ai pensé que dès le mois de septembre, les ados seraient de nouveau partout. Assis sur les bancs des parcs ou debout par petits groupes au milieu des trottoirs, à tirer sur des clopes en s'apostrophant bruyamment. Partout ouais, à toutes les sorties de lycées et de cours privés et de facs que comptait cette ville. Il n'y aurait pas un seul endroit où je pourrais marcher sans risquer d'en croiser un, et même le plus insignifiant des binocleux me rappellerait Inès. Inès qui serait quelque part dans un café, aux alentours de la Sorbonne, penchée sur des feuilles de cours ou des livres, à avancer dans une vie sans moi. Quoique, partie comme elle était... La pluie a redoublé mais je m'en foutais. J'ai viré la capuche et je lui ai dit d'y aller, de me laver de toute cette merde. Et au passage je lui ai dit d'aller aussi pourrir les vacances des deux autres.

Ça m'a fait bizarre de traverser la place qui deux jours plus tôt était envahie par la Gay Pride. Mais ça ne m'a pas désespérée de passer pile là où on s'était tenues avec Inès, ça m'a juste dégoûtée et j'aurais craché par terre si j'avais été un mec. Je suis arrivée là-bas le jean collé aux cuisses. Le type se marrait devant mes lunettes de soleil couvertes de flotte, et j'ai su que si l'endroit me plaisait, pour lui ce serait OK. C'était impeccable, refait à neuf avec les murs blancs et de la moquette gris foncé. Le salon donnait sur la cour, la chambre pouvait juste contenir un lit mais elle avait un mur de placards, la taille de la baignoire était correcte et la cuisine bien équipée. C'est la cour qui m'a décidée. Une grande cour pavée du XVIIIe qui menait à six entrées d'immeubles, avec une fontaine, trois arbres centenaires au centre d'un rectangle de fleurs et du lierre qui dégoulinait partout. Le type a précisé que c'était parfaitement insonorisé, ses parents avaient acheté ça pour ses dix-huit ans et à l'époque il jouait de la guitare. Pendant qu'il répondait à un coup de fil sur son portable, je nous ai imaginés en train de nous asseoir par terre sur la moquette de la pièce vide pour discuter musique. Je lui aurais parlé de Nikki, de moi, d'Alex, de ce qu'on faisait, tous, et de ce dilemme que j'avais en ce moment. Mais je savais aussi que dans le feu de l'action, un tas de confidences m'échapperaient, la dope, tout ça, et même s'il avait une bonne tête, c'est pas le genre de choses qu'on est censé balancer à son futur propriétaire.

Il avait une voiture, aussi je lui ai demandé s'il avait le temps de faire un saut à la maison pour voir les papiers tout de suite. Il a attendu dans la voiture. En haut, Pallas dormait et je me suis demandée comment ça se passerait à mon retour. On est allés dans un café pour être plus à l'aise et je lui ai tendu le peu que j'avais : le contrat, la lettre qui l'avait accompagné et mon dernier relevé de banque sur lequel figurait déjà le virement. Il m'a demandé si ça me convenait de le retrouver à l'appart en fin d'après-midi. Je lui ai fait répéter ça deux fois. Il a dit que ce n'était pas juste parce qu'il me trouvait jolie, il me sentait bien, c'est tout. J'ai eu envie de lui attraper le visage pour l'embrasser, j'ai eu envie de lui proposer qu'on se saoule pour fêter ça, mais encore une fois, j'ai eu peur que ça fasse désordre.

En repartant il m'a redéposée à République et j'ai fait un tour de reconnaissance. C'était dans une rue qui part du boulevard Magenta, à moins de deux cents mètres de la place. Plusieurs tabacs, des boulangeries, un supermarché, des arabes et aussi un distributeur de ma banque. Et sur la place, l'usine à Mac Morning... Les crampes continuaient de me tirailler le dos et je devais sans cesse essuyer mon nez, mais je ne cherchais toujours pas à entrer dans une pharmacie. Le reste de la matinée, je l'ai passé entre Darty et Habitat sur la place. Chez le premier j'ai pris un grille-pain, un presse-agrumes et un stock de cassettes pour le DAT. Chez le second deux cendriers, deux assiettes, deux verres, deux tasses, une théière, une casserole, une poêle et un plateau. Je savais que j'aurais pu trouver beaucoup moins cher ailleurs, mais j'avais encore près de trente mille balles, merde. Ensuite je suis retournée à l'adresse. Je n'avais pas le code et j'ai dû attendre un petit moment que quelqu'un sorte. J'ai sonné chez la gardienne qui m'avait vue avec le type, je lui ai demandé si elle pouvait garder les sacs jusqu'au soir et elle a accepté. En ressortant de là, la pluie avait cessé alors j'ai retiré la veste de survêt que j'ai collée dans une poubelle.

Pour rentrer j'ai fait un détour par les Galeries Lafayette. J'ai choisi deux paires de draps blancs, deux housses de couette, deux taies, deux serviettes, le matelas le moins cher qu'ils avaient, et j'ai demandé qu'on me livre le tout le lendemain. Il fallait que je pense à m'arrêter au supermarché pour prendre des cartons, et aussi au bazar en haut de la rue pour du gros scotch.

2

À la maison, j'ai trouvé Pallas en train de s'habiller devant le placard du salon. Regard fermé – je ne me suis donc pas embarrassée d'un bonjour en refermant la porte du pied. Je suis passée directement dans ma chambre où j'ai poussé un profond soupir, laissant enfin tomber la dizaine de cartons que je serrais sous chaque bras et qui n'avaient eu de cesse de glisser sur tout le chemin depuis le supermarché. J'ai retiré ma veste que j'ai envoyée sur le lit et je suis allée droit sur les machines que j'ai commencé à éteindre. Pallas s'est arrêtée sur le seuil de ma porte, considérant le tas de cartons.

« Tu peux pas faire ça », elle a dit d'un ton glacial.

Je n'ai pas répondu tandis que je commençais à débrancher les machines. Si elle comprenait pas, j'allais pas lui expliquer. J'étais saoulée d'avance en pensant au temps que ça allait me prendre pour ensuite tout rebrancher. Plus d'une centaine de câbles, et un certain nombre étaient identiques sans qu'on puisse pour autant les intervertir. Se gourer pouvait provoquer n'importe quel genre de catastrophe. Et les réglages – le simple fait de tout éteindre risquait de me faire perdre *tous* les réglages. J'ai entendu la porte d'entrée claquer.

Je n'avais pas de papier bulle, mais mes yeux se sont posés sur le lit et ça m'a semblé une excellente idée. Pas question d'utiliser le drap plein de sang, mais la house intacte, j'en ai viré la couette et j'ai commencé à en déchirer des bandes avec allégresse. J'ai sorti les emballages d'origine des machines pliés derrière les tréteaux, je les ai reconstitués avant d'en consolider le fond à l'aide de scotch, puis j'ai fait de même pour chaque carton que j'avais rapporté. Ensuite je suis passée aux machines. D'abord toutes les déposer par terre pour dégager la lourde planche et les tréteaux, puis pareil pour les platines et la chaîne sur l'autre planche. J'avais eu du nez de garder la boîte du G4. Et ouais, ce besoin d'être toujours prête à tout remballer, il n'allait pas me quitter de sitôt.

Plantée devant les placards du salon, je ne savais pas quoi prendre. Quelque chose me disait que je risquais de le regretter, mais en même temps c'était comme ça que je voyais les choses : le strict minimum. J'ai sorti ma pile de tee-shirts et j'en ai extrait une demi-douzaine. Dans les pulls je n'en ai pioché que deux. J'ai ramassé ma chemise prune et celle de Nikki au sale. Sur les cintres je n'ai pris que mon deuxième 505, mon unique robe noire que je n'avais pas remise depuis L'Entracte un an plus tôt, et ma veste en jean. Dans les tennis je n'ai pris que mes Gazelle rouge et blanc et mes Puma bleu et jaune, et j'ai ramassé la paire de talons qui allaient avec la robe. J'ai ensuite fouillé dans les sacs de voyage en hauteur, descendant les trois que je possédais. Un grand noir en Nylon tout bête, un petit Adidas en cuir blanc et un Puma de taille moyenne en cuir bleu marine. J'ai choisi ce dernier, avec l'animal qui bondissait au-dessus de l'inscription. Comme sur le tapis de sol de la voiture d'Alex. Les sacs comme ci, les tee-shirts comme ça, même sur nos peaux on avait des trucs écrits... Tout tenait dans le sac. Je me suis rendue à la cuisine pour prendre des sacs-poubelle et je suis revenue commencer à y entasser tout ce que je laissais. Pallas est arrivée alors que j'achevais d'aligner le deuxième sac contre un mur. Elle était visiblement sortie acheter des cigarettes. Il ne m'en restait plus et j'en aurais bien fumé une moi aussi, mais plutôt crever que de lui demander quoi que ce soit.

« C'est quoi, ça ? elle a fait en désignant les sacs.

— C'est les trucs que je laisse, j'ai répondu du ton le plus calme possible. Je sais pas si y en a que tu pourrais vouloir mais sinon ça fera des heureux, tu peux les donner ou les vendre, c'est comme tu veux.

— Non mais j'ai pas que ça à foutre », a rétorqué Pallas d'un ton outré.

Et moi qui pensais lui faire plaisir...

« Très bien », j'ai répondu en glissant un sac de voyage sous chaque bras avant d'empoigner les sacs-poubelle.

Dans ma chambre j'ai déposé le tout à l'écart, pour ne pas confondre avec ce que j'emportais, puis je me suis attaquée au reste. Emballer la télé, le magnétoscope, achever de remplir les cartons avec des CD. Les oreillers dans un sac-poubelle, la couette dans un autre. Le matelas appartenait à Pallas et le sang d'Inès n'avait pas traversé. Le drap serait probablement aussi ressorti nickel si j'avais pris la peine de le laver. Peut-être même que sa carte maintenant dans un caniveau était écrite à l'encre invisible. Il ne restait rien. Juste son dernier message qui devait toujours se trouver sur le répondeur... Je suis passée aux cartons empilés près de la fenêtre. Je n'ai pas touché aux trois qui renfermaient des livres et ma collection de Keyboards. Je n'en ai ouvert qu'un seul des quatre qui contenaient les vidéos, dont j'ai sorti *Cocksucker blues*, puis j'ai renversé le contenu du dernier, celui des objets, pour y récupérer une boîte dans le fond :

un écrin de couverts en argent, qui me venaient de ma grand-mère et dont je ne m'étais jamais servie mais auxquels je tenais. Le reste, je l'ai fourré pêle-mêle dans un sac-poubelle. Tirelire en forme d'E.T. offerte par Alex, quelques cadres vides, des Walkmans cassés, des lunettes de soleil que je ne portais plus, et toute une masse de photos et de lettres, mais même ça – surtout ça –, je n'en voulais plus. J'ai quand même pris une photo d'Alex, et puis une pochette qui contenait toutes celles de Nikki. J'ai dégonflé l'alien à un œil que j'ai plié – souvenir de New York, quand même... Pallas s'est de nouveau plantée sur le pas de la porte. Maintenant elle fixait le drap plein de sang mis à nu sans la couette.

« J'te laisse un mois de loyer, j'ai dit sans chercher à croiser son regard. Et la caution en attendant que quelqu'un d'autre la reverse. »

Pas un merci, rien. J'allais m'occuper du répondeur et du téléphone quand il s'est mis à sonner. Je suis restée accroupie au-dessus de la machine à écouter la voix ennuyée de Jessie :

« Salut, j'espère que ça va. Écoute, je voulais te dire que j'crois que ça serait mieux qu'on se voie pas pendant un moment. Ce serait trop compliqué avec Alex... Alors voilà quoi, m'en veux pas, j'te rappellerai. »

J'ai débranché le répondeur et le téléphone que j'ai fourrés dans un carton, je me suis essuyé le nez du revers de la main, puis j'ai commencé à tout regrouper. D'un côté de la pièce ce que j'emportais, de l'autre ce que je laissais. Y compris le fauteuil club... À voir les deux tas, j'en emportais plus que je n'en laissais. Mais une fois les machines installées, je n'aurais quand même rien d'autre qu'un lit et un sac de fringues. C'était ça que je voulais. Comme à l'hôtel. J'ai alors commencé à compter les cartons et les boîtes des machines, et là j'ai pris conscience de l'impossibilité de la chose. Il y en avait déjà une douzaine hormis les trois synthés et la grosse table de mixage qui n'avaient pas d'emballages, les deux planches, les quatre tréteaux, le siège de l'ordinateur, les pieds de synthés et les vinyles qui n'étaient même pas encore emballés. Même si je trouvais un Espace, jamais un chauffeur de taxi n'accepterait de faire plusieurs voyages. J'ai eu envie de m'asseoir par terre et de me mettre à pleurer, mais je me suis ressaisie. Au pire, ça allait me prendre un jour ou deux pour trouver une camionnette et je devrais dormir chez Nikki en attendant, mais au moins tout serait déjà prêt. Je suis allée ramasser le scotch et j'ai commencé à fermer les cartons. Pallas, qui était repartie, est revenue avec une autre clope qu'elle venait d'allumer, tenant un cendrier en dessous. Derrière son masque de mépris, ça devait être un genre de fin du monde pour sa vaisselle et son ménage... J'aurais voulu pouvoir lui dire que ça irait, qu'elle allait retrouver quelqu'un de cool, quelqu'un avec qui ça se passerait forcément beaucoup mieux qu'avec moi. Mais rien dans son attitude ne donnait envie de lui dire quoi que ce soit de gentil.

« Je laisse tout ça, j'ai fait en désignant un des côtés de la pièce, tu veux jeter un œil ou ça part direct à la poubelle ?

— Mais non, elle a soupiré, laisse, je regarderai. »

Venait-elle d'ouvrir une porte pour discuter un peu ? Peut-être que oui. Mais tout bien réfléchi, moi je m'en sentais incapable. Je ne voyais pas ce qui restait à dire. Tout ça était allé beaucoup trop loin. Elle avait sciemment voulu me faire du mal et ce n'était pas comme si elle s'était excusée depuis. À la rancune et à la déception s'ajoutait maintenant une méfiance illimitée qui ne disparaîtrait peut-être plus jamais. Moi j'étais comme les chats : une fois qu'ils ont pris un coup, jamais ils ne l'oublient.

— Très bien », j'ai donc fini par répondre pour clore la discussion, et je me suis remise à scotcher mes cartons, essayant d'évaluer s'il en resterait assez pour les vinyles ou si j'allais devoir sortir en rechercher.

« T'es vraiment qu'une salope, a brusquement lâché Pallas. Tu fais exprès de me foutre dans la merde.

J'ai pris une profonde inspiration.

— Tu crois pas que t'aurais pu y penser avant ? j'ai demandé doucement.

— Mais j'ai rien fait, *moi*.

Elle restait plantée là, les fossettes creusées par le mépris. Je me suis approchée lentement.

— T'as rien fait ? j'ai demandé en mettant mes mains sur mes hanches, à deux doigts d'éclater de rire. Mais tu plaisantes là ou quoi ? Au total, ça fait trois semaines que tu me prends la tête. Depuis dix jours, t'es tellement infecte que j'ai dû passer mon temps à aller dormir ailleurs. Et l'autre jour, t'as été, mais carrément, je trouve même pas le mot... Et tout ça pour quoi ? J'vais te le dire : parce que t'avais pas le cran de me dire la vérité. Oui parfaitement, la vérité : que t'étais aussi amoureuse d'elle.

— Mais tu délires ma pauvre fille !

— Ah ouais ? Ben alors c'est quoi ton problème, c'est de moi que t'es amoureuse ?

— Certainement pas !

— Ben alors pourquoi tu t'es mêlée de ça ? Pourquoi t'as cherché à foutre la merde dès le premier jour ? Ça te regardait pas, c'était pas ta petite amie ni rien ! Qu'est-ce que ça pouvait bien te foutre, hein ? Hein ??? »

Les mains toujours sur les hanches, je me suis éloignée pour me calmer un peu.

« T'étais censée être ma meilleure amie, j'ai repris. T'aurais dû m'en parler. Ça aurait peut-être rien changé mais au moins j'aurais compris, et on aurait pu chercher des solutions. Tu crois que j'ai que ça à foutre de déménager ? J'ai un disque à faire, bordel !

— Personne te force à partir, elle a dit.

— Ah ouais ? Et tu verrais ça comment exactement ?

— Moi j'ai rien fait, elle a redit. »

Psychorigide, ni plus ni moins.

« Bon écoute, j'ai lâché froidement, en ce qui me concerne t'es devenue une autre personne que je veux même pas connaître, alors maintenant tu te casses parce que j'ai encore plein de trucs à faire », et comme elle ne bougeait pas, me dévisageant avec une ébauche de sourire dégoulinant de sarcasme, je l'ai prise par le coude pour la pousser dans l'entrée.

3

Quand je suis revenue de la signature du bail, Pallas n'était plus là. Je n'ai pas trouvé de mot qui disait bonne chance ou merde ou quoi, alors je n'en ai pas écrit non plus. J'étais là à embrasser du regard tout ce que je laissais. Ça me faisait mal au cœur, mais il y avait déjà tellement de choses à emporter. Mes vidéos que j'avais passé des années à amasser... Je suis allée rouvrir les quatre cartons que j'ai retournés par terre les uns après les autres, et je me suis hâtée d'en reremplir un avec les cassettes que je préférais.

Le type qui s'est pointé avec deux heures de retard, il était franchement désagréable. Un copain de Nikki ingénieur du son avec une camionnette. J'ai dit que j'étais prête à payer ce qu'il voudrait pour m'aider, mais apparemment il avait des problèmes de dos. N'empêche que c'était franchement aberrant le type qui porte même pas une chaise. Et pas un mot de tout le trajet. Juste « c'est quoi le code ? » en arrivant devant la porte qu'il est quand même resté à tenir. Mais je m'en foutais en fait, à peine je posais un carton, je repartais. Mon genou me faisait mal mais je me contentais d'éviter de trop le fléchir. J'ai d'abord tout mis sous le porche, pour que le type arrête de gueuler après les voitures qui klaxonnaient derrière, puis je lui ai filé un billet de cinq cents et j'ai pas répondu à son « à la prochaine ». Au dernier voyage, la gardienne est sortie de sa loge pour me rendre mes sacs et me souhaiter la bienvenue. Un tas d'odeurs différentes flottaient dans la cour, toutes délicieuses. Un tas de musiques différentes s'échappaient faiblement des fenêtres ouvertes, toutes agréables. J'ai bu un peu à la fontaine, complètement épuisée, mais je me suis dit que j'allais être bien ici.

Quand tout s'est enfin retrouvé à l'intérieur, je me suis allongée par terre dans le salon. Le sol était dur et autour de moi c'était nu. Mais c'était chez moi. J'avais quand même pris un sacré risque : si je n'avais trouvé personne, mes trucs des Galeries Lafayette se seraient peut-être évaporés le lendemain matin. Dans la précipitation j'avais oublié toutes mes affaires de toilette. Je me suis relevée pour aller boire au robinet de la cuisine, puis j'ai fait un tour de l'endroit. Il m'a semblé que tout était un peu moins parfait que la première fois. Les Velux des trois pièces de gauche – cuisine, salle de bains et chambre – donnaient sur un mur de pierre dont on ne voyait pas le bout, il ferait donc toujours sombre et le fond mansardé allait probablement occasionner pas mal de bosses. Les placards coulissants de la chambre sortaient de leurs gonds, les robinets de la salle de bains et de la cuisine avaient un débit ridicule, et dans le salon la fenêtre ne donnait pas vraiment sur la cour, il fallait se contorsionner de côté pour voir un peu de verdure. Mais ces détails étaient peu de chose comparés aux galères que j'aurais pu me taper si je n'avais pas trouvé si vite.

De nouveau allongée par terre, mes yeux se sont posés sur les achats du matin, les sacs Habitat avec toutes ces choses que j'avais achetées par deux. J'ai pensé à Inès qui ne mettrait probablement jamais les pieds ici. J'ai pensé à sa carte déchirée qui devait dériver dans un égout, et là j'ai fait ce qu'il ne fallait pas faire. J'ai ouvert le carton qui contenait le répondeur, j'ai ensuite cherché mon Walkman, j'ai mis la cassette de messages dedans, je l'ai réécoutée me quitter, et j'ai pleuré.

4

Plus tard, il faisait nuit et je n'avais aucun moyen de savoir l'heure sans électricité. La flamme de la bougie que j'étais descendue acheter chez l'arabe ondulait tranquillement sur le mur. Assise sur un carton, je mangeais dans une nouvelle assiette posée sur mes genoux. Je mangeais de la Savane un peu dure que je coupais avec les couverts de ma grand-mère et que je faisais descendre avec du Coca tiède. J'avais plus ou moins la chiasse et besoin d'essuyer mon nez régulièrement, mais m'abrutir de Néocodion ne faisait pas partie de mes plans. Quelque part, me sentir patraque me donnait la force d'être là toute seule. C'était comme un truc à combattre. En allant aux toilettes et en baissant mon pantalon, j'avais laissé échapper un joli sifflement à la vue de mon genou. Un hématome le recouvrait tout entier, bien violacé et jaune tout autour. Mais malgré la douleur qui ne diminuait pas, ça m'a fait rire : si c'était ça, la seule trace que j'allais garder de tout ça, une semaine suffirait à la faire disparaître...

Je regrettais quand même de ne pas avoir emporté le fauteuil club. M'asseoir dedans ne m'aurait pas indéfiniment fait penser à Inès. Mais j'avais voulu le minimalisme le plus définitif et je l'avais.

Qui allait prendre ma place rue du Chemin-Vert ? Il faudrait quelqu'un pour s'occuper du ménage de Pallas... Peut-être que d'ici quelque temps, j'apprendrais qu'elle s'est mariée avec un mec qui l'entretient et qui lui fout une paix royale. Je le lui souhaitais si c'était vraiment ce qu'elle voulait, même si je préférerais entendre qu'elle a été vue bossant le jour comme serveuse et préparant une expo la nuit, ou un disque si c'était ça qu'elle voulait, en route pour le succès. À Alice, je souhaitais de régler ses problèmes. À Eva, je souhaitais longue vie avec Gayle qui devait venir s'installer à Paris. Qu'elle continue d'être comme elle était : la personne la plus entière que j'aie jamais connue. Et à Jessie et Alex, je souhaitais de pondre un super-disque qui cartonnerait. Je souhaitais aussi à Alex de continuer de ne pas tomber accro. Pour l'autre aspect de sa vie, j'avais pas besoin de m'en soucier à sa place... Mais deux choses étaient claires : continuer de vénérer Notre-Dame, c'était un peu foutu, et les oasis dans le désert, fallait définitivement s'en méfier. Les cartes postales pas signées aussi.

Je ne savais pas ce qu'elles retiendraient de moi, toutes, une fois qu'il se serait écoulé assez de temps pour qu'elles puissent y repenser sans animosité. Il arriverait forcément un moment où certaines auraient envie d'avoir de mes nouvelles. Finalement, à part Pallas, aucune ne m'en voulait *vraiment*. C'était juste une question de temps. Certes, sans elles, ça allait être un putain de méga-vide comme je n'en avais encore jamais expérimenté, mais il était possible que je m'y habitue. Il était possible que le jour où elles seraient prêtes à revenir, moi je n'aurais pas envie de les retrouver. Une fois qu'on a perdu quelqu'un, a-t-on forcément envie de le retrouver ? Une fois qu'on a refermé les blessures, prend-on le risque de les rouvrir ? Peut-être qu'on se reverrait, qui sait, mais ça ne pourrait plus être de la même façon. Je ne pourrais jamais plus faire partie d'une bande.

Inès, je l'imaginais à son premier jour de fac, anonyme parmi la masse d'étudiants de son âge. Ou peut-être pas anonyme. Peut-être encore une fois la plus irrésistible et la plus mystérieuse. L'était-elle vraiment ? Ou était-ce le regard que je portais sur elle qui l'avait rendue si spéciale... ? C'était plus mon problème.

Mon problème, ça allait être de retrouver le Julian de Nikki. Celui qui était venu faire un concert sur la place, à même pas deux cents mètres d'ici... Et mon problème, là tout de suite, c'était de trouver l'énergie de réinstaller toutes les machines. De refaire tous les branchements. J'allais mettre tout ça dans la chambre et faire la chambre dans le salon.

En attendant, j'allais passer cette première nuit allongée à même le sol, avec ma veste en jean pliée en guise d'oreiller, et pour toute compagnie, la flamme de la bougie. Cette flamme qui continuait d'osciller tranquillement, projetant sur le mur une ombre des plus apaisantes comparée à celles que j'avais vu trembloter sur le mur de la rue du Chemin-Vert, la toute première nuit où j'avais dormi là-bas... Ces ombres qui disaient « barre-toi vite d'ici » et que je n'avais pas écoutées...

J'étais bien, là, dans ma nouvelle maison, avec un peu de fric d'avance et plus de comptes à rendre à personne. Je regrettais juste de ne pas avoir de cassette à mettre dans le Walkman. J'aurais bien écouté quelque chose. Peu importe quoi.

Épilogue

Superstars

Quarante-huit heures plus tard, toutes mes machines avaient trouvé leur place dans la chambre devenue le bureau. Toutes rebranchées. Ça m'avait pris l'après-midi entier de la veille, mais chaque câble avait fini par retrouver sa destination, et par miracle, aucun des réglages n'avait bougé. Installé sur la gauche de la pièce, l'ensemble formait de nouveau un « L » inversé sous le Velux, avec le synthé maître à portée de main de l'ordinateur, et les deux autres empilés derrière mon siège qui achevaient une sorte de carré à trois faces. Tout le reste – mon bordel de DAT, les manuels, les magazines d'informatique et la trentaine de vidéos que j'avais sauvées – se trouvait entassé sous les tables comme avant. Les vinyles et les CD étaient sur la droite. Quant au salon, ça donnait une chambre exactement telle que je l'avais toujours rêvée : j'étais allée acheter une seconde télé de la même taille que celle que j'avais déjà – pour pouvoir décupler les images ou regarder MTV et MCM en même temps –, et il n'y avait rien d'autre que ces deux télés l'une sur l'autre, le scope, une Lava Lamp rose trouvée chez Dom, un gros cendrier en verre Habitat et le lit, blanc.

Quarante-huit heures plus tard, en plus d'avoir fait remettre l'électricité et effectué le changement d'adresse pour le RMI et les allocs, j'avais aussi le téléphone. Quand il a sonné, ça ne pouvait être que

Nikki, je n'avais encore donné le numéro à personne d'autre. Je me suis accroupie au-dessus du répondeur pour l'écouter s'excuser de tarder à passer. Il était encore en studio et ne pourrait pas venir avant le week-end. En attendant, il espérait que j'étais bien installée et que je m'étais remise à bosser. Il ajoutait, comme toujours, qu'il n'y avait que ça au bout du compte. Quelques minutes plus tard, ça a resonné. J'ai pensé qu'il avait oublié quelque chose et cette fois j'ai décroché. C'était Inès. Elle a dit être dans une cabine pas loin. J'ai voulu demander comment elle m'avait trouvée, mais au lieu de ça j'ai lâché froidement :

« Et alors ?

— Alors je peux passer ? »

Elle avait dû convaincre Pallas d'appeler Nikki, et il avait dû donner le numéro pensant que c'était pour régler un truc pour l'autre appart. Ça n'expliquait pas qu'il ait aussi donné l'adresse. Je suppose que c'était gentil de la part de Pallas, une façon d'essayer de réparer les choses...

« Non, tu passes pas, j'ai fini par répondre.

— Mais pourquoi ? elle a demandé d'un ton suppliant.

— Tu rappelles pas s'te plaît.

— Attends raccroche pas. J'suis désolée. Je voudrais que tu le saches.

— Très bien je l'sais.

— Attends. Je sais que t'as dû entendre pas mal de saloperies, et y en a sûrement que j'ai dû dire, mais j'ai paniqué tu comprends ? Laisse-moi monter cinq minutes. J'ai quitté Alex. »

Je suis restée silencieuse un moment, considérant une fissure dans le mur. J'aurais pu rester là des heures, à m'interroger. Mais c'était comme pour tout le reste. Fallait y aller, c'est tout. Alors j'ai donné le code, la direction dans la cour et j'ai raccroché.

Pendant que j'attendais, adossée au mur à côté de l'interphone, je commençais à être mal à l'aise, comme la première fois. Peur de rougir, de ne pas savoir quoi dire, et puis j'étais hirsute, avec un vieux tee-shirt blanc informe maculé de traces noires laissées par mes mains que j'avais sans cesse essuyées dessus en déballant les machines. L'interphone a éructé un buzz strident qui m'a fait sursauter. J'allais décrocher le combiné, quand je me suis rendu compte que je ne rougissais pas du tout. Pas non plus d'accélération du cœur. Juste une soudaine lassitude à l'idée que j'allais devoir l'écouter déballer tout ce qu'elle pourrait avoir à dire. L'interphone a de nouveau retenti. Je n'allais pas ouvrir. Aussi simple que ça. Ça a encore sonné et cette fois j'ai décroché le combiné pour le laisser pendre dans le vide.

Allongée sur le lit, je pouvais l'entendre m'appeler par la fenêtre ouverte, mais les mains sous la nuque je me contentais de regarder de côté vers les feuilles des arbres qui se soulevaient délicatement dans le vent. Depuis l'angle où je me trouvais, on pouvait quand même voir du vert et une large portion de ciel. Un putain de ciel magnifique, bleu électrique comme les sacs-poubelle. À part mon prénom qui retentissait à intervalles réguliers, aucun bruit ne montait de la cour. Comme dans un hôtel. Mon rêve de toujours. Je ne savais pas combien de temps j'allais habiter ici. Je savais juste que j'allais y faire un disque.

Je savais aussi que j'allais guetter le prochain passage du copain de Nikki. Julian. Les filles c'était terminé. Plus de prises de tête à ne jamais en trouver d'aussi jolies que les hétéros. Plus de mycoses (les filles ça vous en refilait sans arrêt) ! Et plus de « machine a dit que ». Maintenant je savais ce qui était bon pour moi, ou plutôt ce qui ne l'était plus. C'était exactement ça : les filles c'était plus bon pour moi. C'était comme la dope en fait : un truc qui m'avait plu infiniment mais qui me bouffait. Alors si je devais un jour recraquer sur une fille, je n'aurais qu'à faire comme pour la dope : quand on s'efforçait de résister à la tentation, elle finissait par repartir d'où elle était venue. Avec le temps on prenait le pli et ça tenait la route.

Là, tout de suite, ce qui importait, c'était de me plonger dans le disque et d'y mettre tout ce que j'avais. Après, adviendrait que pourrait. Avec un peu de chance, il s'en vendrait assez pour mettre du beurre dans les pâtes. Avec un peu plus de chance, il s'en vendrait suffisamment pour pouvoir s'attaquer au prochain. Et avec un sacré paquet de chance, il s'en vendrait des tonnes, de quoi se tirer de ce pays de merde qui prend soixante pour cent d'impôts dès qu'on sait faire un truc. Avec un autre genre de chance, je reverrais aussi bientôt Julian. Et si ça ne pouvait pas être lui, alors il s'en trouverait forcément un autre. Un super Dieu de la Gibson TV, mais qui saurait apprécier le mélange. Parce que c'était évidemment de ça que j'allais accoucher : un disque électronique avec des tas de sons rock.

Voilà, j'allais pondre un putain d'album mortel comme dirait Jessie, et pour bien faire, il faudrait qu'Alex et elles fassent aussi un putain de carton. Il n'y avait que ça qui comptait : faire ce qu'on aimait en se donnant les moyens d'avoir la paix. Et alors on y serait enfin, là où Alex voulait qu'on aille ensemble. On serait avec les superstars comme elle disait ! Et peu importe si c'était séparément... On aurait des baraques de la mort avec des putains de bagnoles et du fric à plus savoir qu'en foutre ! Mais on serait surtout fières de nous, fières de faire des choses qui comptent. La vie allait enfin commencer à ressembler à quelque chose.

Je me suis relevée pour aller me pencher à la fenêtre. Trois étages plus bas, Inès continuait de s'égosiller dans son manteau de daim rouge.

« Mais qu'est-ce tu fous ? elle a demandé en me voyant.

— Mais barre-toi ! » j'ai répondu en riant, et j'ai refermé la fenêtre.

Merci à tous ceux et celles dont cette histoire s'inspire.

Merci à tous les deejays, musiciens, marques et lieux cités. Merci à Marion Mazauric, Christian Giraud, Lucy Givrey, Holy Flesh, Corinne Cuciz & Sophie Anquez. Merci à Astrid Fontaine et Caroline Fontana. Et merci à Mané & Muriel Sibéril, Vincent Valas, Emma Nowak & Patrick Eudeline, Mela Scott & Denis Bortek, Nico Trautmann, Delfine, Zouzou, Marie Lomax, mon père, ma mère, ma famille, Simonetta Greggio et Juliette Joste, fidèles soutiens.

Cécile Hellen, Anne & Thomas Gizolme, et Guillaume Robert, merci d'être là.

Table

6194

Composition PCA à Rezé
Achevé d'imprimer en France (Manchecourt)
par Maury-Eurolivres
le 15 octobre 2005.
Dépôt légal octobre 2005. ISBN 2-290-35167-9
1er dépôt légal dans la collection : avril 2002

Éditions J'ai lu
87, quai Panhard-et-Levassor, 75013 Paris
Diffusion France et étranger : Flammarion